KB059530

사후 세계를 여행하는 모험가를 위한 안내서

켄 제닝스 지음
사후 세계를 여행하는
모험가를 위한 안내서
고현석 옮김
천국과 지옥 그리고 연옥까지,
인류가 상상한 온갖 저세상 이야기

세종

일러두기

1. 외국 인명 및 지명 등 고유명사 독음은 외래어 표기법을 따르되, 관용적인 표기와 동떨어진 경우 절충하여 실용적 표기에 따랐다.
2. 국내에 소개된 작품명은 번역된 제목을 따랐고, 국내에 소개되지 않은 작품명은 우리말로 옮겼다.
3. 각주는 모두 옮긴이의 것이다(편집자 주의 경우 따로 표시하였다).
4. 드라마와 영화, 공연, 게임, 애니메이션, 방송 프로그램 등의 제목은 〈 〉로, 신문이나 잡지 등의 매체는《 》로, 논문이나 단편, 시의 제목은 「 」로, 단행본과 장편 제목은 『 』로 묶었다.

추천의 글

곽재식(SF작가, 『한국 괴물 백과』 저자)

정말 이상한 곳을 소개해 주고 안내해 주는 책이 있을까? 그 문제에 대해 이 책을 능가하는 글은 당분간은 나오지 못할 것 같다. 최후까지 정복하지 못할 마지막 세상, 죽음의 세계를 바로 이 책이 샅샅이 안내해주기 때문이다. 죽음의 세계는 대개 상상력의 산물일 수밖에 없으며 사람의 공포와 죄의식, 인생의 의미에 대한 고민을 깊게 반영하는 이야기가 되기 마련이다. 그러므로 저승에 대한 이야기는 한 문화권이 갖고 있는 상상력의 정수를 반영하게 될 것이다.

환상의 세계, 독특한 신화와 전설을 꿈꾸는 사람들에게 이 책은 바로 그 상상력의 정수를 저승을 통해 보여준다. 이 책의 특히 막강한 위력은 세계 각지의 여러 저승 이야기를 총정리했을 뿐만 아니라, 현대에 창작된 소설, 영화, TV 속의 저승 이야기까지 모두 꿰어 놓았다는 데 있다. 이로써 독자는 신화와 전설의 상상력이 어떻게 근사한 문화 상품으로 탄생하고 있는지 생생한 예시를 접할 뿐 아니라, 문화권마다 서로 다르게 자리 잡은 삶과 죽음에 대한 사고방식이 현대 문화에 어떻게 스며들어 있는지도 엿볼 수 있을 것이다. 죽음만큼이나 짜릿하면서도 심오한 이야기로 가득 찬 책이다.

서문

사후 세계가 "어떤 나그네도 다시 경계를 넘어 돌아오지 못한 미지의 나라"라는 셰익스피어의 묘사는 인류 역사만큼이나 오래된 생각을 그대로 드러내고 있다. 오래전부터 전해 내려오는 모든 이야기 속의 죽음은 어떤 '상태'가 아니다. 죽음은 어떤 장소이거나, 그 장소로 향하는 여정 그 자체다.

실제로 고대인들은 죽음을 일종의 여행이라고 생각했다. 고대 페르시아, 아일랜드, 폴리네시아 사람들은 특정한 동굴이나 섬이 지하 세계의 입구일지도 모른다고 생각했다. 고대 이집트 사람들과 아즈텍 사람들은 죽기 전에 사후 세계로의 여행 일정을 생각했고, 죽음 이후의 위험한 여행에 도움이 될 수 있다고 여겨 지도와 여행 지침서를 머리맡에 놓고 죽었다. 중세의 시인들과 작가들은 천국과 지옥, 연옥으로의 여행을 상상해 매우 정교하게 묘사했다. 특히 단테는 '하나의 세계를 만들어 낸' 대표적인 작가였다. 중세의 단테는 오늘날 〈스타워즈〉의 조지 루커스George Lucas나 〈왕좌의 게임〉의 조지 R. R. 마틴George R. R. Martin 같은 사람이었고, 이후 수백 년 동안 단테의 작품을 읽은 수많은 사람들은 현대인들이 호그와트Hogwarts나 하이랄Hyrule* 같은 상상의 장소들을 머릿속에서 여행하듯 단테가 자세하게 묘사한 사후 세계를 여행하곤 했다.

하지만 지금은 신앙심이 매우 깊은 사람이 아니고서는, 단테가 『신곡』에서 묘사한 9층의 지옥 이야기를 읽고 자신이 그중 한 곳에서 영원히 살아야 할 수 있다고 생각하지는 않을 것이다. 현대인들은 종교에 대해 전례 없을 정도로 회의적인 생각을 가지고 있지만, 사후 세계에 대해서는 여전히 관심이 많다. 요즘 서양 사람들은 단테가 묘사한 지옥에 대해서는 전혀 관심이 없지만, 최근 들어 환생이나 아스트랄계astral plane, 유령 사냥꾼 등을 다루는 리얼리티 쇼 때문에 사후 세계에 대한 관심이 높아지고 있다. 종교 활동과 신앙에 관한 2016년의 한 연구에 따르면 신을 믿거나, 기도를 하거나, 종교의식에 참여하는 미국인의 수는 1970년대 이후 급격하게 줄어들고 있지만 사후 세계의 존재를 믿는 미국인의 수는 같은 기간 동안 오히려 약간 상승했다. 합리주의적 성향이 매우 강한 사람들조차 죽음이 최종적인 결말이라고 생각하지는 않는 모양이다. 그들은 오랜 시간 동안 살면서 겪었던 다양한 경험이 죽음과 함께 사라지는 것은 우주 차원에서의 낭비라고 생각하는 것 같다.

* 닌텐도에서 개발한 액션 어드벤처 게임 〈젤다의 전설〉 시리즈의 주요 무대가 되는 세계.

사후 세계로의 여행 이야기는 고대 수메르 신화에서 〈굿 플레이스The Good Place〉*에 이르기까지, 수천 년 동안 거의 같은 여정과 주제를 다루고 있다. 실제로 우리는 몇백 년 된 집 안에서 배회하는 유령들, 안간힘을 써서 간신히 물건들을 움직이는 유령들, 자신이 죽었다는 사실조차 알지 못하는 유령들에 대한 이야기에 매우 익숙하다. 또한, 죽은 사람들을 사후 세계로 인도하는 불멸의 존재인 '저승사자psychopomp'도 이 모든 이야기에서 거의 항상 등장한다. 밀턴의 『실낙원』에서 묘사된 천국이든, 힌두신화의 천국이든, 영화에서 묘사되는 천국이든, 현재까지 모든 천국은 음악이 흐르는 가운데 천사들이 날아다니는 구름 위의 어떤 곳으로 여겨지고 있다. 지옥에 대한 생각도 수천 년 동안 거의 변하지 않고 있다. 고대 중국인들이 상상하던 지옥, 중앙아메리카 원주민들이 상상하던 지옥 그리고 현대의 〈사우스 파크South Park〉**에서 묘사되는 지옥은 거의 차이가 없다. 지옥은 항상 생전에 죄를 지은 사람들이 인과응보의 결과로 떨어져 끊임없이 끔찍한 벌을 받으면서 피를 쏟아내는 곳으로 묘사된다. 또한 지옥은 항상 어두운 지하 세계의 강 건너편에 있는 곳으

* 생전 착하게 산 사람들만 올 수 있는 '굿 플레이스'에 실수로 떨어진 주인공이, '배드 플레이스(the bad place)'로 쫓겨나지 않기 위해 정체를 숨긴 채 착한 사람이 되려 노력하며 벌어지는 소동을 그린 미국 드라마.

** 미국의 애니메이션 시트콤.

로 그려진다(지옥이 강 건너편에 있을 것이라는 생각은 땅 밑의 지질학적 구성 때문에 생겨난 것으로 보인다. 고대의 사람들도 무덤보다 더 깊은 곳에 지하수가 흐른다는 사실을 알고 있었기 때문에, 매장된 사람의 영혼이 지하수를 건너 지옥으로 내려갈 것이라 믿었을 것이다).

하지만 사후 세계의 목적지는 조금씩 변해왔다. 이는 시대에 따라 사후 세계에 대한 사람들의 생각이 달라졌기 때문이다. 초기 문명에서는 삶이 너무 힘들었기 때문에 사람들에게 낙원은 어떤 것이 '존재하지 않는 곳'으로 여겨졌다. 예를 들어, 당시 사람들에게 낙원은 질병이 없는 곳, 겨울이 없는 곳, 흉년이 없는 곳이었다. 하지만 시간이 지나 사람들이 더 호화로운 삶을 상상할 수 있게 되면서 낙원은 어떤 것이 존재하는 곳이 아니라 어떤 것이 넘쳐나는 곳, 즉 먹을 것이나 여자 혹은 보석이 넘쳐나는 곳이라고 생각되기 시작했다. 그러다 20세기에 들어서자 낙원은 효율성이 높은 새로운 시대의 모습을 보여주는 천국의 모습, 즉 상냥한 천사들이 사람들의 시중을 드는 엄청나게 깨끗하고 정갈한 공간의 이미지를 가지게 됐다. 최근 사람들이 상상하는 천국은 새로운 긱 경제gig economy* 시스템에 맞춰 다운그레이드된 천국의 모습(〈데드 라이크

* 기업이 근로자를 고용하지 않고 필요할 때마다 근로자와 계약을 해 일을 맡기는 고용 형태.

미Dead Like Me〉, 〈미라클 워커Miracle Worker〉 같은 드라마 참조), 첨단 기술에 대한 우려를 반영하는 천국의 모습(〈블랙 미러Black Mirror〉, 〈업로드Upload〉 같은 드라마 참조)을 띠게 됐다.

이 책은 신화 속 사후 세계, 경전 속 사후 세계, 영화 속 사후 세계 등 사후 세계를 일곱 가지 큰 범주에 따라 분류하고, 100곳의 사후 세계 여행지에 대한 자세한 정보와 이야기를 다룰 것이다. 우리는 사후 세계에 대한 이야기를 그림, 비디오게임, 일요일 신문에 실리는 만화, 슈퍼 히어로에 관한 영화, 테마파크의 놀이기구 등에서도 찾을 수 있다. 잘 알려진 것도 있고, 그렇지 않은 것도 있으며, 끔찍한 것도 있다. 꼭 순서대로 읽지 않아도 좋다. 더 자세하게 알고 싶은 사후 세계 여행지에 대해서는 나중에 다시 꼼꼼하게 읽고, 이미 잘 알고 있는 사후 세계 여행지를 다룬 부분은 가볍게 지나가면서 읽으면 된다.

햄릿이 말했듯이 사후 세계는 어떤 나그네도 다시 경계를 넘어 돌아오지 못한 미지의 나라지만, 그럼에도 불구하고 나는 사후 세계 여행지들이 가진 지역적 특성들과 흥미로운 점들을 최대한 자세하게 묘사하기 위해 최선을 다했다. 또한 나는 다른 여행 작가들이 그렇듯이 특정한 여행지가 주는 전반적인 인상과 특정한 여행지에서 느낄 수 있는 고유의 분위기처럼 미묘한 부분을 독자에게 전달하기 위해 노력했다. 또한 어떤 여행지에 대해서는 식당과 숙박시설에 관한 정보, 당일 여행 정보 등을 다른 여행지들에 비해 더 자세하고 길게 다루기도 했다.

죽었을 때 어디로 가게 될지 알 수 있는 확실한 방법은 없다. 물론, 아무 곳으로도 가지 않을지도 모른다. 집에서 편하게 누워 상상의 나래를 펼치기만 해도 좋지만, 이 책을 읽으면서 나만의 사후 세계 여행을 위한 체크리스트를 작성해보는 것은 어떨까? 바이킹의 음울한 지옥 '헬Hel' 이야기가 내면의 고트족 기질을 자극한다면, 북유럽 신들에게 제물을 바치고 전쟁터에 나가 용감하게 싸우고 살아 돌아오는 모습을 상상해볼 수도 있을 것이다. 동아시아 불교에서 말하는 정토淨土(즐거움만이 충만한 극락세계)에 흥미를 느낀다면 매일 아미타불의 이름을 부르며 염불을 하게 될지도 모른다. 아미타불의 이름을 부르지 않고는 다르마dharma(최고의 진리)를 이해할 수 없을 것이기 때문이다.

현재 할 수 있는 일을 체크한 뒤 여행 계획을 세우는 일은 빠를수록 좋다. 영원은 엄청나게 긴 시간이다. 따라서 우리는 계획을 잘못 세워 엉뚱한 곳으로 가, 그곳에서 영원히 머물게 되는 일만은 피해야 한다. 게다가 우리는 언제 그 여행을 떠나게 될지 전혀 알 수 없다. 자, 이제 책장을 넘겨 '미지의 세계'를 발견하러 떠나보자. 이 여행은 수십억 명의 사람들이 꼭 해보고 싶어 하는 여행이니 말이다.

차례

3 책 BOOKS

4 영화 MOVIES

5 텔레비전 TELEVISION

6 음악과 연극
MUSIC AND THEATER

7 기타 다양한 사후 세계들
MISCELLANEOUS

1

신화
MYTHOLOGY

* 이미지 출처: 단테 알리기에리 『신곡: 지옥 편』에 삽입된
구스타프 도레Gustave Doré의 판화(1890), 위키피디아

Adlivun and Qudlivun

눈 속의 이야기

아들리분과 쿠들리분

이누이트

북극은 빙하로 뒤덮인 추운 곳이지만 알래스카, 캐나다, 그린란드의 이누이트족이 만들어낸 지하 세계는 북극보다 훨씬 더 춥고 혹독하다. 이번 여정에서 가장 가능성이 높은 여행지는 현대의 초저예산 공포 영화에나 나올 법한 섬뜩한 주택의 모습을 하고 있을 것이다. 그나마 다행인 것은, 그곳에서 보내야 할 시간이 1년밖에 되지 않는다는 사실이다.

이누이트족은 모든 생명체에 '타르니크tarniq'라는 영혼이 있다고 믿는다. 이누이트족에 따르면 타르니크는 사타구니에 있는 기포에 살고 있는 작은 버전의 자아이며, 죽음과 동시에 몸에서 분리된다. 이누이트족은 살면서 악행이나 폭력을 저지른 사람의 타르니크는 바다 밑에 있는 땅인 아들리분Adlivun으로 가게 된다고 믿는다.

아들리분은 끝없이 폭풍이 몰아치는 어둡고 암울한 지하 세계다. 아들리분에 도착하면 물에 빠져 죽은 사람들이 얼음 위로 벗어던진 옷들의 흔적을 따라 바다의 여신에게 가야 한다. 바다의 여신은 타카나루크Takannaaluk, 네리비크Nerrivik, 이들리라기젠게트Idliragijenget 등 여러 가지 이름으로 불리지만, 대부분의 이누이트족은 세드나Sedna라는 이름으로 부른다.

현지 정보

이누이트 창조 신화에서 세드나는 자신의 아버지에게 끝없는 슬픔을 안겨준 거인이다. 세드나는 아버지가 정해준 상대와의 결혼을 거부하고 한 사냥꾼과 함께 도망쳤다. 이 사냥꾼은 바닷새의 정령이 모습을 바꾼 존재였다. 세드나의 아버지는 추격 끝에 그녀의 한쪽 눈을 뽑아버린 다음 바다에 던졌고, 카약을 붙잡고 매달린 세드나의 손가락을 잘라버렸다. 바다에 가라앉은 그녀의 손가락뼈들은 최초의 물개, 바다코끼리, 고래로 변했다. 세드나는 이후 바다와 모든 바다 생물의 여신이 됐다.

'바람의 집House of Wind'으로 불리는 세드나의 거처는 돌과 고래 갈비뼈로 만든 웅장한 저택으로 묘사되기도 하고, 단출한 이글루로 묘사되기도 한다. 세드나의 저택으로 들어갈 때는 조심해야 한다. 세드나의 개가 괴상하게 생긴 뼈를 물고 저택의 남쪽을 지키고 있기 때문이다.

어두운 저택 안으로 들어가면 죽은 사람들의 끔찍한 한숨 소리와 신음 소리 그리고 바다 생물들이 부산하게 움직이는 소리들이 음산하게 섞여서 들려온다. 세드나는 자신의 방 한쪽 끝에 놓인 침대에서 돌로 만든 램프에 등을 기대고 앉아 있을 것이다. 세드나는 바다 생물의 영혼을 램프의 기름을 받아내는 통에 보관했다가, 그들에게 새로운 몸을 주어 다시 살려낸다(상어의 영혼은 예외다. 세드나는 상어의 영혼만은 요강에 보관한다. 오줌의 암모니아 냄새가 상어고기에서 나는 이유가 여기에 있다).

눈이 하나밖에 남지 않은 세드나의 핼쑥한 얼굴은 지저분하고 헝클어진 머리카락으로 뒤덮여 있다. 세드나는 죄를 지은 망자들이 고통을 당하면서 분출하는 더러운 연기에 항상 휩싸여 있다. 망자는 이 끔찍한 장면에 겨우 익숙해질 때쯤 발목에서 순록 뿔처럼 차갑고 여러 갈래로 갈라진 무언가를 느끼기 시작한다. 곰가죽을 두른 죽음의 신의 차가운 손이 망자를 할퀴듯 붙잡고 있는 것이다. 이 죽음의 손은 세드나가 아들리분으로 끌어내린 아버지의 손이다. 세드나의 아버지도 눈이 하나 없으며 손가락도 몇 개가 잘려나간 상태다. 세드나가 한 복수의 결과다. 그는 낡고 더러운 곰 가죽을 걸치고 세드나의 방 한구석에 누워 거의 꼼짝도 하지 않고 있다가, 덮고 있는 담요 안으로 죄지은 망자를 끌어당겨 1년 동안 고문을 한다.

소름 끼치는 곰가죽 옷을 입은 이 아버지의 고문이 끝나면 망자는 바다 생물 중 하나로 환생할 수 있지만, 대부분의 망자들은 키미우자르미우트Qimiujarmiut가 된다. 키미우자르미우트는 해저의 바다 한가운데 있는 좁은 땅에 사는 사람들이라는 뜻이다. '망자의 땅Land of the Dead'이라고 불리는 이 좁은 땅에서 망자들은 동물을 사냥하며 영원히 살게 된다.

이 끔찍한 아들리분으로 떨어지지 않는 사람들은 소수에 불과하다. 고결한 삶을 살았거나, 폭력에 의해 죽었다면 새벽녘에 무지개를 따라 달의 정령의 땅인 쿠들리분Qudlivun으로 올라갈 수 있다(스스로 자신에게 폭력을 행사해 자살한 사람도 쿠들리분으로 갈 수 있다. 일부 이누이트 문화권에서 자살이 드물지 않았던 이유가 여기에 있다).

달의 정령은 원래는 이갈루크Igaluk라는 이름의 앞을 보지 못하는 소년이지만, 카약을 타고 먼 바다로 나가도록 자신을 꼬드긴 아비새*로부터 초자연적인 '제2의 시력'을 얻게 됐다. 그 후 이갈루크와 그의 여동생 말리나Malina는 하늘로 올라가 각각 해와 달이 돼 서로를 쫓아다니게 된다. 밤에 보이는 달은 하늘에서 개썰매를 타고 구름과 눈발을 가로지르는 이갈루크다. 이갈루크는 훌륭한 사냥꾼이자 북쪽의 산을 둘러싸고 있는 천국의 충직한 수호자이기도 하다.

쿠들리분은 최고의 야외 낙원이다. '낮의 사람들'이 사는 쿠들리분에

* 북미산 큰 새로, 물고기를 잡아먹고 사람 웃음소리 같은 소리를 낸다.

는 얼음도 눈도 없으며, 언제든지 자신이 원하는 사슴을 사냥할 수도 있다. 이곳 사람들은 항상 따뜻한 곳에서 바다코끼리의 머리를 공처럼 차면서 즐겁게 지낸다. 지상에서처럼 쿠들리분에서도 운동 능력은 높은 평가를 받는다. 그들이 바다코끼리 머리를 발로 찰 때마다 오로라가 생기기 때문이다. 기발한 발상이지 않은가?

Diyu

깊고 깊은 곳

지옥

중국

중국인들은 우리가 현재 '양陽의 세계'에 살고 있으며, 그 양의 세계는 세계의 절반에 불과하다고 생각한다. 이 세계관에 따르면 우리의 조상들은 현재의 우리가 그렇듯 일상에서 끊임없이 일상의 즐거움과 어려움, 번잡함을 느끼면서 살다 '음陰의 세계', 즉 영혼의 세계로 건너갔다.

유교·도교·불교가 복잡하게 섞인 중국인들의 종교 세계에서 우주를 움직이는 최고의 힘은 하늘天이다. 사후 세계 목적지로서의 하늘은 중국의 서쪽 끝에 있는 높은 산인 곤륜산崑崙山 너머에 존재한다. 곤륜산에 도착하면 먼저 양풍凉風이라는 지점에 올라 불멸의 능력을 얻은 다음, 다시 그때까지 오른 거리만큼 다시 올라가 정상인 현포玄圃* 지점으로 올라가야 한다. 현포에 이른 영혼은 날씨를 통제할 수 있는 능력을 얻게 된다. 하늘은 여기서 다시 곤륜산보다 두 배 높은 또 다른 산을 올라야 닿을 수 있다.

중국인의 천국에는 아홉 개의 문天門이 있다. 각각의 문은 두 개의 기둥으로 구성되며, 이 두 개의 기둥 위에는 각각 봉황이 한 마리씩 앉아 있다. 용이나 호랑이 같은 상서로운 동물이 문 양옆에서 지킬 때도 있다. 언제나 종소리가 울려 퍼지는 중국인의 천국에는 신들이 거주하며, 해와 달이 항상 떠 있다(이 천국 안에는 거대한 뽕나무가 한 그루 있는데, 열 개의 태양 중 하늘을 가로지르고 있는 태양 하나를 제외한 나머지 아홉 개의 태양이 이 나무에서 휴식을 취한다). 이때 영혼을 천국인 자미궁紫微宮으로 인도하는 존재는 구름의 신인 운사雲師다. 황제가 지상을 다스리듯, 천상의 황제인 천황(옥황상제)은 자미궁에서 천국을 다스린다.

하지만 대부분의 영혼은 윤회를 거듭하며 하늘에 닿지 못한다. 이 영혼들은 지하 세계인 지옥, 즉 어둠의 세계인 황천黃泉으로 향할 가능성이 훨씬 더 높다. 황천은 가톨릭의 연옥과 비슷한 곳으로, 판관 역할을 하는 열 명의 대왕이 죽은 자의 죄업을 심판한다. 황천의 각 층은 단테의 『신

* 곤륜산 정상에 있는 신선들의 거소.

곡』에 나오는 지옥보다는 지역 경찰서나 법원과 비슷한 곳이다. 열 명의 대왕들은 왕좌가 아니라 두루마리와 서류가 흩어져 있는 책상 뒤에 앉아 판결을 내리며, 대왕 옆에는 '귀왕鬼王', '수문장', '사자使者', 저승의 문서를 담당하는 '최판관崔判官' 같은 관리 나리들이 줄줄이 늘어선다. 이런 설정의 대부분은 중국이 관료제를 대대적으로 구축하기 시작했던 진나라에서 비롯되었다. 진나라 사람들은 시신을 매장할 때 죽은 사람의 재산, 법적 지위, 세금 납부 상태 등을 기록한 문서를 같이 매장했는데, 이는 사후 세계의 관리들이 죽은 사람에 대해 쉽게 파악하게 할 목적이었다. 아마도 당시 사람들은 죽음이 임박했을 때 이런 문서들을 최신으로 업데이트해야 한다고 생각했던 것 같다.

황천에 있는 열 개의 재판소는 고리 모양으로 지하 세계를 구성한다. 대왕과 관리들은 죽은 사람의 생애 기록을 꼼꼼하게 살피면서 죽은 사람이 생전에 저지른 모든 악행 그리고 심지어는 나쁜 생각들을 잡아낸다. 첫 번째 재판소에서는 '업보의 거울Mirror of Karma'을 통해 유교의 기준에서 망자의 덕과 부덕을 파악한다. 다음 재판소에서는 말의 얼굴 또는 황소의 머리를 한 무시무시한 관리들이 망자의 모든 죄를 물어 형벌을 집행한다. 이 모든 재판소는 16개 구역으로 나뉘며, 각각의 구역에서는 여덟 가지 종류의 죄에 대한 처벌이 이뤄진다. 또한 각 구역에서 처벌되는 여덟 가지 죄도 다시 매우 미세하게 분류된다. 예를 들어 날씨에 대해 불평한 일, 깨진 도자기 조각을 담장 밖으로 던진 일, 책을 빌리고 돌려주지 않은 일도 모조리 죄에 해당된다.

죄에 대한 판단은 매우 철저하며, 처벌은 대단히 잔인하다. 톱으로 몸이 반으로 잘리거나, 피가 가득한 웅덩이에 빠뜨려지거나, 거대한 절구에 넣어져 빻아지거나, 뜨거운 기름에 삶아지는 등 매우 다양한 처벌이 행해진다. 음탕한 자들은 매우 뜨겁게 달궈진 놋쇠 기둥을 연인으로 착각하고 계속 껴안으면서 고통을 당한다. 방화범은 탈곡기에서 막 나온 생쌀을 계속 먹어야 하며, 영아 살해범은 쇠로 된 뱀이 눈, 코, 입으로 들락거리는 형벌을 받는다.

하지만 이 중 가장 끔찍한 형벌은 자신이 살던 마을이 내려다보이는 탑에 갇히는 것이다. 이 탑에 올라가 지상의 고향 마을을 내려다보는 죄인들은 자신이 완전히 사람들의 기억에서 사라져 아무도 자신의 명복을 빌어주지 않고, 죽기 직전에 말했던 마지막 소원도 이뤄지지 않았으며, 배우자가 다른 사람과 결혼하거나 자신이 힘들게 번 재산을 자식들이 탕진하는 모습을 지켜보며 극한의 괴로움을 느껴야 하기 때문이다.

황천에서 이렇게 몇 년을 보낸 뒤 망자는 마지막 열 번째 재판소로 향하게 되고, 그곳에서 '운명의 수레바퀴Wheel of Fate'에 의해 자신이 지은 업에 따라 여섯 곳의 세계 중 한 세계로 환생하게 된다. 환생 전에 이 음의 세계에서 몇십 년을 휴식하면서 보낼 수도 있다. 망자는 음의 세계에서 지내면서 존경받는 조상이 돼 자손들의 제사상을 받을 수도 있다. 예를 들어, 자손들이 망자를 위해 노란색 종이(지전)를 태우면 망자는 그들이 태운 만큼의 금화를 저승에서 가질 수 있다. 자손들이 종이 인형을 태우면 망자는 그 종이 인형의 수만큼의 하인을 저승에서 부릴 수 있다. 요즘에는 조상을 위해 호화주택 사진이나 평면 TV 사진을 태우는 중국인들도 있다.

귀신이 나오는 날

음력 7월 보름인 백중(百中)은 지옥의 문이 열려 귀신들이 몰래 이승을 돌아다닐 수 있는 날이다. 산 사람들은 이날 향을 피우고 신선한 과일을 제사상에 올린다. 이날에는 연극이 열리는 공연장의 맨 앞줄을 귀신들을 위해 비워두기 때문에, 망자들은 편하게 공연을 볼 수도 있다. 이날 이승으로 나온 귀신들은 2주가 지나면 연등을 따라 다시 지하 세계로 돌아간다.

귀신으로 살다 지쳐 환생을 하고 싶으면 저승의 여신인 맹파孟婆의 다리(내하교)로 찾아가 망각의 차(맹파탕)를 한잔 따라달라고 부탁하면 된다. 그 후 망각의 강인 망천忘川을 건너면 전생의 기억이 사라진다. 전생의 기억을 유지할 수 있는 유일한 방법은 망각의 강 한가운데 있는 바위인 '삼생석'에 훗날의 자신에게 보내는 메시지를 새기는 것이다. 삼생석은 현생과 전생 그리고 다음 생에 대한 정보를 담을 수 있는 바위다. 삼생석에 메시지를 새기지 않는다면, 다음번에 양의 세계를 통과할 때 완전히 처음부터 다시 시작해야 한다.

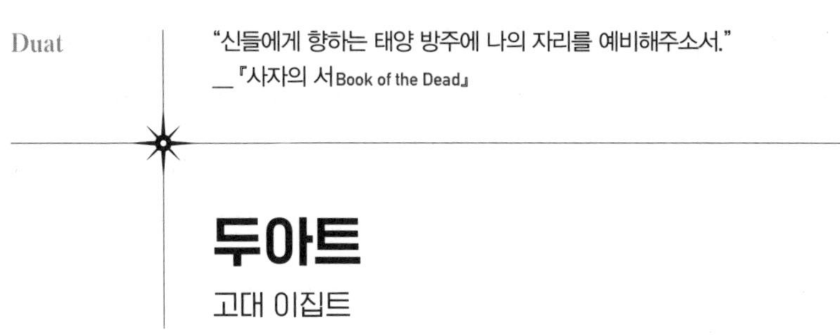

Duat

"신들에게 향하는 태양 방주에 나의 자리를 예비해주소서."
_『사자의 서Book of the Dead』

두아트

고대 이집트

정교한 의식이 남긴 유물 덕분에 우리는 고대 이집트인들의 삶보다 죽음에 대해 더 많은 것을 알고 있다. 5,000년 전 이집트 사람들은 시신이 다음 세계로 여행할 수 있도록 몇 달에 걸친 준비 작업을 행했다. 이는 망자의 콧구멍에 금속 갈고리를 찔러 넣어 뇌를 빼내는 끔찍한 과정과 시신의 손톱을 장식하고 코를 성형하는 정교한 과정 등으로 구성됐다. 심장을 제외한 모든 신체 장기는 제거해 의식용 항아리에 넣었다.

고대 이집트 사람들이 미라를 만드는 일을 중시한 것은 죽을 때 영혼이 카ka(생명력), 바ba(인격), 입ib(심장), 렌ren(이름), 셰우트sheut(그림자)

의 다섯 가지 구성 요소로 갈라진다고 믿었기 때문이다. 무덤은 이승과 저승의 연결고리를 나타내며, 시신이 없으면 카와 바는 돌아갈 집이 없다고 여겨졌다. 착하고 훌륭한 사람의 카와 바만이 마음에 대한 최후의 재판을 통과해 아크akh라는 불멸의 영혼으로 다시 결합할 수 있다.

지하 세계인 두아트는 장애물로 가득 차 있으며, 그 유명한 이집트 『사자의 서』에 나오는 주문들이 있어야만 성공적으로 통과할 수 있다. 이 장애물들은 영화 〈인디아나 존스와 마궁의 사원〉에 나오는 불의 호수, 악어가 득실대는 강, 벌레와 시체가 가득한 방, 고문실, 목을 자를 수 있는 칼이 부착된 부비트랩, 하늘과 땅 사이에 걸쳐진 거대한 그물 등 매우 다양하다. 망자가 외치는 주문은 마치 컴퓨터게임의 치트키처럼 두아트에서 위험에 직면했을 때 어떻게 행동해야 하는지 알려준다.

모험을 좋아하는 여행자에게 두아트의 철벽과 청록색 나무들은 다른 사후 세계에서는 볼 수 없는 색다른 매력을 제공할 것이다. 다만, 모험을 즐기기 위해서는 여행 전에 마법의 주문들이 적힌 책을 열심히 읽어야 한다.

사소한 정보

『사자의 서』에 나오는 189개의 주문 중 마지막 주문은 여행자가 자신의 똥과 오줌을 먹고 마셔야 하는 불행으로부터 여행자를 보호해준다.

가볼 만한 곳

오시리스Osiris 궁전의 신비한 문들 : 지하 세계의 신인 오시리스는 21개의 문, 연속되는 언덕들과 동굴들로 둘러싸인 궁전에 산다. 이 모든 문, 언덕, 동굴은 다양한 동물의 머리를 가진 신들이 거대한 칼을 들고 앉아 지키고 있다. 이를 통과하려면 각각의 문, 언덕, 동굴의 이름과 그 곳을 지키는 신들의 이름을 알아야 한다. 이 신들에게는 '뱀을 잡아먹는 자', '피를 뒤집어쓰고 춤을 추는 자', '망자를 난도질하는 자' 같은 섬뜩한 이름이 붙어있지만, 그 이름들에 겁을 먹으면 안 된다.

두 가지 진실의 전당 : 절대 놓칠 수 없는 곳이다. 이곳에는 몸을 씻고 향유를 바른 뒤 깨끗한 옷을 입고 흰 샌들을 신고 가야 하기 때문에 일찍부터 서둘러야 한다. 두아트의 최종 심판은 긴 기둥이 늘어서 있는 이곳에서 거대한 차양 아래 오시리스를 비롯한 신들이 앉아서 진행한다. 신들의 까다로운 질문에 잘 답하려면 미리 공부를 해두어야 한다. 예를 들어, "어디를 지나왔는가?"라는 질문을 받으면 대충 대답해서는 안 된다. "덤불 북쪽에 있는 곳을 지나쳤습니다"처럼 구체적으로 대답해야 한다. 따오기 머리를 한 신은 지식과 마법의 신 토트Thoth다. 토트는 자칼의 머리를 한 심판관 아누비스Anubis가 망자의 심장과 타조의 깃털의 무게를 비교하는 것을 세심하게 지켜볼 것이다. 타조의 깃털은 질서와 도덕의 상징이다(이집트인들은 심장이 의식과 기억을 담당하며, 뇌는 점액 분비 역할만 한다고 생각했다). 저울이 정확하게 평형을 이루면 망자는 양옆에 균형의 여신 마트Ma'at의 거대한 동상 두 개가 있는 문을 통과해 오시리스의 환영을 받게 된다.

현지 정보

'두 가지 진실의 전당'에서 여러분을 평가하는 42명의 판관은 고대 이집트의 42개 지명 또는 영토를 대표한다. 따라서 이집트 어느 지역 출신이든 이곳에서 생전 고향에서 보던 얼굴과 비슷한 얼굴의 판관을 만날 수 있다.

라Ra의 태양 방주 : 라는 매일 빛나는 태양 방주를 타고 하늘을 가로지른다. 하지만 태양이 지평선 밑으로 가라앉는 밤이 되면 라는 지하 세계로 들어가 아페프Apep라는 이름의 뱀과 밤새 싸움을 벌인다. 두아트에서 지내게 된다면 라의 태양 방주에 올라타 이 싸움을 도울 수 있는 기회를 얻을 수도 있다.

당일 여행

낮에 나오기[*] : 죽은 후에도 망자의 바, 즉 인격은 영혼을 구성하는 다른 요소들을 떠나 지상으로 다시 돌아갈 수 있다. 바는 주문에 따라 매, 뱀, 연꽃, 심지어 신과 같은 다양한 형태로 변신할 수 있다. 살아 있을 때 돈을 아끼지 말고 집이나 궁전 모양의 석관을 마련해 두는 것이 좋다. 바가 지상으로 돌아왔을 때 머물 곳이 있어야 하기 때문이다. 석관에 의식용 '가짜 문'을 설치해두면 바가 석관 밖으로 나와 돌아다닐 수 있다.

머물 곳

갈대의 밭, 아루Aaru : 아누비스의 심장 무게 재기를 통과하면, 해가 뜨는 동쪽에 위치한 아루로 이동하게 된다. 아루는 나일강 삼각주로 농작물이 풍성하게 자라는 곳이다. 이곳에서 보리는 5큐빗(약 2.5미터) 높이까지 자라며, 사냥감과 낚시감이 풍부하다. 곡물 등 먹을 것이 풍족하고, 만족스러운 성생활을 즐길 수 있는 곳이며, 영혼들은 신들과 함께 행복

[*] 죽은 자가 낮에는 지상을 떠돌아다니다 밤이 되면 지하 세계로 돌아가는 능력을 뜻한다.

하고 평화롭게 살아간다.

서쪽의 포식자 : 한편 아루에 살 수 없다고 판단되는 영혼은 악어의 머리, 사자의 몸과 발톱, 하마의 하체를 가진 무시무시한 포식자인 암미트Ammit에게로 보내진다. 암미트는 영혼을 먹고 살며, 암미트가 도살한 영혼은 (영구적으로) 두 번째 죽음을 맞이한다. 결코 당해서는 안 될 일이다.

가는 방법

배를 타고 두아트에 도착하려면 하늘의 네 방향을 각각 나타내는 네 가지 키의 이름을 알고 있어야 한다. 하늘 북쪽은 '선한 힘', 서쪽은 '방랑자', 동쪽은 '빛나는 자', 남쪽은 '탁월한 자'라는 이름의 키로 각각 표시된다. 또한 표를 사는 것만으로는 배를 탈 수 없다. 배가 움직이는 데 필요한 노의 이름(호루스의 손가락), 선체 보hull beam의 이름(정원을 관장하는 여인), 바람의 이름, 강둑의 이름 등을 알아야 한다. 이 모든 이름을 알아야 강력한 마법사로 인정받아 원하는 곳으로 갈 수 있다.

먹고 마시기

천상의 황소 : 천상의 황소 일곱 마리의 이름을 알면 매일 빵과 맥주를 제공받을 수 있다.

돌무화과나무 : 돌무화과나무에는 하늘의 여신 누트Nut가 살고 있다. 방황하는 영혼들은 이집트인들의 무덤 옆에 자라는 이 나무에서 음식과 음료를 얻을 수 있다.

풍요의 왜가리 : 피라미드 위에 자리 잡은 이 신은 아루에 사는 영혼들을 먹여 살리는 곡물 더미를 지키고 있다.

실내 식사 : 파라오들은 사후에 먹을 음식을 미리 만들어두기도 했다. 예를 들어, 투트Tut 왕은 육포 상자 40개를 미라 형태로 만들어두었는데, 고고학자들에 따르면 지금도 이 육포를 먹을 수 있다고 한다.

가져가야 할 것들

이집트 사후 세계의 장점은 사후 세계로 물건들을 가져갈 수 있다는 것이다. 이집트의 귀족들은 전차(마차)에서 화장실에 이르기까지 온갖 잡다한 것들과 함께 묻혔다. 그중 우샤브티ushabti라는 이름의 작은 인형은 아루에서 휴식을 취하면서 일꾼으로 써먹을 수 있다. 실제로 게으른 이집트 귀족 중 일부는 1년 동안 단 하루도 자신이 일할 필요가 없도록 365개의 우샤브티를 챙기기도 했다. 어떤 왕들은 우샤브티가 아니라 실제로 하인들을 죽여 자신과 함께 매장하도록 하기도 했다. 당시에도 일하는 사람을 구하는 일이 힘들었나 보다.

The Ghost Road

별을 향해

귀신의 길

아메리카 원주민

아메리카 원주민들이 '행복한 사냥터happy hunting ground'라는 사후 세계를 믿는다는 생각은, 우리가 흔히 아는 인디언 전설들처럼 유럽 출신 정착민들이 만들어낸 것이다. 실제로 '행복한 사냥터'라는 말은 제임스 페니모어 쿠퍼James Fenimore Cooper가 1823년에 발표한 소설 『개척자들The Pioneers』에서 모히칸족의 추장 칭가치국에 대해 묘사하면서 처음 사용했다. 이전에는 아메리카 원주민이 '행복한 사냥터'라는 말을 사용한 적이 없었으나, 이 소설 발표 이후부터 워싱턴 어빙Washington Irving에서 마크 트웨인Mark Twain에 이르기까지, 개척시대를 다룬 백인 작가들에 의해 널리 사용되기 시작했다.

수백 가지 아메리카 원주민 부족들은 각각 저마다의 사후 세계 이야기를 가지고 있으며, 평화와 풍요가 가득한 안식처에 대한 이야기는 대개 서로 다르다. 하지만 북동부의 삼림지대에서 대평원, 남서부 사막에 이르기까지 아메리카 원주민의 사후 세계에 대한 이야기에는 모두 공통적으로 사후 세계로 가는 길, 즉 하늘에서 가장 크고 두드러져 보이는 길인 은하수에 관한 이야기가 포함돼 있다.

오늘날에는 나선 은하계에 평면으로 펼쳐진 은하수가 밤에 잘 보이지 않지만, 야외생활을 주로 하던 옛날에는 지금보다 어두웠던 하늘에서 빛나는 별들을 보고 항해를 했고, 은하수도 지금보다 훨씬 더 잘 보였다. 지금도 달이 밝지 않을 때 도시의 불빛이 없는 시골에서는 하늘을 보면 눈부시게 빛나는 강 모양의 은하수를 볼 수 있다. 아메리카 원주민들은 은하수를 '하늘에 떠있는 길Hanging Road', '늑대의 길Wolf Trail', '영혼의 다리Bridges of Souls' 등 다양한 이름으로 부르지만, 공통적으로 은하수가 영혼의 세계로 가는 길이라는 생각을 가지고 있다.

예를 들어, 셰이엔Cheyenne 부족 사람들은 죽음은 일방통행로이기 때문에 망자는 무엇보다도 발밑의 땅을 잘 살펴보아야 한다고 생각한다. 그 발자국들이 공통적으로 향하는 곳으로 걸어가야 하늘에 있는 위대한 '망자의 길'을 따라갈 수 있다고 믿기 때문이다. 한편, 쇼쇼네Shoshone 부족 사람들은 하늘에도 지름길이 있다고 믿는다. 이들은 망자가 하늘로 바로 솟구쳐 올라가 천상의 길에 착지할 수도 있다고 생각한다.

'죽은 전사들이 가는 귀신의 길', 즉 은하수가 왜 그렇게 빛이 나는지에 관한 아메리카 원주민 부족들의 이야기는 매우 다양하다. 포니Pawnee 부족은 은하수의 빛을 말과 버펄로의 유령이 경주하면서 이는 '버펄로 먼지'라고 여겼고, 쇼쇼네 부족은 '영혼의 땅Land of Souls'에 처음 달려갔던 거대한 회색곰이 털어낸 눈이라고 생각했다. 세네카Seneca 부족은 은하수의 반짝이는 수많은 점들이 망자들의 발자국이라고 생각했고, 수Sioux 부족은 이들이 은하수를 따라 피워진 모닥불이라고 생각했다. 한편, 체로키Cherokee 부족은 이를 도둑 개의 정령이 도망가면서 떨어뜨린 옥수수 알갱이라고 믿었다.

하늘 길을 따라 위쪽으로 그리고 북동쪽 지평선에서 남쪽으로 걷다보면 진실이 무엇인지 알게 될지도 모른다. 아파치Apache 부족은 은하수가 나흘 동안 걸어가야 하는 길이라고 믿었다. 길을 따라 걷다보면 이 빛나는 점들의 정체를 눈으로 확인할 수 있을 것이다. 백조자리 별들은 거대한 독수리나 칠면조독수리일지도 모르고, 카노푸스자리 별들은 하늘에서 길을 인도하는 바람의 신일지도 모르고, 오리온자리 별들은 한가운데 하늘 길이 통과하는 눈이 달린 거대한 손일 수도 있다. 아끼는 사냥개와 이 길을 같이 가지 못한다고 해도 걱정할 필요는 없다. 휴런Huron 부족의 믿음에 따르면, 사냥개들이 천국으로 들어가는 길은 따로 있기 때문이다.

여행자 주의사항

은하수에는 천문학자들이 '거대한 틈(great rift)'이라고 부르는, 어둡고 두꺼운 우주진(stella dust, 우주에 존재하는 0.1μm 이하 작은 입자들로 구성된 먼지의 일종) 층이 있다. 이 거대한 틈은 자세히 들여다보면 빠르게 흐르는 깊은 강처럼 보인다. 오지브웨이(Ojibway) 부족은 그 틈을 가로지르는 커다란 나무 그루터기 모양의 물체를 조심하라고 한다. 그들은 이 물체가 거대한 뱀이라고 생각하기 때문이다. 하지만 두려워 말고 그 뱀의 머리를 뛰어넘어 계속 길을 가야 한다. 이 길 말고도 다른 길이 하나 있지만, 그 길은 곧 망자를 윤회나 망각으로 이끌기 때문이다.

대부분의 아메리카 원주민 부족들은 사후 세계의 심판에 대한 개념이 없다. 현생에서도 완벽하게 보상을 받거나 처벌을 받지 않는데 굳이 사후 세계에서 심판을 받아야 할 이유가 없다고 생각하기 때문이다. 라코타Lakota 부족은 이 점에서 예외다. 이들은 사후에 '부엉이를 만드는 노파' 히한카라Hihankara를 만나 심판을 받아야 한다고 믿는다. 히한카라는 망자의 손목, 이마, 턱에 올바른 문신이 새겨졌는지 살펴본 뒤 그렇지 않으면 길에서 밀어내버린다. 올바른 문신이 새겨진 여행자만이 최종 목적지에 도착할 수 있다.

그 목적지는 어디일까? 쇼쇼네 부족은 은하수가 끝이 나는 호수의 한가운데에 있는, 원뿔 모양의 바위섬에 풀과 꽃이 가득한 아름다운 세상으로 들어가는 길이 있다고 생각했다. 그 세상은 이승과 별로 다르지 않지만, 다른 점이 있다면 망자의 조상들이 망자를 기다리고 있다는 것이다. '통나무집들의 땅'이라고 불리는 이곳에는 질병도 죽음도 없으며, 사냥감이 풍부하고, 창고에는 옥수수·콩·호박이 가득하다. 하지만 그렇다고 해서 이곳이 서양인들이 말하는 '행복한 사냥터'라고 할 수는 없다.

Hades

"파도가 일렁이는 해안가에 배를 세우고,
곰팡이가 핀 죽음의 집으로 내려가시오."_ 호메로스

하데스

고대 그리스

그리스의 죽음의 신은 '보이지 않는 자'라는 뜻을 가진 하데스Hades다. 실제로 죽음은 우리가 인지하지 못하는 사이에 찾아오며, 그리스인들은 그 이유가 바로 하데스의 마법의 모자에 있다고 생각했다. 고대 그리스인들은 하데스가 '밤의 끔찍한 어둠'으로 자신을 보이지 않게 하는 모자를 쓰고 있다고 믿었다. 하데스의 이름이 나중에 그가 다스리는 끔찍하고 우울한 지하 세계를 가리키는 말로 사용된 이유도 여기에 있다.

베르길리우스는 하데스를 달빛이 희미한 밤의 숲처럼 어둡고 칙칙하며, 텅 비어 있고, 영혼들이 사는 형태 없는 집들로 이뤄진 곳으로 묘사했다. 하데스에 사는 영혼들은 대부분 실체가 없는 그늘에 가려져 있으며, 죽음의 흔적을 고스란히 간직한 불행한 영혼들이다. 지상에서 위대한 왕이었던 세 명, 즉 미노스Minos, 그의 동생 라다만투스Rhadamanthus 그리고 정의로운 아이아쿠스Aeacus가 이곳에서 법을 제정하고 제비뽑기로 배심원단을 구성해 영혼들을 차례로 심판하며, 결과에 따라 그들을 타르타로스Tartarus로 보내 형벌을 받게 하거나 엘리시움Elysium으로 보내 편안한 삶을 누리게 만든다.

하데스는 에레보스Erebus의 음울한 평원을 지나야 도착할 수 있는 곳이다. 에레보스의 평원은 페르세포네Persephone의 포플러나무와 버드나무가 자라는 곳이다. 페르세포네는 지하 세계의 여왕으로, 어느 날 크로커스와 히아신스 꽃을 따다 땅의 갈라진 틈에서 나타난 하데스에 의해 납치돼 그의 아내가 된, 다산의 여신이다. 페르세포네는 지하 세계에 속한 석류 씨앗을 몇 알 먹었다는 이유로 매년 농작물이 시들어 죽는 넉 달 동안 하데스에서 지내야 한다.

하데스에서 망자는 어둡고 시끄러운 코키투스Cocytus강을 따라 가다 진흙이 가득한 아케론Acheron강을 만나게 된다. 아케론강에는 슬픔, 질병, 노화, 배고픔, 결핍, 죽음, 고통, 잠이 의인화된 무시무시한 존재들이 지키고 있는 지옥의 관문들이 있다. 이곳에는 폭력적인 전쟁의 신도 있고, 뱀으로 된 머리카락을 피 묻은 리본으로 묶은 광기 어린 불화의 신도 있다. 아케론강 근처의 마구간에는 켄타우로스, 고르곤 자매들Gorgons(메두사가 그중 하나다), 하피Harpy(여인의 머리와 맹금류의 몸을 한 폭풍의 여신), 불을 뿜는 키메라Chimera, 몸이 세 개인 거대한 괴물 게리온Geryon 같은, 죽임을 당한 괴물들의 영혼들도 있다. 지옥의 관문 바로 옆에 있는 어둡고 오래된 느릅나무의 모든 잎에는 공허한 꿈이 담겨있다. 이 잎들은 지옥 안으로 걸어 들어가면 암울한 미래가 기다리고 있다는 것을 보여준다.

볼 만한 것들

케르베로스Cerberus : 그리스인들의 지하 세계를 대표하는 마스코트인 케르베로스는 머리가 세 개 달린 야만적인 사냥개로, 목에 뱀들이 달려 있다. 그리스신화에는 이 케르베로스가 비참하게 당한 이야기들이 가득하다. 예를 들어, 케르베로스는 오르페우스Orpheus의 악기 연주를 듣고 잠에 빠지고, 프시케Psyche에게 정신을 빼앗기고, 헤라클레스에게 질질 끌려나오고, 아이네아스Aeneas가 준 약을 먹고 쓰러진다. 여기서 주목해야 할 것은 케르베로스를 제압한 사람들은 모두 하데스에 들어가려고 시도했던 인물들이며, 살아있는 인물이었다는 사실이다. 케르베로스는 망자가 지옥에 들어갈 때는 온순한 강아지처럼 굴지만, 만약 망자가 지옥에서 나오려고 하면 집요하게 추격해 주저하지 않고 잡아먹는다. 지옥 입구에서 케르베로스를 처음 만난다면 꼭 껴안아주는 게 어떨까. 다시는 만날 수 없을지 모르니 말이다.

타르타로스 : 제우스를 비롯한 그리스 신들은 권력을 잡았을 때 자신들의 전임자인 티탄족 신들을 포세이돈의 청동 울타리와 어두운 밤의 삼중 장벽으로 둘러싸인 깊은 구덩이로 던져 넣었다. 그 후 올림포스산의 높이보다 두 배나 더 깊은 땅 속에 위치한 이 구덩이는 악한 영혼들이 사후에 가는 곳이 됐다. 타르타로스의 입구는 불과 바위로 가득 찬 플레게톤Phlegethon강이 둘러싸고 있으며, 결코 무너지지 않는 기둥들이 받치고 있는 절벽 요새다. 이 요새는 복수의 세 여신인 티시포네Tisiphone, 알렉토Alekto, 메가에라Megaera가 피에 젖은 망토를 두르고 경계를 서고 있다. 플레게톤 강변에서는 운이 좋으면 요새의 문이 열리는 것을 볼 수 있다. 문이 열리면 신음소리와 채찍질, 쇠사슬이 부딪히는 소리를 듣거나, 머리가 다섯 개인 히드라, 저주 받은 자들을 매질하는 복수의 세 여신, 자백을 받아내는 라다만투스의 모습을 볼 수 있을 것이다. 그 정도면 타르타로스의 모습을 충분히 엿본 것이다.

티티오스Tityus : 타르타로스 여행에서 볼 만한 중요한 광경은 언덕 꼭대기까지 바위를 밀어올리기 위해 끊임없이 고군분투하는 시시포스Sisyphus와 영원히 멈추지 않는 불 수레바퀴에 매달려있는 익시온Ixion의 모습이다. 하지만 사실 가장 눈길을 끄는 광경은 아폴로와 아르테미스의 엄마, 즉 헤라를 강간하려다 지옥에 떨어진 거인 티티오스의 모습이다. 지하 세계에서도 티티오스의 몸집은 지상에서와 똑같이 크다. 티티오스는 9에이커의 땅을 덮는 거대한 몸집을 가지고 있다. 쇠사슬로 바위에 묶여 있는 티티오스는 자신의 간을 쪼아 먹는 독수리 두 마리를 물리치기 위해 끊임없이 시도하지만 계속 실패한다.

꼭 봐야 할 다른 것들

테세우스Theseus의 엉덩이 : 영웅 테세우스와 피리투스Pirithous는 하데스에 잠입해 불쌍한 페르세포네를 지상으로 데려오기 위해 기발한 계략을 세웠다. 아마 이 계획을 세울 때 이들은 술을 마시고 있었던 것 같다. 지하 세계로 내려간 이들은 돌 벤치에 앉아 휴식을 취하던 중 돌이 그들의 피부에 들러붙어 하데스에 갇히게 됐다. 그로부터 몇 년 뒤 이들은 케르베로스를 생포해 지상으로 끌고 오려던 헤라클레스에 발견됐고, 헤라클레스는 테세우스를 지상으로 데려왔다. 하지만 테세우스의 엉덩이 일부는 돌에 너무 단단하게 붙어있어 그 자리에 계속 남게 됐다. 테세우스는 그 후 평생 동안 '엉덩이가 없는 테세우스Theseus Hypolispos'라는 이름으로 불렸다.

슬픔의 들판 : 하데스에서 가장 로맨틱한 장소로, 사랑을 위해 죽은 모

든 이들의 영혼이 있는 곳이다. 이 우울한 영혼들은 생전에 그랬던 것처럼 여기저기를 방황하거나 풀숲에 숨어 통곡하면서 지낸다.

아스포델Asphodel 초원 : 이곳은 무덤 위에 핀다고 하여 그리스인들이 죽음과 연관 지은 수선화가 핀 초원이지만, 하데스의 다른 곳들처럼 음침하고 추운 곳이기도 하다. 하지만 하데스의 유명 인사들을 구경하기 위해 들러볼 만한 가치는 있다. 오디세우스는 트로이 전쟁의 동지 아킬레스와 아이아스Ajax를 이 초원에서 만났고, 오리온도 이곳을 거닐며 강력한 청동 몽둥이로 유령 괴물을 사냥했다고 알려져 있다.

머물 곳

엘리시움 평원 : 세상의 끝자락에 있는 엘리시움의 축복받은 숲에 숙소를 예약해보자. 이곳은 고결한 영혼들이 선한 삶을 살기 위해 가는 곳이다. 굽이치는 초원에는 비나 눈이 내리지 않고, 상쾌한 하늬바람이 바다에서 부드럽게 불어온다. 이곳에서 말들은 평화롭게 풀을 뜯고, 위대한 전사들은 갑옷을 벗고 편안하게 지내면서 가끔씩 풀밭에서 열리는 레슬링 경기 같은 운동경기를 보는 것 외에는 그저 한가롭게 지낸다. 시인들과 사제들은 에리다누스Eridanus 시냇가의 향기로운 월계수 숲에서 노래를 부른다. 타르타로스가 악한 영혼의 얼룩을 씻어내듯 선한 영

혼도 이곳에서 정화된다. 하지만 천 년이 지나면 선한 영혼들도 지상에서 보던 하늘이 그리워질지도 모른다(엘리시움에도 해와 별이 있지만, 지상에서 보이는 것과는 같지 않다). 그럴 때면 계곡을 따라 레테강으로 내려가면, 강물이 기억을 깨끗하게 씻어주어 지상 세계의 새로운 삶으로 돌아갈 수 있다.

축복받은 자의 섬 : 순수한 영혼을 가지고 지하 세계로 세 번 돌아가면 훨씬 더 호화로운 곳에서 지낼 수 있게 된다. 서쪽에 있는 '행복한 섬들Fortunate Isles'이다. 이 섬들은 크로노스Cronus의 탑에서 내려다보이는 완벽한 낙원이다. 이 섬들의 앞바다와 숲에는 금빛 꽃이 피어있다. 이곳에 온 사람들은 이 금빛 꽃들을 엮어 꽃다발이나 화환을 만들면서 하루를 보낼 수도 있다.

가는 방법

그리스 신들이 그 이름에 맹세를 할 정도로 신성한 스틱스Styx강은 하데스의 왕국 주변을 아홉 겹으로 감싸고 있다. 이 강을 건너는 유일한 방법은 뱃사공 카론Charon이 모는, 망자들의 나룻배에 타는 것이다. 카론은 덥수룩한 흰 수염에 불타는 눈을 하고 더러운 옷을 입은 괴팍한 노인이다. 수많은 망자들이 이 강변에 도착하지만 카론의 나룻배는 명예로운 장례를 치른 사람만 탈 수 있다. 죽은 뒤에 입에 동전이 물려진 사람이라면 카론이 그 동전을 직접 꺼내게 만들어야 한다.

여행자 주의사항

카론의 나룻배를 타고 가다 보면 강물 속에서 손을 내미는 썩어가는 시체나 강 건너편에서 베 짜는 일을 도와달라고 외치는 노파를 만날 수도 있다. 하지만 절대 이들을 도와서는 안 된다. 함정이기 때문이다.

먹고 마시기

탄탈루스 Tantalus의 늪 : 하데스에서 가장 유명한 식사는 절대로 시작할 수 없는 식사다. 탄탈루스는 자신의 아들 펠로프스 Pelops를 요리해 신들에게 바쳤고, 그 벌로 타르타로스의 호수에서 턱까지 물에 잠긴 채 영원히 서 있게 됐다. 목이 타는 탄탈루스는 물을 마시려고 몸을 앞으로 숙이지만 그럴 때마다 물은 그의 눈앞에서 사라지고 마른 땅이 나타난다. 나뭇가지에는 배, 석류, 사과, 무화과, 육즙이 가득한 올리브가 가득하지만, 이 열매들은 탄탈루스가 손을 뻗으면 바람에 밀려 손이 닿지 않는다.

사소한 정보

탄탈루스가 이런 고통을 받는 이야기에서 현대 영어 단어인 '탄탈라이즈(tantalize)'* 가 유래했다.

복수의 세 여신들의 잔치 : 타르타로스의 왕궁 연회에서는 거대한 식탁 위에 진수성찬이 펼쳐지고, 손님들은 황금 다리가 달린 소파에 기대앉는다. 하지만 안타깝게도 이 만찬에는 함정이 있다. 손님들이 샐러드 포크에 손을 뻗기라도 하면 복수의 세 여신 중 맏이가 자리에서 일어나 횃불을 흔들며 먹지 말라고 소리를 지르기 때문이다.

* 감질나게 한다는 뜻.

Hel

저주 받은 자들의 축축한 지옥

헬

스칸디나비아

마블 영화, 히스토리 채널, 그리고 기괴한 헤비메탈 음악 덕분에 북유럽 신화는 그 어느 때보다 뜨거운 관심을 받고 있다. 앞으로 다룰 발할라Valhalla를 둘러보면 알게 되겠지만, 바이킹 전사들에게도 사후 세계는 꽤 매력적이었던 것 같다.

하지만 대부분의 인간은 전사들처럼 용감하게 죽음을 맞이하지 않는다. 수치상으로 본다면 망자가 벨벳 밧줄을 통과해 발할라나 폴크방Fólk-vangr 같은 낙원으로 갈 수 있는 확률은 매우 희박하다. 북유럽신화에서 대부분의 망자는 우주의 기원을 상징하는 나무, 위그드라실Yggdrasil의 뿌리 밑에 있는 헬Hel이라는 이름의 지하 세계로 떨어진다. '안개의 세계'인 니플헤임의 일부인 이 지역은 오딘Odin(북유럽신화의 최고신)이 로키Loki(장난과 사기의 신)의 딸인 헬에게 준 지역이다. 이곳은 불의한 자들이 가는 곳이며, 진정으로 악한 자들은 그곳에서 또 다른 죽음을 경험하고 더 어두운 지옥으로 떨어지게 된다.

헬이 지배하는 이 지역으로 가는 길은 매우 다양하다. 그중 하나는 9일 동안 칠흑 같은 어둠 속에서 깊은 계곡을 지나는 길이다. 망자는 그니파Gnipa 동굴의 입구에 묶여 송곳니를 드러내며 헬을 지키는 개 가름Garm을 마주해야 할 수도 있고, 독미나리가 자라는 뜨거운 평원을 가로질러야 할 수도 있다(헬이 여름일 때 지상은 겨울이다). 지하 세계의 강 그욜Gjoll은 검푸른 급류가 소용돌이치는 험악한 곳이며, 그욜 근처에서는 두 군대가 끊임없이 전투를 벌이고 있다. 빛나는 금빛 다리를 건너 북쪽으로 이동하면 높은 성벽으로 둘러싸인 헬의 거대한 성문이 나온다.

헬은 엘류드니르Eljudnir('진눈깨비에 젖은 자'라는 뜻)라는 저택의 잔인한 여주인이다. 헬은 다리가 세 개인 백마를 타고 다니며, 얼굴은 반은 검은색, 반은 흰색이다. 하지만 이곳에서 망자가 거울에 비친 자신의 모습을 본다면 자신의 얼굴도 그다지 장밋빛이 아니라는 것을 알게 될 것이다. 헬의 쓰는 접시의 이름은 훙그르(배고픔), 나이프의 이름은 술트르(기아)이며, 침대의 이름은 코르(병상), 커튼의 이름은 블리크얀다볼(재앙)이다. 한마디로 헬은 세계 최악의 이케아를 운영하고 있는 셈이다.

엘류드니르로 들어갈 때는 조심스럽게 발걸음을 옮겨야 한다. 문턱은 함정이며, 헬의 하인들은 게으르기 때문에 도움이 되지 않을 것이다. 또한, 엘류드니르는 발할라가 아니기 때문에 시끄러운 잔치를 기대해서도 안 된다. 엘류드니르의 VIP 구역에서 유일한 거물은 로키의 계략에 빠져 지하 세계로 떨어진 발데르Balder뿐이다. 발데르는 한때 빛과 순수를 관장하는 위대한 신이었지만, 지금은 헬에서 온갖 고생을 다하고 있는 것 같다.

반드시 피해야 할 것

이 지하 세계에서 가장 끔찍한 곳은 시체들이 모여 있는 나스트론드(Nastrond)다. 항상 어둡고 물에 잠겨있는 나스트론드는 거대한 뱀들의 해골로 지어졌으며, 이 뱀들의 독이 살인자, 간음한 사람, 맹세를 저버린 사람에게 계속 흘러내린다. 그나마 좋은 소식은 이 사람들이 독을 느끼지 못한다는 것이다. 날개 달린 용 니드호그(Nidhogg)가 끊임없이 그들의 몸을 갉아먹기 때문이다.

Kur

죽음에 감사하는 사람들

쿠르

고대 메소포타미아

청동기시대의 서사시 『길가메시Gilgamesh』에서 길가메시의 충성스러운 친구 엔키두Enkidu는 어둠의 여왕이 사는 음침하고 끔찍한 사후 지하 세계의 환상을 보게 된다. 그 후 2천 년 동안 메소포타미아 사람들은 이 지하 세계를 쿠르Kur, 아랄리Arali, 쿡쿠Kukku, 이르칼라Irkalla, 에르세투Ersetu 등 다양한 이름으로 불러왔다. 하지만 어떤 이름으로 부르든 수메르인, 아카드인, 바빌로니아 사람들은 모두 이 지하 세계가 '한 번 들어가면 다시는 돌아올 수 없는 곳'이라고 생각하며 생을 마감했다. 세계에서 가장 오래된 문명이 죽음에 대해 깨달은 한 가지는 '죽음은 영원히 지속된다'는 것이었다. 메소포타미아 사람들에게 사후 세계란 올바른 의식을 치른 여행자만 갈 수 있는 곳이다. 따라서 사후 세계로 제대로 진입하려면 무엇보다도 들개 같은 짐승에 의해 사막에서 죽임을 당하지 않도록 조심해야 한다. 피의 흐름이 멈추고 숨이 멎는 즉시 영혼이 몸에서 빠져나와, 악마가 득실거리는 평원을 가로질러 후부르Hubur강까지 긴 여행을 하게 되기 때문이다. 후부르강의 뱃사공은 새의 머리와 네 개의 손, 네 개의 발을 가지고 있기 때문에 쉽게 알아볼 수 있다. 게다가 이 뱃사공의 이름인 '크후무트 타발Khumut-Tabal'은 바빌로니아어로 "빨리 데려다주세요!"라는 뜻이기 때문에, 그의 이름을 부르는 것만으로도 나룻배를 타고 강을 건너 '포로들의 문Gate of Captives'에 도착할 수 있다.

시간 절약 팁

더 빨리 여행을 하고 싶거나 뱃멀미를 하는 사람들은 '지하 세계의 계단'인 심멜라트 간제르(Simmelat Ganzer)를 통해 쿠르로 내려갈 수 있다. 이 지름길을 이용하면 땅 밑의 강인 압수(Apsu)를 우회해 쿠루의 성문에 도착할 수 있다.

포로들의 문은 쿠르의 일곱 문 중 첫 번째 문으로, 사자의 머리와 사람의 손, 새의 발을 가진 비두Bidu가 지키고 있다. 다행히도 '비두'는 "열어주세요!"라는 뜻이므로 이 이름만 불러도 성문은 열린다. 비두가 지키는 문 하나를 통과할 때마다 망자는 입고 있는 옷 중 하나를 벗어야 하며, 비두가 망자를 들여보낸 뒤 먼지로 뒤덮인 빗장을 거는 동안 가장 낮은 땅의 관리자인 남타르Namtar는 망자를 악마들에게 넘겨 줄 것이다. 마지막으로 지하 세계의 왕 닌기쉬지다Ningishzida가 알몸의 망자를 아눈나키Anunnaki(수메르신화와 아카드신화에서 신들을 함께 묶어서 칭하는 말)에게로 인도해 심판을 받게 할 것이다.

아눈나키는 마르두크Marduk(바빌로니아의 최고신)에 의해 이곳에 갇힌 600명의 늙은 신들로, 일종의 '지하 세계 세입자 평의회'를 구성하고 있다. 이들은 자신들이 사는 신전의 탑에서 내려와, 서기의 도움을 받아 망자에게 새로운 사후 세계를 배정하는 일을 한다. 하지만 이들의 결정은 사법적인 결정이라기보다는 행정적인 결정에 가깝다고 할 수 있는데, 그 이유는 이곳에서는 누구도 자신의 행위에 대한 보상이나 처벌을 실제로 받지 않기 때문이다. 쿠르는 태초부터 존재했던 악마 아사쿠Asakku가 죽어서 된 돌로 만들어진 어두운 지하 동굴로, 나중에 대지의 여주인 에레쉬키갈Ereshikigal에게 선물로 주어진 곳이다. 에레쉬키갈과 그녀의 배우자인 네르갈Nergal이 통치하는 이곳은 이승과 비슷해 보이지만 어딘가 모르게 기묘하고 음침한 곳이다. 강에서는 물이 흐르지 않으며, 들판에서는 곡식이 자라지 않고, 양들에게는 털이 없다. 또한 이곳은 길가메시가 몰래 돌아다니기 위해 샌들을 벗어야 할 정도로 매우 조용하고 적막하다. 쿠르에서는 별이 빛나지 않고 불을 피울 수도 없기 때문에 태양신

샤마쉬Shamash가 밤마다 서쪽에서 동쪽으로 지나갈 때가 아니면 완벽한 어둠이 유지된다.

이제 깃털이 달린 새 모양의 옷을 입고, 에레쉬키갈의 안뜰이나 우주를 지탱하는 나무 '메수mesu'의 뿌리 같은 지하 세계 관광명소를 구경하면서 하루를 보내보자. 이곳에서는 먼저 이곳에 온 친척들과 편하게 쉬면서 시간을 보낼 수 있지만, 사람들은 모두 비슷하게 휴식을 취하기 때문에 개인의 개성이 별로 엿보이지는 않는다. 지상에서 왕이었던 사람들이나 영웅들은 지하 세계의 신들처럼 자신만의 신전을 가지고 있다. 하지만 이곳에서 대부분의 '잠자는 자(망자)'는 지극히 평범하게 살아간다. 이곳에서 망자들의 위치는 망자의 가까운 친척에 의해 결정된다. 친척이 무덤을 잘 관리하고 맛있는 제물을 가져오면 음식과 음료는 물론, 편히 쉴 수 있는 소파나 친구를 초대할 수 있는 공간도 제공받을 수 있다. 하지만 아무도 망자의 무덤을 찾지 않는다면 곤란해진다. 이곳의 빵은 먼지가 많고 물은 짠맛이 나기 때문이다. 쿠르의 거리에서 구걸을 해야 할 수도 있다.

묻히지 않거나 사람들에게 잊혀진 영혼은 결국 악마가 된다. 악마가 된 영혼은 땅의 갈라진 틈을 통해 지상으로 돌아와 산 사람들을 괴롭히고 때리거나, 산 사람의 귀를 통해 몸으로 들어가 그 사람의 몸을 지배할 수도 있다. 쿠르에서 더 좋은 음식을 먹고 싶다면 살아있을 때 준비를 잘 해야 한다. 가능한 한 많은 자식을 낳고, 손자들에게 애정을 쏟고, 그들이 무덤에 꽃을 가져다주기를 바라야 할 것이다.

Mictlan

아래를 향한 개

믹틀란

아즈텍

고대 메소아메리카Mesoamerica(멕시코와 중앙아메리카 북서부를 포함한 공통적인 문화를 가진 지역)의 삶은 잔인하고 짧았기 때문에 아즈텍Aztec(지금의 멕시코 지역) 사람들은 항상 죽음에 대해 생각했다. 예를 들어, 아즈텍 사람들의 출산 의식은 모든 아즈텍 신생아에게 그들의 삶이 고통스럽고 폭력적이며 전투나 인신 희생으로 끝날 수 있음을 알리는 의식이었다. 다른 지역과는 달리 아즈텍에서 새로 태어나는 아기는 '기쁨의 존재'가 아니었던 것이다.

하지만 다행히도, 그나마 고대 멕시코 지역에서는 폭력적인 죽음을 맞은 사람들 대부분은 낙원으로 간다고 생각했다. 이들은 전투에서 전사한 용감한 '독수리 재규어'는 13층 천국 중 하나인 일후이카틀-토나티우흐Ilhuicatl-Tonatiuh로 간다 믿었다. 선인장으로 뒤덮인 건조한 전장인 이곳에서 용사들은 매일 아침 방패를 부딪쳐 해를 뜨게 하고, 오후에는 새와 나비가 되어 꽃에서 꿀을 마시며 평화롭게 지상으로 돌아간다. 출산 중 사망한 여성도 이와 비슷한 보상을 받아 매일 초록색 구름을 타고 태양을 하늘로 안내하는 일을 하게 된다.

유아기에 죽은 사람들은 과수원에서 '유모 나무(말 그대로 나뭇가지에 젖이 매달려 있는 나무)'의 젖을 먹으며 지낸다. 익사하거나 폭풍우로 죽은 사람들은 비의 신 틀라로칸Tlalocan이 지배하는 곳으로 간다. 틀라로칸의 비옥한 영토에서는 맛있는 호박, 옥수수, 고추가 일 년 내내 풍성하게 자란다.

하지만 귀족과 평민을 막론하고 죽은 아즈텍 사람들 대부분은 북쪽의 믹틀란Mictlan으로 향한다. 믹틀란은 죽은 자들의 왕인 믹틀란테쿠틀리Mictlantecutli가 지배하는 곳이다. 이곳은 추위와 어둠, 썩음과 절망의 땅이며 '살이 없는 자들의 땅'이다. 믹틀란은 아홉 개 층으로 구성돼 있으며 각 층에서는 망자는 끔찍한 고문을 받거나 장애물에 시달린다.

그나마 다행인 것은 가이드가 있다는 사실이다. 믹틀란에서 노란 개를 찾아내면 아홉 개의 강을 건너는 데 도움을 받을 수 있기 때문이다. 반드시 노란색 개여야 한다. 하얀 개는 방금 몸을 씻었기 때문에 강을 건널 수 없다고 말할 것이고, 검은 개는 강이 자신의 검은 얼룩을 씻어줄 거라고 말할 것이다. 아즈텍에서는 사람이 죽으면 오늘날 우리가 '멕시칸 헤어리스Mexican Hairless'라고 부르는 노란 개를 희생물로 바치고 고인과 함께 묻곤 했다. 그래야 사랑하는 사람이 혼자서 심연을 헤쳐 나갈 필요가 없다는 것을 알았기 때문이다.

믹틀란이 어떤 곳이든, 그곳이 미식가들의 여행지라고 말할 수는 없다. 망자들의 왕과 그의 끔찍한 배우자는 인간의 두개골에서 고름을 퍼마시고, 망자들은 딱정벌레가 가득한 타말레tamale(일종의 만두), 피 묻은 심장, 독초와 가시가 붙은 양귀비를 먹어야 하기 때문이다.

이런 것들을 먹으면서 망자는 불타는 사막, 얼어붙은 협곡, 회전하는 칼과 강풍이 휩쓸고 지나가는 계곡을 건너게 될 것이다. 날카로운 흑요석 파편에 손을 찢기고, 끔찍한 푸른 도마뱀과도 싸워야 한다. 화살이 날아오고 재규어가 심장을 먹어치우기도 할 것이다. 두 개의 거대한 절벽이 망자를 가로막을 것이고, 격렬한 지진이 계속 일어나기 때문에 완벽하게 이것들을 피해가기 위해 온 신경을 집중해야 할 것이다.

이곳에서 4년이라는 긴 세월을 보낸 뒤 결국 망자는 어떻게 될까? 이런 고생 끝에 믹틀란테쿠틀리의 왕좌 앞에 도착한 망자는 영원히 사라지고 만다. 인생은 여정이라고 흔히 말하지만, 죽음 역시 일종의 여정이다.

The Otherworld

당신의 죽음을 악마가 알기 전에

별세계

켈트족

영국과 아일랜드에 기독교가 전파되기 전의 드루이드 족은 환생을 믿었다. 이들은 사슴의 뿔이 빠지거나, 뱀이 허물을 벗거나, 봄에 참나무에 새잎이 돋아나듯이 죽음과 환생이 계속 이어진다고 생각했다. 이렇게 죽음과 환생이 반복되는 사이에 켈트족의 망자가 머물게 되는 사후 세계에는 볼거리가 아주 많을 것이다.

켈트족 사후 세계 여행의 첫 번째 목적지는 망자들이 머무는 테흐 두인Tech Duinn이다. 이곳은 지하 세계의 이빨 없는 왕, 돈Donn이 통치한다.

현지 정보

돈은 오래된 신들인 투어허 데 다넌(Tuatha Dé Danann) 중 가장 먼저 아일랜드 해안에 도착했다. 하지만 그의 승리를 예언한 에리우(Eriu) 여신을 모욕한 죄로, 여신은 그를 아일랜드 남서쪽 해안의 바다에 빠뜨려버렸다.

돈이 바다에 던져져 죽은 뒤, 그를 기리기 위해 돌무덤이 세워졌다. 지금도 베어라반도 앞바다에 있는 작은 섬인 불록Bull Rock에는 자연이 만든 터널이 거대한 바위 사이로 뚫려있는데, 고대 켈트인들은 석양이 가끔씩 비추는 이 통로를 죽은 자의 땅으로 가는 관문으로 여겼다.

돈의 유언은 "너희는 모두 죽어서 내 집으로 올 것이다"였다. 망자들은 그의 어둠의 영역에서 다른 영혼들과 함께 모여 여정을 시작하게 될 것이다.

다 데르가Da Derga라고도 불리는 돈은 붉은 말을 탄 세 명의 붉은 기수를 보내 망자들을 맞이한다. 폭풍우가 몰아치는 밤에는 하얀 유령 말을 타고 직접 나타나기도 한다. 돈의 왕국에서는 파괴의 여신 바드브Badb가 시체를 뜯어먹는 까마귀나 목에 밧줄을 두르고 피를 흘리는 추악한 노파로 변신하기도 한다.

하지만 테흐 두인에는 쾌적한 곳도 있다. 별세계別世界, Otherworld다. 별세계는 서쪽 바다에 있는 섬들로, 요정들의 언덕인 시드헤가 모여 있는 곳이다. 철기시대 켈트족은 사후 세계를 마그 멜Mag Mell(기쁨의 평원), 티르 나 노그Tir Na Nog(영원히 젊은 자들의 땅)라는 이름으로 불렀고, 웨일스 사람들은 아눈Annwn이라고 불렀지만, 어떤 이름으로 부르든 이 사후 세계는 죽은 자들이 슬픔, 죽음, 부패가 없는 삶을 누리는 아름다운 약속의 땅이라는 공통적인 뜻을 가지고 있었다. 이곳은 꿀이 흩뿌려져 있고, 머리가 보라색인 새들이 노래를 하고 벌들이 평화롭게 윙윙대며, 잎이 무성한 참나무, 열매가 주렁주렁 달린 노란 개암나무와 사과나무가 있는 초원 같은 모습을 하고 있다. 향기로운 황금빛 사과를 한입 가득 베어 물어도 사과는 절대 줄어들지 않는다.

이곳의 집들은 새의 깃털로 된 지붕과 은으로 지어져 있다. 전사이자 왕이었던 영혼들은 녹색 옷을 입고 대리석과 금, 은으로 만든 거대한 요새에서 산다. 부안Buan(강의 여신)의 보라색 개암나무 아홉 그루가 그늘을 드리우고 다섯 줄기의 물(오감을 상징한다)이 솟아나는, '지식의 샘'에도 가보자. 이 개암나무들에서 떨어지는 열매는 이곳에 사는 연어의 먹이가 된다. 낚시는 허용되지 않지만 지혜가 깃든 물, 즉 최고의 '스마트 드링크'를 마시며 즐거운 시간을 보낼 수 있다.

별세계는 끊임없는 향연이 펼쳐지는 곳으로, 이곳의 각 왕국에는 먹을 것이 항상 차고 넘친다. 모든 향연은 왕국의 군주가 주재하며, 군주는 멧돼지를 어깨에 메고 사냥꾼의 모습으로 등장한다. 술은 마르지 않으며, 사냥을 위해 죽였던 사냥감은 매일 다시 살아난다.

죽은 영혼들은 모의 전투를 즐기면서 착하고 젊은 처녀총각들과 어울린다. 대장장이의 신 고이브니우Goihbniu는 마시면 불멸의 존재가 되는 특별한 맥주를 빚는다. 또한 이곳에서는 라크로스와 필드하키를 섞은 듯한, 무자비할 정도로 빠르게 진행되는 고대 게일족의 투창 경기도 열린다.

유용한 여행 정보

이 천상의 레크리에이션 리그에는 가끔 '부정 선수'가 동원되기도 한다. 경기에서 이기고 싶은 신들이 이승에서 스타 운동선수를 영입하기도 하기 때문이다.

이곳에서는 끝없는 향연을 즐길 수 있다. 다만, 향연을 주최하는 신들을 존중하는 것을 잊어서는 안 된다. 켈트족의 세계가 기독교화되면서 옛 초자연적 존재들은 신에서 강등돼 '마법의 요정들Fae'로 재탄생했다. 이 요정들은 '아름다운 존재', '숨겨진 존재', '선한 이웃' 같은 이름으로 불러도 된다. 다만, 요정이라고 직접적으로 부르면 불쾌해할 수 있으니 조심해야 한다.

Rarohenga | 고공 다이빙

라로헨가

마오리족

다음 생으로 가는 여정은 언제나 미지의 세계로의 도약이지만, 뉴질랜드의 마오리족만큼 사후 세계로의 도약을 크게 하는 사람들도 없을 것이다. 마오리족은 스릴 넘치는 절벽 다이빙으로 사후 세계로 진입하는, 유일한 사람들이다.

마오리족의 전통적인 믿음은 약 700년 전 폴리네시아를 탐험하던 사람들이 카누를 타고 태평양을 건너 뉴질랜드에 처음 도착했을 때의 문화적 기억에 의해 형성됐다. 마오리족은 사람이 죽으면 영혼이 마오리족 조상들의 고향인 하와이키Hawaiki로 돌아간다고 믿는다.

따라서 죽음이 다가오면 마지막 한입의 음식인 '오 마텐가o matenga'

와 마지막 한 모금의 물인 '와이 오 타네피wai o Tane-pi'를 삼켜야 한다. 죽을 때 와이루아wairua, 즉 영혼은 콧구멍을 빠져나와 육체가 죽어가는 동안 입술 주변을 맴돈다. 그런 다음 영혼은 뉴질랜드 북섬 북서쪽 끝에 있는, 영혼이 뛰어내리는 장소인 테 레렝가 와이루아Te Rerenga Wairua를 향해 이동한다.

영혼은 먼저 와이호키마이Waihokimai 언덕에서 잠시 멈추어, 모든 것을 쏟아내면서 지상의 삶이 끝나는 것을 통곡하고 애도한다. 그런 다음 옷을 벗고 언덕 꼭대기에 있는 날카로운 돌을 이용해 팔다리를 때려 상처를 낸다. 그런 다음 근처 와이오티오티Waiowaiti 언덕으로 이동함으로써 이승에서 영원히 등을 돌리게 된다. 이제 몸을 되살릴 수는 없다.

마지막 목적지는 태평양의 해류와 태즈먼해의 해류가 만나 절벽 아래에서 부딪히며 소용돌이치는 레인가곶Cape Reinga이다. 울퉁불퉁하고 오래된 포루투카와나무 옆에 서서, 아래에서 소용돌이치는 해초를 감상할 수 있다. 바닷물이 가라앉고 해초 사이에 틈이 보이면 절벽에서 뛰어내리면 사후 세계로 가게 된다.

유용한 여행 정보

스릴을 즐기지 않는 편이라면 파도 속으로 뛰어들지 않고 절벽에 박힌 나무뿌리들을 붙잡고 천천히 아래로 내려가도 된다.

작은 마나와타위Manawatawhi섬에 마지막으로 들러 뉴질랜드와 작별을 고할 수도 있지만, 그 전에 하와이키에 들를 수도 있다. 하와이키에서는 이리히아Ihiria산 정상에 오르기 위한 '푸레pure' 의식을 치른 뒤 타푸tapu 신전에 들어가면 된다. 영혼들의 교차로인 이 거대한 신전은 네 개의 화덕과 네 개의 통로가 네 방향으로 이어지는 곳이다. 직관에 따라 움직이면 된다. 동쪽 길은 숲의 신 타네Tane가 처음 세 개의 지식 바구니를 발견해 인류에게 전달한 열두 하늘 중 가장 높은 하늘로 이어진다. 이 길을 따라가면 회오리바람의 길인 아라 티아티아ara tiatia로 올라가, 하늘에서 아래로 늘어뜨려진 그물인 토이 후아레와toi huarewa에 오를 수 있다.

석양이 지는 서쪽 통로는 라로헨가Rarohenga 또는 포Po라고 부르는 지하 세계로 가는 길이다. 라로헨가의 최상층은 언덕으로 둘러싸인 호수 기슭의 햇볕이 잘 드는 지역으로 비교적 쾌적하다. 그곳에서 망자들은 지상의 삶과 비슷한 삶을 다시 시작하게 된다. 그곳에서는 집을 짓고, 게임을 하고, 서로에게 문신을 새겨주고, 지상에서보다 더 풍성하게 자라는 고구마와 토란 등 농작물을 수확할 수도 있다.

불행히도 지하 세계의 낮은 층은 그리 쾌적한 곳이 아니다. 죽은 자들은 파리와 배설물을 먹고 살아야 하기 때문에 지상에서 먹던 흔한 음식을 그리워하게 된다. 이곳은 어둠의 군주이자 인간의 적인 휘로Whiro가 다스리는 불타는 지역(폴리네시아인들은 땅이 붉게 달아오른 용암으로 이루어져 있다는 것을 잘 알고 있었다)이다. 휘로는 망자의 영혼을 삼키려 하지만, 망자는 거대한 여신 히네누이테포Hine-nui-te-po의 보호를 받을 수 있다. 히네누이테포는 한때 새벽의 요정이었지만, 자신이 낳은 아이들의 아버지가 사실은 자신의 아버지인 창조신 타네라는 사실을 알고, 수치심에 지하 세계로 내려갔다.

사후 세계의 가장 마지막 층으로 간 영혼들은 결국 지상에서 가장 하찮은 벌레나 나방으로 다시 태어나게 된다. 그렇게 살다 두 번째 죽음을 맞이하게 되면 결국 영혼은 영원히 사라지게 된다. 하지만 라로헨가에 머무는 동안에는 산 자들과 접촉할 수 있다. 마오리족은 숲에서 들리는 밤의 소음이, 비밀을 속삭이는 지하 세계의 전령인 파랑게키parangeki라고 믿었다. 마오리족은 삶과 죽음의 경계선이 얇디얇은 와랑기나무의 잎처럼 매우 얇다고 생각한다.

Valhalla

야생으로 간 족장

발할라

스칸디나비아

헬은 매우 습하고 불쾌한 곳이 때문에, 바이킹 전사들은 신들이 떠들썩한 파티를 벌이는 사후 세계로 가고 싶어 했다. '얼음과 눈의 땅'에서 평생을 보낸 사람이라면 당연히 다음 세상에서는 햇빛이 가득한 봄날이 끊임없이 계속되는 곳에서 지내고 싶어 할 것이다.

사후 세계에 대해 고대 북유럽 사람들이 가장 중요하게 생각한 것은 고귀하고 용감하게 죽는 것이었다. 하지만 요즘은 1000년 전에 비해 그렇게 죽음을 맞이하는 것이 힘들어 보인다(암과 용감하게 싸우다 죽거나 스케이트보드를 타다 죽는다고 해도 고귀하고 용감한 죽음이라고 하긴 힘들 것 같다). 하지만 지금도 그렇게 죽을 수 있다면 명예롭게 죽은 사람들을 나눠 각각 반반씩 데려가는 북유럽의 신 오딘과 프레이야Freyja의 명단에 확실하게 이름을 올릴 수 있을 것이다. 프레이야는 마법의 목걸이를 걸고 깃털 망토를 입은, 아름다운 다산의 여신이다. 프레이야는 고양이들이 끄는 전차를 타고 하늘을 날아다닌다. 고대 북유럽 신화의 디바 같은 존재라고 할 수 있는 프레이야는 자신이 다스리는 아름다운 초원 폴크방에서 끝없는 즐거움을 누린다.

하지만 아스가르드Asgard(오딘을 비롯한 신들이 사는 곳)에서 가장 인기가 있는 곳은 오딘이 관장하는 망자들의 전당, 즉 발할라다. 죽음을 맞이한 후 번개가 번쩍이고 까마귀 떼가 주위를 둘러싼다면 발할라로 갈 수 있는 사람으로 선택된 것이다. 이는 만물의 아버지인 오딘이 죽음의 시녀 발키리Valkyrie를 보내 망자를 발할라로 인도한다는 뜻이다. 발키리들은 날개 달린 말을 타고, 불타는 창을 들고 불타는 투구를 쓰고, 피가 뚝뚝 떨어지는 갑옷을 입고 있을 것이다.

하지만 발키리는 (성차별적이지만) 발할라에서 술에 취한 전사들에게 맥주를 가져다주는 역할을 하기도 한다. 발할라는 아홉 세계에서 가장 아름다운 붉은 금빛 숲, 글라시르 너머 글라드스하임Gladsheim 왕국에 있는 빛나는 황금빛 전당이다. 발할라는 천정이 너무 높아서 그 너머는 잘 보이지 않지만, 고개를 들면 첨탑들 위로 솟은 거대한 나무 라에라드르Laeradr의 잎들을 뜯어먹는 염소 하이드룬Heidrun, 뿔로 거대한 강을 만들어내는 사슴 에이크티르니르Eikthyrnir를 볼 수 있다.

이 신성한 성역에는 540개의 문이 있으며, 각각의 문은 800명이 나란히 들어갈 수 있을 정도로 넓다. 정문인 발그린드Valgrind에서는 그 유명한 마법의 자물쇠를 구경해야 한다. 곳곳에서 게임을 즐기거나 검술을 연습하는 사람들도 볼 수 있다.

어휘 학습

발할라의 손님은 아인헤르자르(einherjar), 즉 '혼자 싸우는 자'라고 부른다. 하지만 실제로 북유럽신화에는 혼자 싸우는 자들에 대한 직접적인 언급이 없기 때문에, 이 단어의 기원은 불분명하다.

발할라의 메인 홀은 연회와 음주를 위한 공간이다. 전투에서 공을 세워 애꾸눈 오딘의 양자로 입양된 망자는 서까래에 창, 기와에 방패, 문서쪽에 늑대머리 장식, 의자에 쇠사슬 갑옷이 장식된 멋진 방에서 지낼 수 있다. 매일 새벽이면 황금빛 볏을 가진 천상의 수탉 굴렌캄비Gullen-kambi가 잠을 깨워주며, 그때부터 하루 종일 화려한 파티가 계속된다. 파티에서는 하이드룬Heidrun(발할라의 지붕 위에 사는 산양)의 젖으로 만든 술과 요리사 안드림니르Andhrimnir가 만든 멧돼지 요리를 마음껏 먹을 수 있다(아스가르드의 멧돼지 세아흐림니르는 매일 밤 발할라의 부엌 가마솥에서 요리되지만 다음날 밤이면 다시 생겨난다). 생을 마감할 때 자신의 소유물과 함께 묻히거나 함께 화장되었다면, 발할라에서 생전에 쓰던 소유물을 그대로 이용할 수 있다.

사후 세계의 유명 인사에게 관심이 있다면, 발할라의 연회장에서 토르 같은 신들을 얼마든지 볼 수 있다. 오딘은 식탁에서 와인 잔을 들고 사냥개 게리Geri와 프레키Freki에게 고기를 던져주기도 하고, 까마귀가 전해주는 온 세상의 최신 소식을 듣기도 한다. 이유는 잘 알 수 없지만, 오딘은 신비한 세 군주의 모습을 하고 발할라를 다스리기도 한다. 이 세 군주가 각각 앉아있는 왕좌는 각각 나머지 두 군주의 왕좌보다 높다(지상의 물리학으로 이해되지 않는 상황일 것이다. 하지만 별 상관없다. 매일 잡아먹히고도 다음날 새로 태어나는 멧돼지도 있는데 이 정도는 아무것도 아니다).

하지만 모든 파티가 그렇듯 이 파티도 영원히 지속되지는 않는다. 오딘은 '신들의 황혼'인 라그나로크Ragnarok의 위대한 전투가 다가오고 있다는 것을 알고 있기 때문이다. 라그나로크가 일어나는 날 '혼자 싸우는 자들'은 발할라의 크고 넓은 문 밖으로 행진해 늑대 펜리르Fenrir를 비롯한 오딘의 적들과 전투를 벌일 것이다. 전사들은 몇백 년 동안 연회를 즐기면서 이날의 전투를 준비했기 때문에, 전투가 재미있을 것이라고 생각할 수 있다. 하지만 확실하게 알아야 할 것이 있다. 전투는 재미있을 수 있겠지만, 그 전투에서 망자는 다시 한 번 죽을 것이다. 이렇게 다시 죽은 망자는 다시는 전투에 참가하지 않게 되며 발할라의 남쪽 끝에 있는, 금으로 지붕을 만든 집 기믈레Gimle에서 영원한 휴식을 취하게 된다. 기믈레는 '빛의 엘프들'이 사는 또 다른 천국인 비드블라인Vidblain에 있는 저택이다. 여기서도 파티는 계속된다.

Xibalba

농구선수처럼 키가 크면 좋을 텐데

시발바

마야인

고대 마야 사람들은 우주의 축이 메소아메리카의 열대 우림들 위로 솟아있는 야스체Yaxche라는 거대한 세이바나무(카폭나무)라고 생각했다. 그들은 축복받은 망자들이 이 거대한 나무의 신성한 잎사귀들 아래에 있는 낙원에서 영원한 안식을 얻게 된다고 믿었다. 하지만 이 낙원에 들어가려면 먼저 끔찍한 '공포의 지하 세계'인 시발바Xibalba를 통과해야 했다.

마야 문명은 유럽인들이 가톨릭과 홍역을 멕시코 지역에 전파하기 500년 전에 붕괴했기 때문에 마야인들의 우주론에 대한 현대의 지식은 매우 제한적일 수밖에 없다. 우리가 시발바에 대해 알고 있는 대부분의 내용은, 사후 세계로 모험을 떠나는 살아있는 영웅들의 이야기 『포폴 부Popol Vuh』라는 텍스트에서 비롯된 것이다. 영웅들의 엄청난 고생담을 담은 이야기다.

마야 사람들에게 죽음을 향한 여정은 네 가지 색의 길이 지구의 네 모퉁이로 뻗어 있는 교차로에서 시작된다. 매들이 모여 있는 곳을 지나 서쪽으로 '검은 길'을 따라가면 '바스락거리는 협곡', '물이 졸졸 흐르는 협곡', '전갈 급류', '피의 강', '고름의 강'을 건너게 된다. 이름처럼 모두 메스꺼움을 느끼게 하는 곳들이다.

망자는 마지막으로 동굴을 지나 시발바의 영주들이 지배하는 9층 지하 세계로 뛰어들게 된다. 시발바의 원래 지배자는 '하나의 죽음'과 '일곱 번의 죽음'이라는 두 명의 죽음의 신이었지만, 이들은 『포폴 부』의 용감한 영웅 쌍둥이에 의해 제압당했다. 시발바에서 망자는 끔찍한 중간 단계 신 열 명이 사는 무시무시한 만신전에 들어가게 될 것이다. 이 신들 열 명은 각각 서로 다른 종류의 죽음을 상징한다. 서로 다른 능력을 가진 이 신들의 이름은 '딱지를 떼어내는 자'와 '피를 모으는 자'(이 둘은 출혈로 인한 죽음을 상징한다), '고름의 악마'와 '황달의 악마'(이 둘은 질병으로 인한 죽음을 상징한다), '뼈로 만든 홀笏'(권위를 상징하는 의미에서 들고 다니는 지팡이나 막대)과 '해골로 만든 홀'(이 둘은 쇠약함으로 인한 죽음을 상징한다), '오물의 악마'와 '비애의 악마'(이 둘은 더러움과 슬픔으로 인한 죽음을 상징한다), '날개'와 '배낭끈'(이 둘은 여행 중 죽음을 상징한다)이다. 이 신들은 지상 세계에 괴물 올빼미를 전령으로 보낸다.

시발바의 이 신들은 잔인한 장난을 즐긴다. 이 신들은 자신의 모습을 나무 인형으로 바꿔 망자들을 혼란스럽게 만들기도 한다. 이런 유치한 장난을 좋아하는 이 신들은 망자에게 돌 의자에 앉으라고 권하기도 한다. 하지만 그들의 말대로 돌 의자에 앉다가 엉덩이에 불이 날 수도 있으니 조심해야 한다. 그 후에 이 신들은 망자를 다섯 채의 집으로 연달아 인도할 것이다. 이 집들은 갈수록 더 위험한 집이므로 조심해야 한다. '어둠의 집'은 칠흑같이 어둡고, '면도칼의 집'은 날카로운 돌로 만든 칼이 끊임없이 망자의 목을 노린다. '덜컹거리는 집'은 냉동고처럼 차가운 바람과 우박이 쏟아지는 곳이다. '재규어의 집'은 굶주린 정글 맹수들이 가득하고, '박쥐의 집'에는 칼 같은 주둥이로 비명을 지르는 박쥐 떼가 숨어 있다가 잠깐이라도 고개를 내밀면 달려들어 목을 베려고 할 것이다.

유용한 여행 정보

마음을 다잡는 것이 중요하다. 영웅 쌍둥이는 이 모든 함정에서 벗어날 수 있었다. 여러분도 그렇게 할 수 있다. 먼저 모기를 앞세워 신들의 계획을 염탐해보자. '어둠의 집'에서는 반딧불을 이용하고, 재규어에게 뼈를 던지면 된다. 이 집들에서 살아남으면 시발바의 신들과 마지막 대결을 벌이게 된다.

'시발바'라는 단어는 스크래블 게임에서 결정적일 때 사용할 수 있는 멋진 단어로 보이지만, 사실 마야의 지하 세계에서 벌어지는 게임은 메소아메리카 사람들이 생전에 야외에서 벌였던 잔인한 게임처럼 끔찍한 게임이다. 이 게임은 '희생의 장소'에서 신들이 자기 마음대로 규칙을 정해 벌이는 게임이다. 신들은 이 게임에서 공에 침을 발라 망자들에게 던지는데, 이 공에는 망자의 살을 벨 수 있는 하얀 칼들이 심어져 있다. 이 게임에서 신들이 승리하면 그들은 망자의 몸을 화덕에 던져 술을 만들기 위한 땔감으로 사용한다.

『포폴 부』의 쌍둥이 영웅 덕분에, 시발바의 신들은 이제 모든 인류를 지배할 수 없게 됐다. 지금은 폭력적이고 끔찍한 죄인들만 이 신들의 비열한 장난의 대상이 되며, 재규어가 득실거리는 동굴에 갇힌다.

Yomi

소름 끼치는 지옥

요미

신토

신토神道 전통은 현재도 일본에 확고하게 자리 잡고 있다. 이 전통에 따르면 이승에는 '카미神'라고 불리는 800만 명의 신이 가득하며, 삶의 목표는 다가올 초자연적인 세계에 적응하는 것이 아니라 이 신들과 자연스러운 조화를 이루는 것이다. 하지만 신토 전통에도 망자의 세계는 존재한다. 그리고 그 전설들은 공통적으로 징그러운 지하 세계에 대해 언급하고 있다.

신토 전통의 사후 세계는 어둠의 땅 '요미黄泉'다. 요미는 요미노쿠니黄泉の国의 줄임말이다. 요미는 천국도 지옥도 아닌 세계다. 요미는 우리가 사는 세계와 비슷하며 주거지와 공동체, 먹을 것과 입을 것이 있

다. 망자가 요미에서 고통을 겪는다면 그것은 단지 이승과 분리되어 있기 때문일 것이다. 요미에서 망자의 생명 에너지는 계속 유지되며, 심지어 살아있는 사람들에 의해 신 중 한 명으로 추앙받거나 복수심에 불타는 '고료御霊'로 기억될 수도 있다.

하지만 신토 신앙을 가진 사람들은 무엇보다도 케가레汚れ, 즉 불결함을 피하는 데 관심이 많으며, 이들에게 가장 불결한 것은 바로 죽음이다. 오늘날까지도 신사神社 근처에는 묘지가 조성되지 않으며, 장례식에서는 조문객이 집에서 뿌려서 몸을 정화할 수 있는 작은 소금 봉지를 나눠준다. 이 소금 봉지는 영혼을 정화하기 위한 일종의 소독제로 여겨진다. 신토 전통에서 요미는 항상 더러움과 더럽고 부정한 영혼이 가득한 장소로 묘사된다.

초기 신토 신화에서 창조의 신 이자나기イザナギ는 그의 누이이자 아내인 이자나미イザナミ가 죽은 뒤 요미로 내려왔다. 이자나미는 이미 지하 세계에서 요리한 음식(페르세포네처럼!)을 먹었기 때문에 이승으로 돌아갈 수 없으며 요미의 신들과 함께 지하 세계의 음식을 먹어야 한다고 말했다. 이자나기는 이자나미를 쳐다보지 말라는 명령을 받았지만, 오르페우스처럼 긴장감을 견디지 못하고 결국 뒤돌아보고 말았다. 그 순간 이자나기는 그의 사랑하는 여인이 구더기가 들끓는 썩은 시체라는 것을 알게 됐다. 이자나미의 몸은 이미 여덟 명의 천둥 신에 의해 사로잡혀 있었다. 이자나기는 그 자리에서 도망쳤고, 이자나미는 추녀의 모습을 한 다

른 천둥 신과 요미의 전사 500명을 보내 이자나기를 추격하게 했다. 이자나기는 지하 세계 입구의 나무에서 복숭아 세 개를 따서 추격자들에게 던졌고, 이자나미가 뒤따라오자 거대한 바위로 길을 막았다. 이 바위는 지금도 일본 시마네현 이즈모 외곽에서 볼 수 있다.

요미의 불결함에 대해서는 폭풍의 신 스사노오スサノオ의 전설에서도 언급된다. 어머니인 이자나미의 죽음을 극복하지 못한 스사노오는 이자나기에 의해 지하 세계로 추방돼 요미 입구 근처의 궁전에서 어머니와 함께 지하 세계를 통치했다. 농사와 의술의 신 오나무지大国主神는 요미로 피신했을 때 스사노오의 딸에게 반해 구애를 했고, 스사노오는 오나무지의 침실을 뱀, 지네, 벌로 가득 채워 괴롭히는 방법으로 시련을 줬다. 하지만 그는 사랑하는 사람의 도움으로 모든 끔찍한 시련을 무사히 이겨내고, 연인과 함께 요미를 탈출했다.

지금까지의 이야기로 짐작은 하겠지만, 요미는 모험심이 강한 여행자, 즉 구더기와 지네를 견딜 수 있는 사람에게만 추천할 수 있는 곳이다.

2

종교

RELIGION

* 이미지 출처: 셔터스톡

Aerial Tollhouses

천국으로 가는 고속도로

천상의 톨게이트

동방정교회

대부분의 사후 세계에는 한 가지 지리적 공통점이 있다. 저주받은 사람들은 아래로 보내진다는 것이다. 북유럽신화의 헬도 지하에 있다. 하지만 동방정교회에서는 죄인들이 '위쪽', 즉 공중에 떠 있는 어떤 장소로 보내져 고통을 받는다고 믿는다. 즉, 동방정교회 신자들은 사람들이 지상에서 긴 여행을 마쳐도 이곳에서 생전의 죄를 씻지 않으면 사후 세계로 갈 수 없다고 생각한다.

이런 믿음은 사도 바울이 에페소 신자들에게 보낸 서간에서 '하늘 아래'에 사는 '악한 영혼들'을 언급하며, 사탄을 '공중의 권세 잡은 자'라고 묘사한 데 따른 것이다. 어둠의 왕이 땅과 하늘 사이의 공중에서 죽은 자를 사냥한다는 생각은 동방정교회의 초기 교부문서*에서도 매우 흔하게 나타나며, 신학적으로는 다소 논란이 있지만 동방정교회의 기도문과 찬송가에서도 드러난다. 일부 학자들은 악마가 지배하는 영역이 있다는 이 생각이 이단적이라고 보기도 한다. 하지만 20세기 들어 세라핌 로즈Seraphim Rose라는, 영향력 있는 캘리포니아 출신 신부에 의해 이 믿음은 더욱 대중에 전파되었다.

로즈 신부는 테오도라Theodora라는 노예 여성이 죽는 모습을 환상으로 본 10세기 비잔틴 성자 소小 바실리오스Basil the Younger의 글에서 영감을 얻었다. 이 글에 따르면 죽음을 맞이하는 사람은 세 가지 존재의 방문을 받는다. 먼저, 붉은 눈과 숯으로 그을린 것 같은 검은 얼굴을 가진 악마들이 나타난다(원문에서 소 바실리오스는 이 악마들을 '이집트인'이라고 불렀는데, 이는 당시 이집트인에 대한 생각을 드러낸다). 이 악마들은 으르렁대기도 하지만, 중요한 프레젠테이션을 앞둔 임원들처럼 두루마리를 펼치고 차트를 준비하기도 한다. 그런 다음 눈처럼 하얀 머리칼을 가진 빛나는 천사들이 금색 옷을 입고 내려온다. 마지막으로 사자처럼 포효하면서 칼, 낫, 화살, 창, 톱 등 끔찍한 고문 도구 세트를 휘두르는 해골 모습을 한 죽음이 등장한다. 죽음은 작은 도끼를 꺼내 곧 죽을 사람의 팔다리

* 신·구약 성경 전권에 대한 교부들의 사상과 신앙을 정리한 문서.

와 머리를 도려내 영혼과 육체를 분리한다. 그 후 마지막으로 쓴 독을 한 잔 마시면 죽게 된다.

악마들은 이 시점에서 다시 날뛰기 시작한다. 하느님은 인간이 사는 동안 수호천사를 보내 지켜주지만, 사탄도 생전의 모든 악한 생각과 악한 행동을 추적하기 위해 인간에게 악마를 배정한다. 이제 이 악마들은 모든 기록을 가지고 있으며, 망자가 죄의 대가를 치르게 만들 것이다. 천사들은 망자를 위로 데려가려고 하지만, 천국에 가려면 망자는 공중에 떠 있는 텔로니아telonia, 즉 '톨게이트' 또는 '입국검사소'를 통과해야 한다.

20개의 톨게이트는 각각 서로 다른 종류의 죄를 처벌하는 곳이다. 순서대로 살펴보면, 20가지 죄는 말실수, 거짓말, 비방과 험담, 폭식, 게으름, 도둑질, 탐욕, 고리대금, 불의, 시기, 교만, 분노, 원한 품기, 살인 및 기타 폭력, 마법, 정욕과 음행, 간음과 강간, 남색, 이단, 자비 부족 등이다. 각 부스에서 악마 세금 징수원(톨게이트 유령?)은 놀라울 정도로 구체적인 죄, 모든 자백하지 않은 죄에 대해 영적 대가를 요구한다.

현지 정보

이곳의 악마들은 매우 다양한 종족으로 구성돼 있다. 폭식을 처벌하는 악마는 돼지나 술주정뱅이처럼 생겼고, 마법 행위를 처벌하는 악마는 뱀이나 두꺼비의 모습을 하고 있다. 분노를 처벌하는 톨게이트는 굶주린 개처럼 혀를 입맛을 다시는 악마들로 둘러싸인 분노의 악마가 운영하고 있으며, 남색을 처벌하는 악마들은 끔찍한 악취를 풍기는 고름을 질질 흘리고 있다.

다행히도 망자와 동행하는 천사들은 망자가 했던 선행과 경건한 행동을 화폐로 사용해 망자가 통행료를 지불하도록 도와줄 수 있다(이런 행동은 천국에서 이미 집계된 것이다). 천사들은 망자가 끔찍한 시련을 견딜 수 있도록 기름과 몰약을 망자에게 부을 수 있으며, 망자가 행한 선행의 양이 죄의 양보다 적은 경우 다른 사람들이 망자를 위해 한 기도를 화폐로 부족한 부분을 채우게 해준다.

이 화폐가 부족하면 악마들은 기뻐하면서 망자를 지옥으로 던져버린다. 하지만 망자가 이 관문을 통과한다면 수정으로 만든 문을 지나 천국에 들어갈 수 있다. 이 경우 망자는 두 갈래로 갈라지는 하늘의 강을 지나고 구름을 통과해 하느님의 보좌 앞에 무릎을 꿇을 수 있다.

천국에 도착하면 별처럼 반짝이는 황금빛 궁전에서 영원한 삶을 누리고, 달콤한 냄새가 나는 나무가 가득한 정원을 거닐며 끝없이 음식이 차려지는 연회를 즐기게 된다. 만약 지루해진다면 아브라함의 집에 들러

귀여운 아이들과 함께 놀 수도 있다. 어디를 가든 빛나는 옷을 입은 동료 신도들이 신성한 노래를 부르며 망자를 반겨줄 것이며, 자신들이 겪었던 톨게이트의 고비를 무사히 넘긴 것에 진심으로 기뻐할 것이다.

The Bardo

비상계획

바르도

티베트 사자의 서

여행에는 항상 예측이 불가능한 요소들이 존재한다. 사후 세계 여행에서는 특히 더 그렇다. 여행을 하다 보면 때때로 일이 잘못될 수 있으며, 그럴 때는 상황에 맞게 즉흥적으로 대처해야 한다. 티베트불교 신자들만큼 이런 돌발 상황에 가장 잘 대비하는 사람들은 없다.

전해 내려오는 이야기에 따르면 1340년경, 유난히 영적인 성향이 강했던 티베트 소년 감포다르Gampodar는 성스러운 산에서 고대 문서들이 숨겨진 보물 창고를 발견했다고 한다. 후에 이 문서 중 하나인 '바르도 퇴돌Bardo Thodol'이 『티베트 사자의 서The Tibetan Book of the Dead』라는 제목의 책으로 서양에서 출판됐고, 올더스 헉슬리Aldous Huxley(『멋진 신세계』를 쓴 영국 작가), 티모시 리어리Timothy Leary(미국의 심리학자)처럼 환각제로 실험을 하던 사람들에 의해 LSD 환각 경험을 위한 지침서로 이 책을 사용하면서 선풍적인 인기를 얻게 됐다.

'바르도'는 티베트어로 죽음과 재생의 경계 상태를 뜻하며, 『티베트 사자의 서』에는 세 가지 종류의 바르도가 묘사되고 있다. 첫 번째 바르도는 '치카이 바르도Chikhai Bardo'다. 죽음의 순간에 사람은 '순수한 실체의 근본적인 맑은 빛이 빛나는 것'을 보게 된다. 이 상태에서 사람은 천둥소리가 빗발치는 것을 들으면서 봄날에 신기루를 보는 것 같은 경험을 하게 된다. 깨달음을 얻은 사람이라면 이 경험만으로도 대정진의 길에 들어서 곧바로 부처가 될 수 있다.

하지만 이를 경험하지 못했다고 해도 절망할 필요는 없다. 의식의 본체가 망자를 떠나면서 망자는 살아있는 주변 사람들이 슬퍼하는 것을 보게 될 것이다. 망자는 자신이 죽었다는 사실을 모를 수도 있다. 망자는 새롭게 얻은 빛나는 환상의 몸으로 며칠 동안 생전에 알던 장소 주변을 맴돌게 될 것이다. 몸에 다시 들어가려고 해서는 안 된다. 그렇게 하다 보면 마치 바위틈으로 기어들어가려고 하는 것과 같은 느낌이 들 것이다.

죽음 직후의 이런 황홀한 상태에서 벗어나면 다음 단계인 '초니드 바르도Chonyd Bardo' 상태로 진입하게 된다. 이 상태는 최대 2주 동안 지속된다. 이 상태에서는 매일 새로운 평화로운 신과 진노의 신을 보게 되겠지만, 동요하지 않고 계속 염불을 외워야 한다. 이 신들은 망자의 의식이 반영된 환영이지 실제가 아니기 때문이다.

망자는 한 주가 시작되는 첫 번째 날마다 지혜의 부처 문수보살이 보좌에 앉아 있는 모습을 볼 수 있다. 예를 들어, 첫 번째 주의 첫날에는 푸른 빛 속에서 사자 모양의 왕좌에 앉아 바퀴살이 여덟 개 달린 바퀴를 들고 있는 비로나자불을 천상의 어머니가 안고 있는 모습을 볼 수 있다. 비로나자불의 광채를 두려워하는 것은 정상적인 일이다. 이 광채는 망자의 나쁜 업보를 보여주기 때문이다. 푸른색 광채 옆에서 비치는 희미한 흰색 광채에는 집중하지 말고 푸른색 광채에만 집중해야 한다. 매일 그렇게 함으로써 망자는 푸른색 광채를 받아들이고 부처의 마음과 하나가 돼, 이 바르도를 벗어날 수 있다. 하지만 당장 광채가 무서워 도망치더라도 걱정할 필요는 없다. 매일 다른 신들이 나타날 것이기 때문이다.

반드시 피해야 할 것

어떤 경우든 절대 희미한 불빛을 받아들여서는 안 된다. 그랬다가는 불행의 바다인 상사라(Sangsara)에서 방황하다 지옥이나 굶주린 귀신들의 땅으로 떨어질 수도 있다. 그렇게 되면 바르도보다 더 무서운 상태로 빠지게 된다.

초니드 바르도 둘째 주에는 지혜롭고 평온한 신들이 화염에 싸여 피를 마시는 분노의 신들로 대체된다. 어떤 신들은 동물의 머리를 하고 있고, 어떤 신들은 시체를 씹거나 피 묻은 창자를 핥고 있을 것이다. 중간 크기의 신들도 메루산만큼 큰 신들이다. 하지만 놀라서는 안 된다. 망자는 이 괴물들이 변장한 부처일 뿐이라는 사실을 깨닫는 순간 바르도에서 해방될 수 있기 때문이다.

이 시점에서 여러분이 부처가 되었기를 바라지만, 모든 것은 망자의 업보에 달려 있다. 2주가 지났는데도 여전히 바르도에 머물러 있다면, 그 후에는 '시드파 바르도Sidpa Bardo' 단계로 넘어가 최대 5주까지 머물게 된다. 이 단계는 폭풍우, 군중, 눈사태, 맹수 떼 등 소란스러운 환영으로 시작하지만, 탈출을 시도하면 각각 흰색, 검은색, 빨간색으로 칠해진 세 개의 절벽에 마주치게 된다. 이 절벽들은 각각 분노, 욕망, 어리석음을 상징한다. 죽음의 군주는 업보의 거울을 들여다보며 망자의 삶을 볼 것이고, 그의 신하들은 망자의 선행은 하얀 조약돌, 악행은 검은 조약돌로 표시할 것이다. 검은 조약돌이 더 많아지면 분노한 신하들이 망자를 고문할 것이다.

다음의 자궁의 문이다. 자궁의 문은 새로운 삶으로 진입하는 입구로, 자궁의 문이 모두 닫혀야 윤회가 끝날 수 있다. 하지만 이 모든 것은 물에 비친 달처럼 환상에 불과하다고 생각해야 한다. 자궁의 문이 닫히지 않는다면, 망자는 극락으로의 환생인 '초자연적인 탄생'을 기대하면서 천신들이 있는 천국인 금빛 사원을 엿볼 수 있는 문을 찾아야 한다. 다른 문을 거들떠보면 안 된다. 만약 이때 동굴의 환영이 보인다면 망자는 동물로 환생하게 되며, 통곡의 노래가 들리고 검은 길이 보인다면 지옥으로 향하고 있다는 뜻이다.

하지만 망자의 업보가 극락으로 갈 정도가 아니라면 자궁의 문 중 하나를 통해 인간세계로 돌아가게 된다. 이때 남자와 여자가 '결합'하는 환영을 볼 수도 있는데, 그 환영은 망자가 인간세계에서 만나게 될 미래의 부모가 교합하는 모습을 나타내는 것이다.

유용한 여행 정보

프로이트의 정신분석 이론을 좀 극단적으로 적용한다면 환영으로 본 미래의 아버지와 어머니 중 어떤 쪽을 보고 화가 나는지, 어떤 쪽에 더 끌리는지에 따라 다음 생애에서의 자신의 성별을 짐작할 수 있을 것이다.

이곳에서는 특정한 자궁의 문에 대한 매력과 혐오감을 제쳐두고, 대신 궁극적인 목표에 집중하는 것이 중요하다. 정신적인 '은혜의 선물 파동'을 방출하면 다음 생에서는 천상의 저택에서 지낼 수 있다. 다시 말해, 여기서는 자신이 태어날 자궁의 문이 아니라 그 문에서 나와 자신이 원하는 사람이 되기 위해 집중해야 한다. 하지만 어디에서 다시 태어나든 결국은 머지않아 바르도로 돌아가게 될 것이다. 다음에 가게 될 바르도에서는 또 다른 모험이 펼쳐질 것이다.

영원한 업보

열여덟 지옥

불교

세계의 종교 대부분에서 지옥의 불은 영원하지는 않다. 하지만 불교에서 말하는 지옥의 불은 기독교만큼이나 영원히 지속되는 것 같다. 불교에서는 생전에 부처의 가르침을 성실하게 실천하기 위해 정진하지 않았다면 사후 세계에서 반드시 고통을 겪게 된다고 말한다. 탄생과 죽음의 순환인 삼사라Samsara(윤회)는 모든 사후 세계가 끝이자 시작이며, 망자는 이승 또는 저승으로 결국 다시 환생하게 된다는 뜻이다.

불교의 지옥에 관한 최초의 산스크리트어 문헌과 팔리어 문헌에 따르면 땅 밑에는 여덟 개의 불타는 지옥이 존재한다. 각각의 지옥은 각 변의 길이가 1,000킬로미터가 넘는 정사각형 모양의 요새로, 철벽으로 둘러싸여 있으며 철로 만든 지붕의 높이도 1,000킬로미터가 넘는다. 이 요새는 바닥도 철로 돼 있으며, 이 바닥에서 솟아오르는 불길은 사방 몇 킬로미터까지 퍼진다.

각각의 지옥은 열여섯 개의 부수적 지옥인 증增, utsada으로 구성되며, 각각의 증은 죄인들에게 서로 다른 종류의 형벌을 가한다. 예상할 수 있겠지만, 이 지옥들에서 죄인들은 다양한 형태의 불에 타는 고통을 받거나, 팔다리와 배에 다섯 개의 불타는 말뚝이 박히거나, 시뻘겋게 달궈진 쇠구슬을 삼키는 형벌을 받는다. 또한 불 고문 외에도 두 산 사이에 끼워지거나, 핏물이 흐르는 바이타라니강에 던져지거나, 가시와 날카로운 잎이 귀와 코, 손가락과 발가락을 잘라내는 덤불 속으로 내몰리는 형벌을 받기도 한다. 불교에서는 정확하게 누가 누구를 괴롭히는지에 대해서는 거의 언급하지 않지만, 지옥의 무자비한 간수들이 부리가 쇠로 된 까마귀, 불을 뿜는 당나귀, 뾰족한 입으로 죄인의 뼈를 뚫고 골수를 파먹는 짐승 등 끔찍한 모습을 하고 있는 것은 확실하다.

지옥에서 이렇게 죄인들은 몸을 해부당하고 뜨거운 쇳물을 먹기도 하지만, 이승에서 겪는 실명, 문둥병, 광기, 추함, 자식이 없이 느끼는 외로움 같은 고통을 당하기도 한다. 때때로 죄인들은 구취에 시달리거나 낡은 옷을 입는 형벌, 이가 삐뚤어지는 형벌 같은 가벼운 형벌을 받기도 하며, 심지어는 한 경전에 따르면 '음낭이 매우 커져 걷거나 서거나 앉거나 누울 때 매우 불편해지는' 형벌을 당하기도 한다.

여덟 개의 불타는 지옥 외에도, 후기 불교 경전에서는 하늘 끝에 위치한 산에 있는 열 개의 '차가운' 지옥을 다루고 있다. 이 지옥은 생전에 가난한 사람들과 따뜻함을 나누지 않은 사람들의 업보에 대한 형벌을 가하는 곳이다.

지옥의 이름

이런 얼음 지옥 중 일부는 매서운 바람이 불어와 피부가 벗겨지고 힘줄이 끊어질 때 죄인이 지르는 "아타타!", "하하바!" 같은 비명 소리가 지옥의 이름이 된 경우도 있다. 또한 동상이 걸린 사지에 나타나는 붉은색과 파란색 궤양의 모양을 따라 붙여진 얼음 지옥의 이름도 있다.

업보가 소멸돼 다시 태어날 수 있으려면 얼마나 오래 이 고문을 견뎌야 할까? 기원전 2세기에 쓰인 『18지옥에 관한 경』에는 각 지옥의 지속 시간이 매우 구체적으로 언급돼 있다. 싸움의 지옥인 삼지바Samjiva는 1350억 년 동안 지속되는 반면, 불에 구워지는 형벌이 가해지는 지옥 프라타파나Pratapana에서는 17조 년을 보내야 한다.

불교 경전에서 차가운 지옥은 뜨거운 지옥에 비해 훨씬 더 자세하게 언급된다. 차가운 지옥은 부처도 이에 대해 설명할 때 어려움을 느꼈을 정도다. 수레에 겨자씨들이 사람 키보다 높게 쌓여 있다고 상상해 보자. 100년에 한 번씩 수레에서 이 겨자씨를 하나씩 꺼내서 옮긴다. 그리고 마침내 수레에서 겨자씨를 모두 덜어냈을 때도 죄인은 여전히 첫 번째 차가운 지옥인 아르부다arbuda에서 떨고 있을 것이다. 게다가 겨자씨 더미의 크기는 하나의 지옥을 벗어나 다른 지옥으로 이동할 때마다 두 배씩 커진다.

Gehenna
and
Gan Eden

완전히 새로운 세상

게헨나와 간에덴

유대교

유대교는 지금 여기에서 어떻게 살아야 하는지에 초점을 맞추는 것으로 유명하다. 그렇다고 해서 유대교에 종말론의 전통이 없다는 뜻은 아니다. 다만 '올람 하바olam ha-ba'(랍비 문헌에서는 '다가올 세상'이라고 불린다)는 너무 멀기에, 비유를 통해서만 파악할 수 있다는 의미일 뿐이다.

히브리어인들의 경전에서 사후 세계는 죽음의 그림자가 드리워진 땅인 '셰올Sheol'에 불과하다. 셰올은 영혼이 정처 없이 뒤섞여 있고, 우울하고 먼지가 많은 지하 동굴의 모습을 하고 있다. 악인과 의인 모두 이곳에서 언제 올지 모르는 심판이나 부활을 기다리고 있다.

하지만 중세 이후 랍비들은 유대인의 사후 세계에 대해 훨씬 더 다채로운 환상을 묘사하기 시작했고, 셰올은 사람들이 쓰레기를 버리기 시작하면서 썩고 연기 나는 구덩이가 된 예루살렘 외곽의 계곡 이름, '게헨나Gehenna'로 불리게 됐다. 그리고 이름이 바뀌면서 단테의 『신곡』에서 묘사되는 지옥과 비슷한 모습을 가지게 됐다.

게헨나로의 여행은 '온몸에 눈이 달린' 끔찍한 사자의 모습을 한 죽음의 천사가 방문하면서 시작된다. 죽음의 천사가 검을 뽑아 그 검으로 당신의 입에 쓴 담즙을 떨어뜨리면 아무도 들을 수 없는 불분명한 굉음에 둘러싸인 채 당신은 목숨을 잃게 될 것이다.

게헨나는 입을 벌려 망자를 어두운 심연으로 집어삼킬 것이다. 게헨나의 문은 불타는 눈, 긴 송곳니, '꺼진 등불 같은' 얼굴을 한 거대한 뱀이 지키고 있다. 이제 여러분은 살면서 얼마나 사악하게 살았는지에 따라 초록색 또는 검은색의 얼굴을 가진 독수리의 형상으로 변하게 된다.

게헨나는 불과 얼음이 공존하는 지옥이다. 게헨나에서는 뜨거운 강물, 사자로 가득 찬 구덩이, 끔찍한 검은 벌레, 끔찍한 가려움증, 돌로 이빨을 내리치는 파괴의 천사들로 인해 고통을 받게 된다. 또한 이곳에서는 하솀HaShem(신)의 기분을 상하게 한 망자의 특정 신체부위가 갈고리에 걸려 매달리게 된다. 예를 들어 교만했던 자는 눈, 거짓말쟁이는 혀, 도둑은 혀가 갈고리에 끼워져 매달리게 된다. 간음했던 사람은 상상에 맡긴다.

게헨나의 구조

게헨나에서는 새로 도착한 사람들을 위한 공간이 전혀 부족하지 않다. 일곱 개의 층으로 이루어진 지옥에는 각각 7,000개의 방이 있다. 각 방에는 7,000개의 창문이 있고, 각 창턱에는 일곱 개의 독이 담긴 모래 그릇이 있으니, 게헨나 전체에는 대충 계산해도 거의 2조 5000억 개의 독이 든 모래 그릇이 있는 셈이다. 또한 각 방에는 일곱 개의 모래 틈새가 있는데, 각 틈새에는 7,000마리의 전갈이 있다. 그릇에 든 독으로 이 전갈들을 죽일 수 있다면 좋겠지만, 생각대로 되지는 않을 것이다.

하지만 게헨나에서 1년 동안 정화 과정을 거치면 다음 여정은 크게 업그레이드된다. 망자는 유리, 삼나무, 은, 금, 올리브, 오닉스, 수정으로 이루어진 일곱 개의 하늘 벽과 두 개의 루비 문을 통과하여 의인의 정원인 간에덴Gan Eden으로 들어가게 된다. 대천사 미카엘이 제단에서 제물을 구우면서 망자를 맞이할 것이다. 이때 영광의 구름으로 만든 새 흰옷과 하나도 아닌 두 개의 천상의 왕관 세트를 무료로 받을 수 있다. 그런 다음에는 진줏빛으로 빛나는 포도나무로 장식된 멋진 방에 들어가면 된다.

간에덴은 과일이 넘쳐나고 항상 꽃이 피어있다. 사파이어빛 하늘은 회전하는 기둥들로 받쳐져 있다. 정원에는 우유와 꿀이 흐르는 샘과 기름과 포도주가 흐르는 샘이 있다. 각 층마다 '화려함의 궁전' 또는 '새의 둥지' 같은 멋진 이름을 가진 궁전이 있다. 두 번째 층은 메시아가 사는 곳으로, 의로운 유대인 순교자들을 찬양하는 곳이다. 사자처럼 포효하는 메시아가 가끔씩 모습을 드러내기도 한다.

간에덴은 지상과는 비교할 수 없을 정도로 풍요로운 곳이다. 이곳에서는 포도 한 송이로도 포도주 병을 30번이나 채울 수 있다.

이곳에서 망자는 매일 어린이부터 청소년, 성인, 노인에 이르기까지 인생의 네 단계를 차례로 통과하며 각 단계의 즐거움을 만끽할 수 있다. 정원 중앙에는 50만 가지의 과일이 달린 진홍색 생명나무 아래 영혼들이 앉아, 유대교 경전인 토라Torah를 공부한다. 토라에 묘사된 족장들, 의로운 여성들과 함께 공부하기 때문에 이 공부 모임은 매우 특별한 모임이 될 것이다.

특히 볼 만한 것들

이곳에서 가장 멋진 광경은 구름을 뚫고 지상으로 내려오는 구름의 모습이다. 땅을 주시하다 보면 하느님이 의인을 위해 만나를 빻는 방앗간이나 야곱의 사다리를 보게 될 수도 있다.

언젠가는 부활의 시간이 오면 지상으로 내려가게 될 것이다. 다행히도 지상의 몸에는 척추 맨 윗부분에 루즈luz라는 특별한 뼈가 있다. 루즈는 절대 썩지 않으므로, 하느님은 이 루즈를 이용해 여러분을 부활시킬 수 있다. 몸이 매장된 곳으로 돌아가려면 땅속 통로를 통과해야 한다. 오늘날까지도 일부 디아스포라 유대인들이 작은 막대기나 포크와 함께 매장되는 관습을 지키고 있는 것은 부활했을 때 이 도구들을 이용해 땅을 파 이스라엘로 돌아가기 위해서다.

The House of Song

불멸의 불

노래의 집

조로아스터교

조로아스터교는 세계에서 가장 오래된 유일신 종교다. 율리우스 카이사르가 살았던 시대보다 500년 앞서 페르시아제국의 국교가 된 조로아스터교는 오늘날에도 인도와 이란을 중심으로 약 10만 명의 신도를 가지고 있다. 조로아스터교 신자들은 2,500년이 넘는 시간 동안 창조의 신 아후라 마즈다Ahura Mazda가 숙적 아흐리만Ahriman을 물리치고 부패한 우주를 정화할 최후의 우주 대전을 손꼽아 기다리고 있다.

고대 조로아스터교 사제들은 축복받은 소의 오줌으로 시신에 바른 다음 새와 들개가 썩은 고기로 먹을 수 있도록 시신을 산꼭대기로 끌고 올라갔다. 조로아스터교 신도들은 사람이 죽은 뒤 3일 동안 우르반urvan,

즉 영혼이 시신 근처에 머문다고 믿었다. 이 우르반은 넷째 날 새벽에 이승과 저승 사이를 가로지르는 무지개다리인 '친바트 페레투Chinvat Peretu'(분리자의 다리)에 도착하게 된다.

친바트 페레투는 의인에게는 창 아홉 개 일렬로 늘어놓을 수 있을 정도로 넓지만, 악인에게는 면도날처럼 좁은 다리다. 망자는 이 다리를 건너면서 앞으로 어떤 운명이 기다리고 있는지 대충 짐작할 수 있다. 선한 영혼이라면 남쪽에서 불어오는 포근하고 향기로운 바람 냄새를 맡으면서, 아름다운 처녀가 눈이 네 개 달린 개와 함께 걸어오는 것을 볼 수 있다. 그녀는 고귀하고 몸매가 다부지고 '가슴이 두툼할' 것이다. 풍만한 가슴은 망자의 '다에나daena', 즉 종교적인 생각을 상징한다. 이 처녀는 다리를 건너 심판의 세 천사인 야자타yazata의 성벽으로 망자를 안내할 것이다.

반면에 당신이 불순한 삶을 살았다면 다리에서 부는 바람은 악취가 나고 차가운 북풍일 것이다. 이 경우 망자의 다에나는 생전에 지은 죄를 망자에게 말해준 뒤 지옥으로 망자를 끌고 내려가려는 악마를 방관하는, 추악한 노파의 모습으로 나타난다.

다리를 건너면 산 위에 살면서 모든 것을 보는 미트라Mithra, 망자의 미덕을 저울로 재는 공정한 라쉬누Rashinu 그리고 온화한 스라오샤Sraosha로 구성된 천사 재판소에 도착하게 된다. 이들은 망자의 생각, 말, 행동으로만 망자를 판단하며 망자의 재산이나 지위는 고려하지 않는다.

그 뒤 우르반은 두 집 중 한 곳의 손님이 된다. 그중 한 집은 '노래의 집House of Song'으로 불리는, 끝없는 빛의 낙원으로 이곳에서 아후라 마즈다와 일곱 명의 하급 신인 아메샤 스데다ameda spentas를 만날 수 있다. 이 하급 신 중 한 명인 보후 마나Vohu Mana가 황금 왕좌에서 일어나 망자를 맞이할 것이다. 그는 "의로운 자여, 어떻게 위험한 세상에서 위험 없이 이곳까지 왔느냐?"라며 놀라워할 것이다. 이 과일과 풍요의 정원은 최고의 생각과 최고의 축복이 가득 찬 곳이다. 중세 페르시아어로 천국을 뜻하는 말은 '바히쉬트vahisht'인데, 이 말은 '최고'라는 뜻이다. 노래의 집은 최악의 생각과 최악의 냄새 그리고 최악의 존재인 거짓 신 '다에바daeva'가 있는 '거짓말의 집House of Lies'과 대조되는 곳이다. 거짓말의 집은 사람들로 붐비지만, 어둡고 조용해 완벽한 외로움을 느끼게 되는 집이다.

하지만 이 두 집은 영구적인 거주지는 아니다. 시간의 종말이 오면 세 명의 위대한 사오샨트saoshyant, 즉 '은혜를 베푸는 자'가 등장해 빛의 군대를 이끌게 된다. 이 마지막 전투는 말의 허리까지 피에 잠길 정도 무시무시한 살육전이 될 것이다. 하지만 이 전투를 통해 우주가 정화되면 망자들은 모두 부활해 다시 뼈를 갖게 될 것이다(망자가 뼈를 구할 수 없다고 해도, 아후라 마즈다는 태초에 그랬던 것처럼 흙과 물로 새로이 뼈를 만들어낼 것이다).

그런 다음 지금까지 살았던 모든 사람은 마지막 과정을 거친다. 녹아

내린 금속 덩어리를 헤쳐나가는 과정이다. 진실한 신도들에게는 이 과정이 따뜻한 우유 목욕처럼 느껴지겠지만, 거짓말을 한 자들은 화상을 입을 것이다. 어떤 이야기에서는 녹은 금속이 죄인들을 전멸시키지만, 다른 이야기에서는 이 죄인들도 정화된 새 우주에서 살 수 있게 된다. 이 새 우주는 모든 사람이 하나의 언어와 정부를 공유하는 평평한 원반 형태의 우주다. 부활한 새 몸은 영원히 15세에 머문다고 한다. 조로아스터교 신자들은 이 나이에 완벽한 몸을 가지게 된다고 생각하는 것 같다.

Jahannam | 여성들로 가득 찬 지옥

자한남

이슬람

"신자들이여, 알라에 대한 의무에 주의하고 의로운 말을 하라!"라고 쿠란은 말한다. 그렇지 않으면 이슬람에서는 상상할 수 없는 최악의 사후 세계가 기다리고 있으며, 그 고통은 지옥에 가기도 전에 시작되기 때문이다.

심판의 날인 욤 알 딘Yawm al-Din에 신이 모든 사람을 일으켜 세울 때까지 망자는 가톨릭의 연옥과 비슷한 바르자크Barzakh에서 시간을 보내게 된다. 붉은 눈과 무시무시한 엄니를 가진 짙은 푸른색의 존재 두 명이 망자의 무덤에 나타난다고 해도 놀라면 안 된다. 이들은 천사 문카르Mumkar와 나키르Nakir이며, 세 가지 질문을 하기 위해 온 것이니 말이다. 이 세 가지 질문은 "당신의 신은 누구입니까?", "당신의 종교는 무엇입니까?", "당신의 선지자는 누구입니까?"이다. 이 질문들에 대한 정답은 각각 '알라', '이슬람', '무함마드'다. 무함마드의 가르침을 담은 책 『하디스hadith』에 따르면, 문카르와 나키르는 망자가 이 시험을 통과하면 무덤을 넓혀주고 무덤에 비단, 양초, 향수, 모피 장식까지 가져다 망자가 편안하게 쉴 수 있는 공간을 만들어준다. 하지만 이 시험에서 정답을 맞히지 못하면 이승과의 이별 선물 같은 것은 꿈도 꾸지 말아야 한다. 천사들이 땅을 오그라들게 만들어 망자의 흉곽을 찌그러뜨리고, 아흔아홉 마리의 뱀을 무덤으로 기어들어오게 해 살을 씹어 먹으라고 명령할 것이기 때문이다.

이 모든 일은 마지막 나팔 소리가 날 때까지 계속된다. 부활의 날, 망자는 벌거벗은 채로 광활하고 텅 빈 흰 평원인 '만남의 땅'으로 가게 되고, 그곳에서 살아있는 모든 사람들과 만나게 될 것이다. 이때 거짓말쟁이는 원숭이로 변하고, 교만한 사람은 재를 뒤집어쓰게 되고, 이기적인 사람은 썩은 고기 냄새를 풍기게 돼 생전에 지었던 죄를 드러내게 될 것이다. 이곳에서 대기하는 동안 머리 위에서는 하늘이 회전할 것이다. 해가 떠오를 때면 땀이 주체할 수 없을 정도로 나기 시작할 것이다. 하지만 지나치게 걱정할 필요는 없다. 이런 기다림의 날은 5만 년 밖에(?) 지속되지 않는다.

마침내 여러분의 차례가 되면 천사들이 여러분을 프레젠테이션 장소로 부를 것이며, 그곳에는 당신의 선행과 악행을 기록한 책과 두루마리가 있고, 천사들이 그 책과 두루마리를 여러분의 목에 걸어줄 것이다. 그런 다음 거대한 저울 세트가 나오면 기록은 공중으로 날아가 저울에 떨어질 것이다. 저울의 상태에 따라 천국에서 영원을 보낼지 지옥인 자한남Jahannam에서 영원을 보낼지가 결정된다.

자한남은 지하 세계에 있는 분화구에 설치된 거대한 고문장이다. 쿠란에서는 보통 알나르al-Nar, 즉 '불'이라고 부르지만, 사실 자한남은 지옥, 불꽃, 화염, 용광로, 불, 지옥 불, 심연이라는 이름의 일곱 가지 층으로 이루어져 있다(에스키모들이 눈snow을 부르는 이름이 다양한 것처럼 아랍어에는 불을 나타내는 단어가 다양하다).

이 칠흑 같은 영역은 상상을 초월할 정도로 광활하다. 이곳에는 모래로 이루어진 7만 개의 계곡이 있고, 각 계곡마다 7만 마리의 뱀과 전갈이 서식하고 있다. 뱀은 코끼리만 한 크기이고 전갈은 손바닥만큼 큰 송곳니를 가지고 있다. 바다는 전체가 부글거리는 물과 피, 고름으로 가득 차 있다. 자한남의 한 층에서 다른 층으로 이동하는 데는 500년이 걸린다고 한다.

여행 상식

고통을 당하는 중 근처에서 무언가 땅에 부딪히는 소리가 들린다면, 그 소리는 자한남으로 떨어지는 돌멩이 소리가 분명하다. 다만 그 돌멩이는 70년 전에 떨어지기 시작한 돌멩이다.

자한남의 첫 번째 층은 신앙심 없는 무슬림들을 정화시키는 곳이다. 튀르키예식 목욕탕을 상상하면 되지만, 실제로는 그보다 훨씬 더 뜨거운 곳이다. 이 층에서 고통을 당하는 무슬림은 시간이 지나면 이곳을 벗어날 수 있다. 가장 낮은 층인 일곱 번째 층은 얼어붙을 것 같은 추위의 구덩이다. 하지만 나머지 다섯 개 층은 모두 거의 비슷한 불의 층이다. 이 다섯 개 층에서는 불 고문이 끊임없이 이뤄진다. 죄인은 불로 만든 누더기 옷을 입고 불로 만든 샌들을 신어야 한다. 여기서 물을 달라고 하면 놋쇠가 불에 녹은 물을 삼키게 된다. 또한 죄인은 악마의 머리 모양을 하고 있으며, 한 방울만 떨어뜨려도 지구의 모든 바다를 오염시킬 정도로 독성이 강한 자쿰Zaqqum의 저주받은 나무 열매를 먹어야 한다. 이 열매는 한 입 베어 물 때마다 뱃속이 휘저어져 내장이 찢어지고 끔찍한 액체가 방출된다. 엄청나게 매운 멕시코 핫소스를 잘 먹는 사람도 이 고통을 견디기는 쉽지 않을 것이다.

자한남에서는 저주받은 사람들이 채찍질을 당하고, 파리 떼에 시달리고, 돌팔매질을 당하고, 물에 빠뜨려지는 형벌을 받기도 하지만, 얼굴에 기괴한 고문을 받기도 한다. 입이 목 뒤까지 찢어지거나, 혀가 짓밟히거나, 콧구멍을 통해 뇌가 뽑히거나, 뺨이 숯처럼 검게 타는 형벌이 그것이다. 얼굴이 먼저 불길 속으로 끌려가면 윗입술은 창문 블라인드처럼 머리 위로 말려 올라가고 아랫입술은 아래로 늘어져 배꼽에 닿게 된다.

이 모든 고문은 철봉을 들고 자한남의 성문을 지키는 검은 옷의 수호천사 열 명에 의해 이뤄진다. 이 수호천사들의 수장은 말릭Malik이다. 말릭은 죄인들에 대한 무서운 심판을 상징하기 알라에 의해 혐오스러운 형상으로 만들어진 천사다. 말릭은 번개 같은 눈을 하고 있으며, 끔찍한 입 냄새를 풍긴다. 또한 말릭은 손가락이 수십억 개나 되는데, 이 손가락 하나하나가 죄인을 나타낸다. 말릭은 이렇게 손가락이 많기 때문에 지옥의 한가운데에 앉아 인간뿐만 아니라 악마 이블리스Iblis와 그의 부하들을 한꺼번에 고문할 수 있다.

남성 여행자들에게 중요한 정보가 있다. 자한남에 있는 저주받은 자들은 대부분 여성이라는, 무함마드의 가르침이 있다는 사실이다. 오늘날 이런 가르침은 시대착오적인 가부장적 전통처럼 보인다. 지난 수 세기 동안 지옥의 성별 불균형은 해결되지 않았을까? 인샬라!

Jannah

그늘 아래 낙원

잔나

이슬람

자한남 위에는 '불꽃의 다리Traverse of the Blaze'라는 뜻의 아스시라트as-Sirat 다리가 걸쳐져 있다. 이 다리는 모든 망자가 건너야 하며, 이교도와 범죄자들에게는 머리카락처럼 좁고 칼처럼 날카로운 다리다. 이 다리는 오직 의로운 자만이 건너갈 수 있으며, 건너가다 보면 자한남의 수호자들이 휘두르는 갈고리에 걸려 지옥으로 떨어뜨려지는 동료 여행자들을 볼 수 있다. 하지만 무사히 다리를 건너면 매우 쾌적한 숙소가 기다리고 있다. 이슬람에서 낙원은 아랍어로 '정원'이라는 뜻의 무성하고 푸르른 잔나Jannah다. 기도의 문, 금식의 문, 지하드의 문 등 각기 다른 미덕을 가진 무슬림들을 받아들이는 여덟 개의 문 중 하나를 통과해 잔나에 들어갈 수 있다. 잔나에서는 한 나무에서 두 개의 샘이 솟아나는데, 그 샘물을 길고 깊게 마실 수도 있고, 샘 안에서 목욕을 즐길 수도 있다. 그러다 보면 지상에서의 모든 근심과 모든 육체적 기능도 사라질 것이다. 이제 다시는 잠을 자거나, 코를 풀거나, 똥을 싸거나, 월경을 할 필요가 없게 된다는 뜻이다. 또한 잔나에서 물고기의 간 같은 음식을 원하는 만큼 먹을 수도 있다.

낙원에 있는 여러분과 동료들은 더 이상 지옥 불을 걱정할 필요가 없기 때문에, 모두 피부가 깨끗해지고 털이 없어지며 얼굴에 기쁨과 평온함이 가득한 표정을 짓게 될 것이다. 옛 위대한 선지자들에게 경의를 표하는 의미에서 이곳의 모든 사람은 아담의 키, 예수의 나이(십자가 처형 당시 서른셋), 요셉의 미모, 무함마드의 유창한 아랍어 실력을 갖추고 있다. 하지만 잔나에 있는 사람들은 불필요한 잡담을 나누지 않으며, 서로 만나면 "평화를 빕니다"라는 간단한 인사만을 한다.

잔나를 거닐다 보면 잔나가 하나의 정원이 아니라 하늘에 위치한 일곱 개의 계단식 정원으로 이루어진 왕국이라는 것을 알 수 있다. 잔나에서는 신실한 정도에 따라 영광의 처소, 평화의 처소, 영원의 처소, 에덴의 동산, 피난처의 동산, 행복의 동산, 새들의 동산에서 안식하게 된다. 이 마지막 동산은 알라의 보좌와 매우 가까워서 알라가 앉을 때 삐걱거리는 소리가 들릴 정도다.

언제 가면 좋을까?

잔나에서 매주 금요일은 알라가 큰 축제를 여는 '차고 넘침의 날(Day of Surplus)'이다. 이날 열리는 축제는 구약의 다윗 왕이 주재했던 화려한 축제와 비슷하며, 알라가 베일 밖으로 나와 선택된 자들에게 얼굴을 드러낸다.

잔나에서는 가장 낮은 정원에서 진주들 사이로 젖과 꿀이 넘쳐흘러 아름다운 광경을 자아낸다. 이곳의 땅은 용연향*으로 되어 있고, 이곳의 초원은 사프론**으로 가득하다. 또한 이곳에는 야자수와 석류나무, 아카시아 나무 등 온갖 종류의 나무가 있다. 누군가 무함마드에게 어떻게 천국에 모든 나무, 심지어 가시나무까지 있을 수 있느냐고 물었을 때, 무함마드는 천국의 가시나무에는 가시 대신 열매가 열린다고 대답해 그들을 놀라게 했다고 한다.

잔나의 정원은 사막 사람들의 꿈이 실현된 곳이다. 일반적으로 천국은 밝고 화창한 곳으로 묘사되지만, 이슬람의 천국에는 향기로운 장미꽃비가 내리고, 장뇌와 생강 냄새가 나는 샘물에서 시원한 물을 마음껏 마

* 향유고래가 만들어내는 향기로운 돌.

** 붓꽃과에 속하는, 향기 나는 식물.

실 수 있다. 이곳에서 자라는 투바나무는 매우 크고 그늘이 많아 500년 동안 그 그늘 아래서 말을 타고 다녀도 햇빛에 한 번도 노출되지 않는다.

쿠란은 축복받은 사람이 잔나의 시원한 그늘에서 무엇을 할 것인지에 대해 매우 명확하게 설명한다. 이 사람들은 이곳에서 휴식을 취하고 관능적인 쾌락을 즐긴다. 철학자 알 타위디al-Tawidi는 기독교 천국에는 음식, 음료, 섹스가 없다는 말을 들었을 때 '참으로 슬픈 일'이라고 외친 것으로 유명하다. 이제 여러분은 금색과 은색 벽돌로 지어진 호화로운 궁전에 살면서 사향 향을 피울 수 있다. 금팔찌를 차고 녹색 비단 옷을 입고 90킬로미터 높이의 진주 천막 아래에서 휴식을 취하면 된다. 수천 명의 하인들이 여러분의 시중을 들 것이다. 또한 이곳에서는 대추야자, 바나나, 무화과, 석류 등 원하는 것은 무엇이든 따먹을 수 있도록 나뭇가지가 소파 높이까지 늘어져 내려온다. 고기를 원하면 황금쟁반에 담긴 메추라기 요리를 얼마든지 먹을 수 있고, 식사가 끝나면 메추라기들이 다시 마술처럼 하늘을 가득 채울 것이다. 낙타를 타고 싶으면 낙타나 날개 달린 루비색 말이 나타나 눈 깜짝할 사이에 이웃을 방문하러 갈 수 있다. 아이를 원한다면 한 시간도 채 안 돼 아이가 나타나 재롱을 피울 것이다. 그야말로 이곳은 최상의 서비스를 받을 수 있는 곳이다.

하지만 무엇보다 무슬림들의 낙원에서 누릴 수 있는 가장 큰 사치는 의로운 사람들을 기다리는 전설적인 '일흔두 명의 처녀'다. 처녀의 숫자는 문헌에 따라 다르지만, 학자들은 대체로 쿠란이 이 처녀들의 존재에 대해 분명하게 언급하고 있다는 데 동의한다. 하지만 이 처녀들은 인간은 아니다. 이들은 알라가 즐거움만을 위해 진흙으로 창조한 영혼인 '호우리houri'다. 이들은 남자의 손길이 닿은 적이 없는 존재이며, 풍만한 가슴을 가진 검은 눈의 처녀로 묘사된다. 이 처녀들의 얼굴은 달처럼 빛나고 머리카락은 독수리 날개보다 길다(일부 학자들에 따르면, 잔나에는 남성을 좋아하는 사람을 위해 남성 호우리도 준비돼 있다). 이렇게 쉬지 않고 먹으면서 섹스를 하면 지칠 법도 한데, 다행히도 신은 매일 아침 지상에서 가졌던 체력의 70배에 달하는 초인적인 체력을 새로 부여해 계속 먹으면서 쾌락을 즐길 수 있게 해준다. 최근 몇몇 학자들은 '일흔두 명의 처녀'에 대한 믿음이 실제로는 경전의 잘못된 해석에서 비롯된 것이며, 쿠란에 묘사된 '암사슴 눈'은 실제로는 '수정처럼 하얀 포도'로 번역되어야 한다는 이론을 제기하고 있다. 어떤 해석이 맞든 적어도 잔나에서는 원없이 맛있는 음식을 먹을 수 있거나 끝없는 성적 쾌락을 즐길 수 있을 것이다. 어느 쪽이든 좋은 일이니 말이다.

Lan Guinée | 지옥보다 더 힘든 현실

랑 기니

아이티 부두교

오늘날에도 카리브해의 여러 나라들에서 유지되고 있는 부두교voodoo 전통은 서아프리카에 몇백 년 동안 존재했던 다호메이 왕국의 종교와 로마 가톨릭이 신대륙에서 혼합된 것이다. 그러니 '어머니의 대륙' 아프리카로 시간을 거슬러 올라가는 부두교의 사후 세계 여행보다 더 확실한 사후 세계 여행은 없을 것이다.

부두교에서는 사람이 죽는 순간 영혼을 구성하는 두 가지 요소가 시체에서 빠져나온다고 믿는다. 그중 하나인 '크고 선한 천사'는 생명력을 뜻하며, 이 크고 선한 천사는 사후에 신의 모든 창조물에게 힘을 부여하는 우물, 즉 모든 에너지의 원천인 우물로 돌아간다. 반면, 양심을 뜻하며 어떤 사람의 특징을 규정하는 '작고 선한 천사'는 몸이 죽은 뒤에도 계속 움직인다.

망자의 작고 선한 천사는 이 세상과 저세상 사이의 교차로에서 죽음의 로아loa인 '바론 삼디Baron Samedi'를 만나게 된다. 로아는 각각 고유한 개성을 지닌 수천 개의 강력한 부두교의 정령인데, 바론 삼디는 그 정령 중에서도 매우 특이한 존재다. 바론 삼디는 검은색 연미복을 입고, 흰색 모자와 검은색 안경을 쓰고, 입과 콧구멍에 면 마개를 꽂은 시체의 모습으로 망자에게 편안한 느낌을 준다. 웃는 해골의 모습을 한 바론 삼디는 저속한 농담을 즐기기도 한다.

현지 정보

바론 삼디가 왼손에 사과를 들고 시가를 피우면서 여러분을 유혹하는 모습을 보인다면 그는 파파 구에드(Papa Guede)의 모습을 하고 있다는 것을 알아차려야 한다. 파파 구에드는 인류 역사상 가장 먼저 사망한 사람으로, 본래의 정체는 알 수가 없지만 현재는 강력한 심판자이자 마법사 역할을 하면서 여러분을 땅속, 파도 아래, 하늘 위 등 다양한 영역으로 안내해 줄 것이다.

부두교의 사후 세계에서 망자는 보이지 않는 로아들과 조상들의 영혼을 만나게 된다. 망자는 이승과 단절된 것이 아니다. 오히려 산 사람들은 망자들이 산 사람들을 위해 대신 기도해주기를 바라고 있다. 하지만 부두교에서는 이곳이 최종 목적지는 아니다. 이곳에서 1년이 지나면 망자는 새로운 몸으로 지상에 환생하게 될 것이다.

이렇게 열여섯 번의 환생을 거치면 본격적인 여행이 시작될 것이다. 망자는 바다를 건너 햇살과 평화, 여유로움이 가득하고 열매들이 가득한 열대의 땅 '랑 기니Lan Guinée'(기넨Ginen이라고도 불린다)로 향하게 된다. 랑 기니의 모든 나무와 샘은 강력한 로아들에게 휴식을 제공하며, 창조의 신 담발라Damballah가 그의 배우자 아이다 웨도Aida Wedo(무지개)와 함께 이곳을 다스린다. 담발라는 7,000겹으로 돌돌 말린 거대한 흰 뱀의 모습을 하고 있지만 겁먹을 필요는 없다. 담발라는 지혜롭고 인내심이 많은 로아로, 좋은 기운을 발산하는 아주 오래된 존재이기 때문이다. 담발라는 망자에게 말을 하는 대신 천천히 쉭쉭거리거나 휘파람을 불어 자신의 뜻을 전달한다.

랑 기니라는 이름은 서아프리카의 나라, 기니의 이름에서 딴 것이다. 랑 기니의 수도 이름은 이페Ife인데, 요루바Yoruba* 신화에 등장하는 도시인 이페이페Ife-Ife에서 딴 것으로 보인다. 이페이페는 전설적인 오두두와Oduduwa 왕이 모래로 가득 찬 달팽이 껍데기를 비워 최초의 마른 땅을 만들고, 최초의 야자열매를 심어 최초의 식물을 탄생시킨 곳이다. 초

* 요루바어를 사용하는 서아프리카 일부 지역 원주민.

기 부두교 신자들의 꿈은 노예 상태에서 벗어나 조상들이 살았던 아프리카의 낙원으로 돌아가는 것이었다.

카리브해 연안 국가들의 노예들 상당수는 자살을 통해 비참한 삶에서 벗어나고자 했다. 하지만 사탕수수 농장주들은 스스로 목숨을 끊은 노예들은 랑 기니로 가지 못하고 아이티의 황량한 들판에서 영혼을 잃고 방황하는 존재가 될 것이라며 노예들을 단속했다. 현재 서양의 대중문화를 장악하고 있는 좀비의 기원이 바로 여기에 있는 것으로 보인다. 할로윈이나 드라마 〈워킹 데드Walking Dead〉에 등장하는, 정신없고 뇌에 굶주린 좀비들이 처음에는 그저 집에 가고 싶었던 사탕수수 농장 노예였다는 사실을 알면 마음이 좋지는 않을 것이다.

Limbo

갈 수 있는 가장 낮은 곳

연옥

로마 가톨릭

2007년 4월 21일자 《뉴욕타임스》의 헤드라인은 '교황, 연옥을 닫다'였다. 《뉴스위크》는 교황이 연옥을 '놓아주다', 《타임》은 교황이 연옥을 '추방하다'라는 제목을 달았다. 사후 세계에 대한 이야기가 신문이나 잡지의 1면을 장식하는 일은 거의 없지만, 베네딕토 16세가 오랫동안 진행된 교황청 신학위원회의 연구를 지지한다는 소식이 알려지면서 갑자기 모든 사람들이 연옥에 대해 관심을 가지게 됐다. 하지만 이 기사들을 자세히 읽어보면 실제로 닫을 연옥이 존재하지 않기 때문에, '닫다'라는 말은 별로 의미가 없다는 것을 알 수 있다. 모든 사후 세계는 가상의 세계일 수 있지만, 연옥은 특히 더 그럴 수 있다.

연옥limbo이라는 개념은 초대 교회 교부들이 까다로운 신학적 문제에 부딪혔을 때 탄생했다. 로마 가톨릭 신자들은 모든 아이가 원죄를 가지고 태어나며 세례성사만이 그 아이들을 정화할 수 있다고 믿는다. 그렇다면 세례를 받지 않고 죽는 수많은 아이들은 구원을 받지 못하는 것일까?

성경은 그들에게 무슨 일이 일어나는지에 대해 전적으로 침묵하고 있다. 가톨릭 신자들도 불타는 지옥의 호수에서 비명을 지르는 아기들을 상상하지 않으려고 한다. 부모, 특히 자녀를 잃은 부모는 이 점에 대해 특히 목소리를 높인다. 세례를 받지 않아 아이들이 천국에 들어갈 수 없다면 어떻게 해야 할까? 로마 가톨릭에서 연옥은 이렇게 죄가 없지만 세례는 받지 못한 아이들이 가는 곳으로 처음 탄생했다. 연옥은 천국과 지옥 사이의 공간이며, 연옥을 뜻하는 라틴어 '림부스limbus'는 '경계'라는 뜻이다. 연옥에는 두 가지 종류가 있다. '림부스 파트룸limbus patrum'은 '족장들의 연옥'을 뜻하며, 로마 가톨릭 전승에 따르면 '아브라함의 품'이 바로 이곳이다. 림부스 파트룸은 구약의 선자자들이 예수의 부활로 천국에 들어가기 전까지 잠들어 있던 곳이다. 하지만 '유아들의 연옥'이라는 뜻의 '림부스 인판티움limbus infanntium'은 죄가 없지만 세례를 받기 전에 죽은 아이들이 저주의 고통을 피할 수 있는 곳이다.

연옥은 영원히 머물러야 하는 곳일까? 문제는 연옥의 개념이 가톨릭 교리에서 공식적으로 정의되지 않았기 때문에 그곳에서의 삶에 대한 설명은 순전히 추측에 불과하다는 사실에 있다. 연옥을 지옥의 첫 번째 원 가장자리에 위치한 쾌적한 휴양지로 묘사한 단테를 제외하고는, 중세의 어떤 선각자도 연옥에 대해 구체적으로 언급한 적이 없는 것으로 보인다. 가톨릭의 위대한 교부들도 연옥에 대해서는 의견의 일치를 보지 못한 것 같다. 성 아우구스티누스는 연옥에 가도 지옥에서 느끼는 불타는 고통인 '포에나 센수스poena sennsus'를 어느 정도 경험할 것이라고 했고, 아벨라르Abelard는 그 묘사가 너무 심하다고 생각해 연옥에서는 하느님의 자비로부터 분리돼 내면의 상실감인 '포에나 담니poena damni'만을 느끼게 될 것이라고 주장했다. 한편, 토마스 아퀴나스Thomas Aquinas는 연옥에는 포에나 센수스나 포에나 담니 같은 고통이 없으며, 연옥의 영혼들은 천국에 갔을 때 어떤 것을 느끼는지 전혀 모르기 때문에 완벽하게 자연스러운 기쁨 속에서 산다고 쓰기도 했다.

하지만 2007년 이후 연옥은 세례를 받지 않은 유아라도 갈 가능성이 희박한 곳으로 여겨지기 시작했다. 국제신학위원회는 교황청에 제출한 보고서에서 연옥을 배제하지는 않았지만, 하느님이 세례를 받지 않은 유아를 천국에 보내는 것은 가톨릭 교리와 일치한다고 주장했다. 이 주장이 사실이라면 사실 연옥은 필요 없는 곳이 된다. 이 소식은 다양한 사후 여행 옵션을 원하는 사람들에게는 실망스럽겠지만, 많은 가톨릭 부모에게는 위안이 될 것이다.

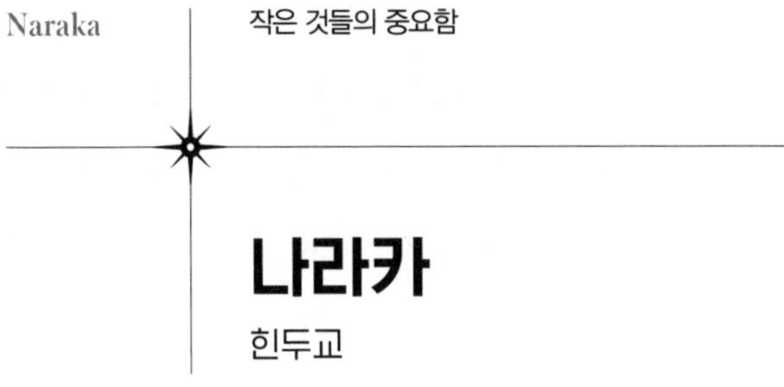

Naraka

작은 것들의 중요함

나라카

힌두교

힌두교에서 지옥은 영혼이 환생하기 전에 지상의 모든 악행이 소멸되는 일시적인 상태인 나라카Naraka다. 위대한 산스크리트 서사시들과 푸라나스Puranas*에는 나라카가 크고 작은 다양한 죄를 처벌하는 28개의 지옥으로 이뤄져 있다고 구체적으로 묘사돼 있다. 또한 이런 문헌들에는 다음 생에서 어떻게 지내게 될지에 대해서도 자세하게 설명돼 있다. 이 문헌들에 따르면, 망자는 낙타나 벌레가 돼 나라카를 벗

* 고대 인도의 신화, 전설 등이 수록된 힌두교의 책들.

어날 수 있다.

고결한 힌두교 신자의 영혼은 죽는 순간 눈, 귀, 코, 입을 통해 육체를 떠난다. 하지만 안타깝게도 고결하지 않은 영혼은 생식기나 항문과 같은 아래쪽 구멍을 통해 몸을 떠나게 된다. 풀 대신 털이, 진흙 대신 살과 피가 뒤덮인 어둡고 악취가 나는 길을 따라가다 보면 벌레가 꿈틀거리고 토막 난 시체들의 더미에서 파리가 윙윙거릴 것이다. 끓어오르는 강과 가시나무 숲을 지나면 지옥의 열두 태양 아래서 뜨겁게 타오르는 백사장과 쇳덩어리로 이뤄진 평원을 건너게 된다. 마지막으로 8만 6,000크로사(1크로사는 약 3킬로미터)의 여정 끝에 나라카에서 온 사자가 요새의 남쪽 문을 통과하면 백 마리의 여우 울음소리가 들릴 것이다. 망자는 고양이, 부엉이, 개구리, 독수리의 머리를 한 뱀 등 지옥의 지배자들로 인해 두려움에 떨게 될 것이다. 이 지옥의 지배자들은 망자들을 쇠사슬과 올가미로 여러분을 묶은 다음 피를 바르고 지옥 안으로 끌고 들어간다.

나라카에서는 처음부터 많은 것들을 견뎌야 한다. 구타와 화형 외에도 모래 늪, 코브라, 사나운 코끼리, '여섯 가지 악취' 등의 형벌을 받아야 하기 때문이다. 또한 나라카에서는 화살, 먼지 구름, 유성우, 산성酸性 물보라 등에 끊임없이 시달려야 한다.

현지 식사 정보

망자는 산더미처럼 쌓인 쌀과 요거트, 시원하고 향긋한 음료가 가득한 멋진 연회 테이블을 지나가면서 잠시 희망을 느낄 수도 있다. 하지만 이 음식들의 맛을 좀 보겠다고 말하면 악마들의 조롱을 받을 것이다. 이 맛있는 인도식 뷔페는 나라카의 망자를 위한 것이 아니기 때문이다. 어떠한 희생이나 자선을 베풀지 않은 망자는 이곳에서 아무것도 먹을 수 없다.

망자의 목적지는 바다를 마시고 세상을 삼키며 불을 토하는 힌두교 지하 세계의 신, 야마Yama의 궁전이다. 야마는 무시무시한 삼지창, 원반 등으로 무장한 죽음, 파멸, 악몽, 천연두 등의 수행원들에게 둘러싸여 거대한 물소 위에 앉아 있다. 야마는 불타는 붉은 눈, 무시무시한 눈썹과 콧수염, 구부러진 송곳니, 열여덟 개의 팔을 가진 칼처럼 끔찍한 모습을 하고 있으며, 노란 옷을 입고 붉은 꽃 장식을 달고 있다. 야마가 법정에서 망자의 죄를 추궁한 뒤에는 그의 하인들이 망자의 발을 잡고 들어 올린 다음 바위에 내리칠 것이다. 그런 다음 망자는 28개의 지옥 중 한 곳에 배정된다.

나라카의 고통은 놀라울 정도로 다양하고 기발하다. 사방이 가시와 불로 뒤덮인 바닥 없는 우물에 11만 300년 동안 떨어질 수도 있다. 물레를 돌리다가 악마가 철사로 당신을 베어버릴 수도 있다. 다른 저주받은 영혼에게 달라붙으면 이가 얼어붙을 정도로 차갑고 어두운 지옥으로 추방될 수도 있다. 일반적으로 이러한 형벌은 특정한 죄와 관련이 있다. 예를 들어, 와인을 마신 사람은 코 점액에 빠져 죽고, 도둑은 창과 거머리에 시달리며, 며느리를 추행한 남자는 뜨거운 석탄 위에서 태워지며, 우유를 판 사람(힌두교에서는 소를 신성시한다)은 무시무시한 쇠사슬로 구타를 당한다.

이 밖에도 나라카에서 처벌되는 범죄는 매우 다양하다. 나무 윗부분의 잎들을 자른 사람은 벼락을 맞으며, 다른 카스트에 속하는 사람과 어울린 사람은 끓는 당밀에 던져지며, 맛있는 간식을 남에게 나눠주지 않고 먹었다면 강제로 벌레 똥을 먹게 된다. 끔찍한 죄를 지을수록 끔찍한 형벌을 받는다. 마을 주민을 여러 번 살해한 자는 '벌통을 엉망으로 만들어 꿀을 얻을 수 없게 만든 자'와 같은 지옥에 갇힌다. 방화범은 '생선 거래로 생계를 유지하는 자'와 같은 지옥에 들어가게 된다.

하지만 이런 기괴한 고통이 영원히 지속되지는 않는다. 결국 영혼은 지상으로 돌아오게 되지만, 지상에서의 운명은 전생의 죄에 따라 결정된다. 전생에 향수를 훔쳤다면 암컷 사향 쥐로 환생하게 되고, 금을 훔쳤다면 끔찍한 손톱을 가진 인간으로 다시 태어나게 되며, 스승의 배우자와 바람을 피웠다면 지상에서 풀 한 덩어리가 될 수도 있다. 풀 덩어리로 사는 것은 매우 지루하겠지만, 긍정적으로 생각했을 때 딱히 끔찍한 죄를 짓기도 어려울 테니 다음 환생에서 유리할 수도 있을 것이다. 풀 덩어리가 벌통을 파괴하거나 생선을 거래할 수는 없을 테니 말이다.

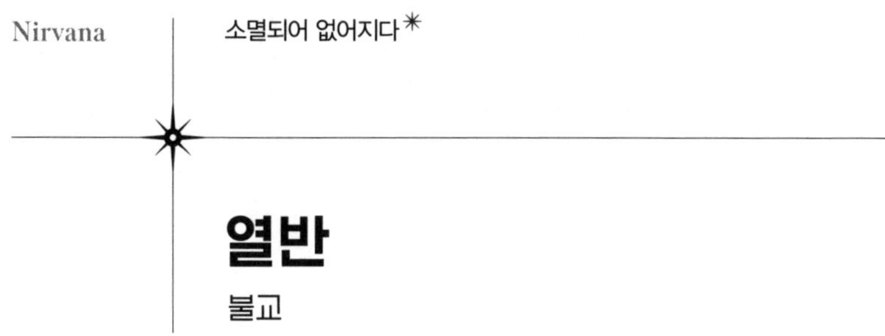

Nirvana

소멸되어 없어지다*

열반

불교

* 저자는 이 파트를 의도적으로 비워두었다(편집자 주).

The Paradise Earth

화려한 풀밭

지상낙원

여호와의증인

여호와의증인이 상상하는 천국에서는 하느님의 택함을 받은 사람들이 불멸의 영으로 부활해 예수그리스도와 함께 통치한다(여호와의증인 신도들은 삼위일체를 믿지 않기 때문에, 천국을 다스리는 예수는 여호와와 같은 존재가 아니라 오히려 여호와가 처음으로 창조한 피조물이라고 생각한다). 여호와의증인 신도들의 천국과 주류 기독교 신도들의 천국 사이의 가장 큰 차이점은 인구다. 여호와의증인 신도들은 오직 14만 4,000명의 '기름 부음 받은anointed' 그리스도인만이 천국에 갈 수 있다고 믿는다. 더도 덜도 아닌 딱 14만 4,000명이다.

천국에 들어갈 수 있는 사람의 수가 이렇게 정확하게 정해지는 것은 천국의 공간 문제 때문이 아니다. 이는 '내가 인 맞은 자의 수를 들으니 이스라엘 자손의 각 지파 중에서 인 맞은 자들이 십사만 사천이니'라는 요한계시록의 구절을 그대로 해석한 것이다. 1800년대 후반에 여호와의증인이 소규모의 '천년왕국' 종파였을 때는 이 숫자가 말이 됐다. 하지만 다음 세기에 걸쳐 교단이 성장하면서 신학적인 문제가 아니라 수학적인 문제가 생겼다. 현재 전 세계적으로 약 900만 명의 여호와의증인 신도들이 단 14만 4,000개의 자리를 놓고 경쟁하고 있다. 다시 말해, 여호와의증인 신도들에게 천국은 이제 하버드대학보다 더 들어가기 힘든 곳이 됐다.

이 문제는 워치타워성서책자협회Watch Tower Bible and Tract Society의 두 번째 회장이었던 조셉 러더퍼드Joseph Rutherford가 1935년에 사후 세계에 대한 관점을 넓힘으로써 해결했다. 그는 여호와는 14만 4,000명의 선택받은 신도들을 위해 천국에 자리를 예비했지만, 그 외의 모든 신자들에게는 지상낙원에서 영원히 살 수 있도록 위로의 상을 내릴 것이라고 공표했다. 그에 따르면 이 지상낙원은 현재 우리가 살고 있는 불완전한 지구와는 전혀 다른 새로운 곳이다.

여호와의증인 신도들은 『이사야서』에 근거해 지상낙원은 죽음과 질병, 모든 종류의 불행이 없는 완벽한 곳이라고 생각한다. 이 지상낙원에서는 모두가 아름다운 집에 살면서 함께 사이좋게 일을 한다. 이브가 선악과를 먹지 않았다면 에덴동산의 모습이 이 지상낙원의 모습이었을 것이다. 여호와의증인 신도들은 이 지상낙원에 살게 될 수많은 사람들을 '다른 양 떼'라고 부른다. 또한 이 다른 양 떼에 속하는 사람들은 자신이 선택받은 14만 4,000명 중 한 명이 아니라고 해도 조금도 아쉬워하지 않을 것이라고 믿는다.

잡지 《워치타워》의 모든 호에 실린 그림을 본다면 지상낙원이 한가로운 휴양지와 비슷한 모습이라는 것을 알 수 있다. 이 그림에서 폴로셔츠를 입은 여러 인종의 사람들은 눈부시게 아름다운 자연 속에서 잔디밭에 앉아 휴식을 취하고, 피크닉을 즐기고, 기타를 연주하고, 동물들과 함께 즐거운 시간을 보낸다. 이 그림에서는 사자와 가축이 함께 누워 있을 것이라는 성경의 예언이 실현된 듯 호랑이와 늑대 같은 맹수들이 같이 어울려 쉬고 있는 모습이 묘사되기도 한다.

여호와의증인 신도들은 조만간 이 지상낙원이 여호와를 영접하고 그의 뜻을 행동으로 실천한 사람들로 채워질 것이라고 믿는다. 그렇다면 악인들은 어떻게 될까? 그들의 교리에는 지옥이 없다. 놀랍게도, 죽은 자들은 죽은 상태를 그대로 계속 유지한다. '죽은 자는 아무것도 알지 못한다'는 『전도서』 9장 5절에 따라 지옥은 존재하지 않는다고 신도들은 믿고 있다.

그렇다면 무신론자들은 여호와의증인 신도들과 상당 부분 생각이 비슷하다고 할 수 있겠다. 무신론자들도 지옥은 없다고 생각하기 때문이다.

The Spiritual World

깊은 곳에서 서로를 괴롭히는 사람들

영적인 세계

스베덴보리교

1758년 스웨덴의 신비주의자 에마누엘 스베덴보리 Emanuel Swedenborg는 사후 세계의 환상을 체험한 뒤 그 경험을 바탕으로 『천국과 지옥Heaven and Its Wonders abd Hell, from Things heard and Seen』이라는 책을 출간했다. 스웨덴보리는 교단을 설립하지는 않았지만, 그의 신학은 특히 미국에서 조니 애플시드George Appleseed부터 헬렌 켈러Helen Keller에 이르기까지 유명 인사들에게 지대한 영향을 미쳤다.

스베덴보리는 자신이 본 환상에서 '영적인 세계'가 천국과 지옥 그리고 제3의 영역인 '영들의 세계'로 이뤄져 있음을 보았다고 주장했다. 우리의 여행 첫 단계는 먼저 이 영들의 세계로의 여행이 될 것이다. 이 생에서 심장이 멈추면 망자는 주님의 영적인 왕국에서 온 천사들의 방문을 받게 된다. 이때 망자는 갑자기 왼쪽 눈이 코 쪽으로 내려가는 것 같은 이상한 느낌을 받게 될 것이다. 시력이 변화하기 때문에 드는 느낌이다. 망자는 이때부터 하늘의 맑은 색깔을 새롭게 볼 수 있게 되고, 생각은 육체의 생각이 아닌 영적인 생각으로 순식간에 바뀌게 된다. 이제 영들의 세계에 진입한 것이다.

드문 경우지만, 망자가 천국으로 갈 준비가 된 '거듭난' 영혼인 경우에는 바로 천국으로 가기도 한다. 반면, 악의적인 거짓말을 하면서 산 사람들이나 위선자들은 죽음과 동시에 바로 지옥으로 떨어지기도 한다. 하지만 대부분의 사람들은 영들의 세계에서 최종 운명을 결정하기 위해 시간을 보내게 된다. 영들의 세계에는 몇 주 정도만 머무는 사람도 있지만, 30년 동안 머무는 사람도 있다.

성찰과 가르침의 세계인 영들의 세계에서는 영원을 더 선명한 눈으로 바라보게 된다. 처음에는 이승과 너무도 흡사해서 자신이 죽었다는 사실조차 잊어버릴 정도로 주변 환경에 빠져들게 될 것이다. 이곳에서는 지상에서처럼 생각하고, 말하고, 느끼고, 사물을 만질 수 있다. 이곳에 온 사람들은 자신의 죽음이 마치 오래된 것들을 모두 버리고 '선의'를 향해 나아가는 여정의 시작이라고 느끼게 된다. 또한 이곳에서는 먼저세상을 떠난 친구들이 도시, 정원, 공원 등 곳곳을 안내해 줄 것이다. 이승에서 올바른 시민의식을 가지고 선한 삶은 산 사람들은 1년 동안 이곳에서의 체류를 즐길 수 있다.

이곳에서 망자는 점차 자신의 인간적인 약점을 더 명확하게 인식하고 자신이 했던 행동 뒤에 숨은 진짜 의도를 깨닫게 되면서 더 깊은 자각의 상태로 진입할 수 있다. 망자는 이곳에서 자신이 정말 친절하고 진실한 사람이었는지 아니면 단순히 예의 바른 사람이었지 반추하게 된다. 이 시점에서 진정으로 선한 사람은 진정한 지혜를 얻기 시작하고, 악한 사람은 자신의 본성을 드러내기 시작한다. 이 과정에서 외모는 내면의 모습과 일치하도록 변화할 것이다. 이때 만약 거울에 비친 여러분의 모습이 조금 초췌해 보이기 시작한다면 그건 별로 좋은 징조가 아니다.

천국이나 지옥으로의 배정은 심판에 따라 이뤄지지만, 이 심판은 하느님이 여러분 자신이 하는 심판이다. 진정으로 거듭난 영혼은 이 문제에 대한 가르침을 갈망하며, 하늘의 천사들로부터 '신성한 패턴'을 모델로 삼는 짧은 개인 맞춤형 지도를 받게 된다. 천국으로 가게 될 영혼은 천사의 흰 세마포 옷을 입고 하느님의 인도를 받게 되며, 천국은 기쁨으로 그 영혼을 맞이할 것이다. 하지만 악한 영혼들은 이런 심판에 저항할 것이다. 신성한 것보다는 육신의 것을 더 사랑하는 악한 영혼들은 그 육신의 것에 대한 사랑을 따라 지옥으로 내려갈 것이다.

스베덴보리교의 천국은 하느님이 혼자 통치하는 빛나는 도시가 아니다. 이곳에는 각기 다른 사랑과 신앙 활동에 헌신하는 수많은 공동체가 있다. 이 천국의 영혼들은 모두 자신의 목표를 위해 행동한다. 유아기에 죽은 영혼을 맡아 성인이 될 때까지 양육하는 일을 하는 영혼도 있고, 새로 천국에 도착한 사람들을 가르치거나 지옥을 감독하는 임무를 맡은 영혼도 있다. 교회와 공동체를 위한 임무를 수행하는 영혼들도 많다. 스베덴보리교에서 '신성한 존재(신)'는 천국이나 지옥을 전담하는 천사나 악마는 창조하지 않았기 때문에, 천국과 지옥의 관리는 모두 인간의 영혼들이 맡아서 한다.

영혼들의 공동체는 멀리서 보면 작은 별들로 둘러싸인 동쪽의 흰 구름처럼 보이지만, 다가갈수록 서서히 붉어지면서 인간의 형상으로 보이기 시작할 것이다. 이 작은 별들은 하나하나가 천사이며, 이 별들로 둘러싸인 공동체 역시 천사의 형상을 띠고 있다. 이 수많은 천사들은 지상의 가족들의 얼굴이 서로 비슷해 보이듯, 얼굴이 모두 거의 비슷하다.

언어 배우기

이곳의 모든 천사들은 히브리어와 매우 비슷하지만 조금 다른 낯설고 새로운 언어를 구사한다. 이 언어는 사랑과 아름다움을 표현하는 데 매우 적합하기 때문에 간단한 대화나 간단한 메모만으로도 서로에게 감동을 줄 수 있다.

천국에서 즐거운 시간을 보내면서 틈틈이 천국의 완벽한 건축물과 조경을 감상해 보는 것도 좋다. 천국에서 영혼은 정원이 딸린 넓은 스위트

룸에 머물게 된다. 이 스위트룸들은 길이나 광장을 통해 다른 스위트룸들과 연결돼 있다. 하지만 이런 천국의 모습은 실제로는 환상에 불과하다. 영들의 세계에는 시간과 공간이 존재하지 않으며, 과거나 미래, 동쪽이나 서쪽도 없고. 단지 상태의 변화만 있을 뿐이다. 따라서 이곳에서의 여정은 매우 짧을 수도 있고, 이곳에서의 여유로운 산책을 즐기고 싶다면 매우 길 수도 있다. 이곳에는 부자와 가난한 사람, 기독교인과 비기독교인, 신이 창조하신 우주의 다른 모든 행성에서 온 수십억 명의 사람들이 머문다. 또한 이곳에서는 마음이 맞는 상대를 만나 천사들의 축복을 받으며 결혼식을 올린 뒤 같이 살 수도 있다.

스베덴보리교에서는 지옥도 천국처럼 공동체들로 구성된다. 단지 지옥에는 멋진 정원과 화단이 없을 뿐이다. 지옥은 영들의 세계에 있는 절벽 아래나 바위 틈새에 있는 음침한 문을 통해 들어간다. 지옥의 공동체는 모두 어두우며 숯불이나 뜨거운 석탄과 같은 빛을 발한다. 지옥에는 아래쪽으로 기울어진 동굴, 아치형 지하실, 광산, 어두운 숲, 동물 소굴, 불타버린 도시의 폐허 같은 곳도 있다. 형벌이 좀 더 가벼운 지옥 공동체는 가정폭력과 학대가 이뤄지는 곳이거나 골목마다 도둑이 도사리고 있는 판자촌이나 끝없는 추잡함이 가득한 광활한 홍등가의 모습을 하고 있다. 지옥에서 최악의 장소는 텅 빈 사막이다. 각각의 지옥 공동체는 죄의 종류에 따라 다른 곳에 위치한다.

지옥은 엄청난 악의와 분노를 발산한다. 천사가 필멸의 삶에서 해방

되면 선한 일을 할 수 있는 능력이 더 커지는 것처럼, 악령은 악의와 교묘함에 더 큰 재능을 가지고 있다. 이곳의 모든 사람들은 공포와 자기 집착의 노예다. 이들은 겉으로는 신성한 자비의 행위를 하기 때문에 인간적으로 보이지만, 실제로는 이들이 지은 죄와 야만성 그리고 잔인함이 내면으로부터 표출되기 때문에 괴물 같은 모습으로 변한 상태다.

지옥을 관리하는 영혼들은 직접적으로 죄인들을 고문하지 않으며, 오히려 신의 뜻을 벗어나지 않기 위해 지옥의 고통을 조절하고 균형을 맞추는 데 대부분의 시간을 보낸다. 스베덴보리교의 교리에 따르면 끝없이 미끼를 던지면서 비인간적인 조롱으로 서로를 괴롭히는 것은 죄인들, 즉 저주받은 자들 자신이다. 스베덴보리교의 지옥은 끝없는 악플로 영원히 서로를 괴롭히는 자들의 인터넷 공간과 같은 곳이다.

The Summerland

한밤중에 벌어지는 일들

서머랜드

심령술과 주술

신흥종교인 위카Wicca의 신도들은 서로 교리 면에서 조금씩 다른 입장을 가지고 있지만, 대부분은 서머랜드Summerland라고 불리는 평화로운 사후 세계의 존재를 믿고 있다. 서머랜드는 인생의 고난에서 벗어난 영혼이 다음 환생을 위한 계획을 세우는 휴식과 성찰의 장소다. 이곳에서는 영혼은 신과 지내면서 원하는 만큼, 어쩌면 영원히 머물면서 새로 도착한 영혼의 안내자가 될 수도 있다. 많은 이야기에서 서머랜드는 풀이 무성한 들판과 평화로운 강이 있고, 악천후가 단 하루도 없는 풍요로운 곳이라고 알려져 있다. 하지만 서머랜드는 실제 '땅'이 아니라 우주의 에너지와 교감하는 상태일 뿐이라고 생각하는 사람들도 있다. 위카 신도들은 서머랜드에 대해 구체적으로 언급하지는 않는다.

대부분의 신흥종교에서 천국이 그렇듯이, 서머랜드라는 개념도 19세기의 영성주의자들과 신지학자들로부터 시작됐다. 이 신비주의자들은 심령술이나 심령의식에서 목격한 현상, 즉 테이블을 두드리는 유령, 영매를 통해 말하는 유령, 유령의 집 등을 설명하기 위해 사후 세계를 상상해냈다.

영성주의 운동의 창시자 중 한 명인 앤드류 잭슨 데이비스Andrew Jackson Davies('포킵시의 예언자Poughkeepsie Seer'라는 이름으로 알려져 있다)는 몇 권의 책을 통해 서머랜드가 '우주의 태양과 행성들 사이에서 사람이 살 수 있는 구역'이라고 구체적으로 주장했다. 데이비스는 마약에 취해 밤하늘을 응시하는 청소년이 그러하듯 우주의 광대함에 대한 새로운 '과학적인' 생각에 빠졌고, 서머랜드가 지구에서 수억 킬로미터 떨어진 우주에서 타오르는 에테르ether 띠 형태의 공간이라고 확신했다.

영혼이 구름 너머로 서머랜드를 향해 날아오를 때는 빛의 속도로 이동하지만, 움직임은 거의 느끼지 못한다. 해마다 생명체들에게서 수백만 톤의 입자들이 방출돼 이 천상의 파도를 타고 우주에서 떠다니다 결국 사후 세계에서 더 고차원의 물질로 정제된다.

서머랜드의 해안에 도착하면 이 모든 입자들이 벨벳 같은 흙, 울창한 숲, 수정처럼 맑은 시냇물 등 무한한 아름다움과 다양성의 공간을 형성하고 있는 것을 볼 수 있다. 빛나는 하늘 위에는 신기한 성운과 별자리가 가득하다. 실로시마르Cylosimar의 일곱 호수의 향기나 모니아Mornia

호수의 은빛 물 위로 떠오르는 굽타리온Guptarion 별의 광채는 절대 잊지 못할 것이다. 먼 언덕에는 금성과 수성에서 온 망자들이 햇살을 받으며 거닐고 있을 것이다(이곳의 영혼들 중에는 외계인의 영혼도 많다). 네자르Nezar강을 따라 동쪽으로 가면 음침한 계곡에 도달할 것이다. 아라엘린하룬Ara-Elin-Harun이라는 이름의 이 계곡은 천사들이 정신병자, 스스로 목숨을 끊은 사람, 삶에서 상처받은 영혼을 치유하는 곳이다.

이곳에서는 지구상의 자선단체 같은 다양한 단체들도 존재한다. 이런 단체 중 가장 높은 수준의 단체는 대부분 목성이나 토성에서 온, 신성한 마음의 원리를 가장 잘 깨달은 영혼들에 의해 운영된다. 몇 년 동안 계속되는 축제에서 여러분은 함께 노래를 부르게 될 것이며, 천상의 목소리로 모든 악기의 소리를 재현할 수 있다는 것을 알게 될 것이다. 지혜와 의지력도 높아져 멀리 떨어진 지구에 들러 살아있는 사람들과 소통하고, 특히 그들을 돕고 위로할 수도 있다.

찰스 웹스터 리드비터Charles Webster Leadbeater 같은 신지학자들은 죽은 자들이 산 자와 접촉할 수 있는 사후 세계에 대한 묘사를 해왔다. 하지만 이 신지학자들은 화창한 서머랜드가 아스트랄계의 낮은 차원에 불과하며, 서머랜드는 그 낮은 차원에서 필멸의 삶에 갇혀 있는 영혼들이 상상하는 이상적인 지구의 모습의 불과하다고 생각한다. '지혜의 종교'의 교리를 잘 배운 순수한 사람이라면 서머랜드를 벗어나 '데바찬devachan'이라는 더 고차원의 아스트랄계로 올라갈 수 있겠지만, 그렇지 않은 영혼은 몇백 년 동안 서머랜드에서 머물러야 한다.

주의해야 할 점

진정으로 타락한 영혼의 저속한 마음(manas)은 지상의 정욕에 사로잡혀 더 높은 자아와 분리될 것이고, 뱀파이어나 늑대인간이 되어 지구를 떠돌게 된다.

아스트랄 차원은 다양한 현상과 유령의 원인이 되는 다양한 종류의 영혼으로 가득한 혼란스러운 곳이다. 이곳에서는 강화된 아스트랄 시력으로 모든 영혼을 꿰뚫어 볼 수 있다. 모든 영혼을 둘러싸고 있는 타원형의 빛나는 안개 덩어리는 그들의 아우라이며, 이곳에서는 산자의 영혼과 죽은 자의 영혼이 공존한다(살아있는 사람도 아스트랄 자아를 가지고 있기 때문이다). 또한 아스트랄계에는 영혼이 육체를 떠날 때 남기는 에테르 껍질, 영혼이 데바찬 차원으로 이동할 때 남은 껍데기, 인간이 아닌 동물의 정령, 노움gnome이나 나이아드naiad와 같은 자연 정령, 동물의 아우라, 심지어 '지구의 섭정'이라고 불리는 데바deva, 즉 천사도 존재한다. 이 아스트랄 행성에서 가장 난해한 존재는 때때로 죽은 영혼을 다른 곳으로 옮기기 위해 만들어진 '인간의 형상을 한 인공물'이다. 이들의 이야기는 고대 아틀란티스의 역사와 복잡하게 얽혀 있으며, 이들은 신지학에서조차 이상한 존재로 취급을 받는 존재들이다.

Three Kingdoms of Glory

바쁘게 산 사람들의 천국

영광의 세 왕국

예수그리스도후기성도 교회

생존을 위해 척박한 삶을 살아야 하는 사람들은 여유와 사치를 누릴 수 있는 천국을 꿈꾼다. 하지만 예수그리스도후기성도 교회(모르몬교)의 사후 세계는 그렇지 않다. 복숭아 통조림을 만들고, 자동차 한 대를 여러 명이 같이 타고, 캐서롤casseroles*을 배달하는 미국 서부의 부지런한 사람들이라는 이미지에 걸맞게 모르몬교도들은 계속 일할 준비를 한 채 무덤으로 향한다.

* 고기와 야채 그리고 밥이나 파스타 등을 함께 넣어 오븐에 구워낸 음식.

모르몬교의 우주관은 젊은 선교사들이 차트를 이용해 설명해야 할 정도로 매우 복잡하다. 이 지상에서의 체류가 끝나면, 고인은 먼저 '영의 세계'라고 불리는 임시 영역으로 들어가게 되는데, 이 영의 세계는 지상에 근접해 있으며, 산 사람들이 영원을 엿볼 수 없도록 일종의 구분막인 '휘장'에 둘러싸여 있다. 브리검 영Brigham Young*은 영혼은 필멸의 육체를 가진 성인의 모습과 매우 비슷하며, "부지런하게 노동하고 땀 흘려 일해야 하며, 잠들지 아니하리라"라고 말했다.

그렇다면 이렇게 잠들지 않는 영혼은 하루 종일 무엇을 하면서 보낼까? 망자의 영혼은 의인의 영혼들과 함께 '걷고, 대화하고, 만남을 가지며'(의인의 영혼은 천국에서 가장 좋은 곳인 '영들의 낙원'에서 산다), 그리스도를 영접하지 않고 죽은 사람들의 영혼(베드로전서 3장 19절에 따르면 이 영혼들은 '옥에 있는 영들'이다)에게 바쁘게 복음을 가르치는 일을 한다. 천국에서 이렇게 십자군 역할을 하는 영혼들은 모르몬교도들이 현세에서 집집마다 돌아다니면서 전도하는 노력보다 더 많은 결실을 맺을 것이다. 옥에 갇힌 영들이 죽으면 모든 것이 끝난다는 생각을 더 이상 하지 못할 것이기 때문이다. 초기 모르몬교의 사도 오슨 프래트Orson Pratt에 따르면 이 영들은 '한 채널로만 생각하는 대신 사방에서 쏟아지는 지식을 받아

* 예수그리스도후기성도 교회의 제2대 회장.

들일 것이며, 그 지식은 태양에서 나오는 빛과 같을 것'이다.

시간 절약 팁

브리검 영에 따르면 육체에서 벗어난 영혼은 새털처럼 가볍기 때문에, '빛의 속도로 모든 행성과 항성 또는 지구의 맨 끝이나 바다 깊은 곳까지' 순간 이동을 할 수 있다.

영의 세계에 대한 환상을 본, 한 모르몬교 선지자에 따르면 망자는 초인적인 능력을 갖게 되지만 '영혼이 몸을 떠난 뒤 보내야 하는 긴 시간 동안 자신의 영혼이 속박당하고 있다고 생각하게 된다.' 모르몬교에서는 모든 망자들에게 부활의 시간이 도래하면 망자들의 영혼이 영광스럽고 완전한 육체와 영구적으로 재결합하게 된다고 믿는다. 모르몬교의 사후 세계는 이렇게 구체적이고 육체적이며 실재하는 사후 세계다.

모르몬교 창시자인 조셉 스미스Joseph Smith는 『고린도전서』에 나오는 빛나는 해, 달, 별의 비유에 기초해 최후의 심판에서 부활한 망자들이 세 가지 '영광의 왕국' 중 하나에 배정된다고 주장했다. 의로운 사람은 하나님과 예수그리스도가 다스리는 '천상의 왕국(해의 빛)'으로, 하느님의 존재를 인정하지 않는 사람은 '지상의 왕국(달의 빛)'이나 '텔레스티얼Telestial 왕국(별의 영광)'으로 가게 된다.

사소한 정보

'텔레스티얼'이라는 단어는 사전에 없는 단어다. 이 단어는 조셉 스미스가 만들어낸 것으로, 모르몬교 신도들 외에는 아무도 사용하지 않는다.

영광의 세 왕국은 모두 우주 최고 수준의 여행지라고 할 수 있다. 모르몬 경전에 따르면 가장 낮은 단계의 왕국인 '텔레스티얼 왕국'조차 인간의 '모든 지식을 뛰어넘는' 곳이다. 뮤지컬 〈북 오브 모르몬The Book of Mormon〉에서는 '모르몬의 으스스한 지옥'에 대해 묘사하고 있지만, 사실 모르몬교에는 지옥 개념이 없다. 소수의 '멸망의 아들들'은 천국의 바깥쪽, 즉 영광이 없는 곳으로 추방되지만, 대부분의 영혼은 세 천국 중 한 곳으로 간다. 천국의 바깥쪽으로 추방되는 영혼들은 예수를 직접 만나고도 그가 그리스도라는 것을 인정하지 않은 극소수의 사람들뿐이다.

브리검 영에 따르면 천상의 왕국에 들어가 '영원한 승영昇榮'(영생, 하나님의 면전에서 가족으로서 영원히 사는 것)을 얻으려면 고대 이집트인의 지하 세계에서처럼 파수꾼 역할을 하는 천사들에게 특정한 핵심 단어를 말하거나 특정한 표식 또는 증표를 제시해야 한다(다행히도 이런 것들은 모르몬교 예배에서 제공된다). 불로 둘러싸인 문을 통과해 금으로 포장된 길을 따라 시온산으로 올라가면 살아 계신 하나님의 도시, 즉 하늘의 예루살렘에 도착할 수 있다. 이곳에서 망자는 『요한계시록』 2장에 약속된대로 새로운 이름이 적힌 흰 돌을 받게 된다. 이 돌은 구약시대에 제사장들이 사용하던 '우림Urim과 둠밈Thummim'이다.

모르몬 경전에 따르면 하나님의 보좌는 콜롭Kolob이라는 별 근처에 있으며, 하나님은 이 보좌에서 '불타는 유리로 가득 채워진 지구'를 내려다보고 있다. 조셉 스미스는 지구가 결국 수정처럼 빛나는 영광의 구체로 천상화될 것이라고 가르쳤고, 모르몬교 신자 대부분은 천상의 왕국이 지구가 다시 탄생해 만들어지는 곳이라고 믿는다.

그렇다면 천국에 도착한 영혼들은 편히 쉴 수 있을까? 그렇지 않다! 모르몬교에서는 '영원한 진보'를 중시하기 때문에 천국에서도 일과 배움, 성장은 여전히 계속된다. 마찬가지로 지상의 결혼과 가족 유대 역시 천국에서도 지속된다. 조셉 스미스는 '지상에서 우리 사이에 존재하는 것과 동일한 사회적 관계'를 천국에서도 가지게 된다고 말했다. 여기서 사회적 관계란 이웃, 친구, 직장 동료, 페이스북 친구 등 다양한 지상에서의 인간관계를 뜻한다. 무엇보다 중요한 교리는 모르몬교의 사후 세계에서는 발전에 제한이 없다는 것이다. 모르몬교 지도자들에 따르면 천상의 영혼은 영광스럽게 발전해 신이 될 수 있으며, 자신만의 세계를 창조할 수 있는 신성한 능력을 가진다고 가르치고 있다.

이처럼 모르몬교에는 영의 감옥, 영의 천국, 천상의 왕국, 지상의 왕국, 텔레스티얼 왕국 등 다양한 사후 세계 공간이 존재한다. 아버지의 집에 '많은 집들'이 있다는 예수의 말은 농담이 아니었다.

Tzror
Ha-Hayyim

투석기로 사후 세계에 던져지는 영혼들

츠로르 하하임

카발라

유대교 카발라Kabbalah 신봉자들은 게헨나와 간에덴 너머에 또 다른 사후 세계가 있다고 믿는다. 이 유대교 신비주의는 흔히 알려진 것처럼 마돈나와 애슈턴 커처가 2000년대 초에 창시한 것이 아니라, 13세기 스페인에서 『조하르Zohar(빛나는 책)』라는 이름의 난해한 경전이 발간되면서 시작된 것이다.

『조하르』에 따르면 심판은 죽기 30일 전에 시작되는 7단계의 과정이다. 병상에 누워 죽음이 가까워지면 초자연적인 방문객을 맞이하게 된다. 여러분은 하느님이 여성으로 변한 형상인 셰키나Shechinah를 보게 될 것이다. 셰키나는 각기 다른 역할을 담당하는 천상의 세 사자와 같이 나타날 것이다. 첫 번째 사자는 수호천사, 나머지 두 천사는 각각 하루의 시간을 세는 천사와 선행과 악행을 추적하는 천사, 즉 피트빗Fitbit이다. 이때 먼저 사망한 친구들 그리고 가까운 친척들과 먼 친척들도 여러분을 지켜볼 것이다. 아담과 이브도 당신의 죽음을 지켜볼 것이다. 아담과 이브는 자신들은 선악과를 따먹은 단 한 번의 죄를 지었지만, 당신은 평생 동안 죄를 지었다는 것을 알려주기 위해 올 것이다. 뭐, 어쨌든 와준다니 고마운 일이긴 하다.

카발라에서 인간의 영혼은 세 부분으로 나뉜다. 그중 네페쉬nefesh(호흡)'는 가장 낮은 동물적 자아다. 네페쉬는 무덤 속에서 히부트 하케베hibbut ha-kever, 즉 떨림을 겪으면서 땀을 흘리며 몸이 부패하는 고통을 겪는다. 도덕적 미덕의 정신인 루아흐ruach는 신성한 투석기catapult인 카프 하켈라kaf ha-kela에 의해 사후 세계로 던져진다. 이렇게 던져진 루아흐는 탈무드에 나오는 것처럼 게헨나에서 1년 동안 정결하게 지내야 한다(오늘날에도 유대인들은 사람이 죽은 뒤 최대 11개월 동안 카디쉬kaddish라는 애도의 기도를 한다. 망자의 영혼이 가톨릭의 연옥과 비슷한 이 게헨나에서 1년 동안 지내야 한다고 생각하기 때문이다).

유용한 여행 정보

안식일에는 지옥의 타오르는 불이 식으며, 생전에 조금이라도 착한 일을 했다면 고문의 강도가 줄어든다. 특히, 생전에 할례를 받은 사람은 천사들이 더 신경을 써준다.

게헨나에서 한 해를 보내고 나면 정화의 강이자 빛의 강인 나하르 디누르Nahar Dinur의 향기로운 물에 몸을 담근 뒤 '낮은 간에덴'으로 이동하게 된다.

영혼을 구성하는 세 번째 요소인 네샤마neshamah는 '초월적 존재'다. 네샤마는 천국에서도 좋은 영역인 '높은 간에덴'으로 올라갈 수 있다. 이때 여러분의 육체는 구프 하닥guf ha-dak이라는 반투명한 영의 옷으로 대체된다. 이곳에서 여러분은 춤을 추면서 놀거나 토라를 공부하면서 즐거운 시간을 보낼 수 있다.

하지만 주류 유대교의 사후 세계와는 달리, 여정은 아직 더 남아 있다. 카발라 신봉자들은 영혼의 환생과 이동을 뜻하는 길굴gilgul, 즉 '바퀴'의 존재를 믿는다. 간에덴에서의 생활에 지치면 신성한 왕(하느님) 앞으로 나아가 간청해 츠로르 하하임tzror ha-hayyim, 즉 '산 자들의 무리' 속으로 들어갈 수 있다. 츠로르 하하임은 지상으로 돌아가기만을 기다리는 영혼들을 뜻한다. 지상으로의 귀환은 두 가지 방법이 있다. 선한 영혼인 이부르ibbur 또는 악한 영혼인 디부크dybbuk 형태로 산 자의 영혼에 일시적으로 들어가는 방법이 있고, 신생아로 태어나 평생 동안 전생에 했던 실수들을 만회하면서 사는 방법이 있다.

카발라에서는 사람의 영체spiritual body에 248개의 팔다리와 365개의 힘줄이 있다고 생각한다. 이는 토라의 248개 긍정적 계명과 365개의 부정적 계명을 상징한다. 좀 이상해 보이긴 한다. 하지만 좋은 소식은 613개의 이 계명을 모두 지킬 수 있을 만큼 많은 길굴을 겪어내면 환생의 반복에서 벗어날 수 있다는 것이다. 그렇게 되면 여러분은 완전한 육체를 가지게 된다. '하느님의 몸'과 완벽하게 합쳐진다는 뜻이다. 하느님이 새로 생긴 팔다리와 힘줄을 신경을 쓰지 않기를 바란다.

Vaikuntha | 더 높은 차원

바이쿤타

힌두교

나라카보다 훨씬 더 쾌적한 힌두교의 천국 스바르갈로카Svargaloka는 우주 중심에 솟아 있는 황금 산인 메루산 정상에 위치하며, 인드라Indra 신이 다스리는 낙원이다. 이곳에서는 '쾌락의 계곡'에서 휴식을 취하면서 다음 환생을 기다릴 수 있다. 하지만 환생이 궁극적인 목표는 아니다. 궁극적인 목표는 목샤moksha, 즉 카르마(업)의 법칙과 윤회의 굴레에서 벗어난 상태로 진입하는 것이다.

목샤 상태에 도달한 신도들은 비슈누Vishnu 신의 거처인 바이쿤타Vaikuntha 행성으로 올라간다. 바이쿤타는 하늘에 있는 행성 중 하나가 아니라 하늘 너머에 있는 행성으로, 창조주가 만든 수십억 개의 우주 너머의 가장 높은 하늘에 위치한다. 이곳에서 여러분의 얼굴은 빛나는 하늘, 다이아몬드 또는 산호의 색깔을 띠게 되고, 눈은 연꽃처럼 변하면서 다시 젊어진다. 즉, 여러분은 생전의 어느 때보다 더 매력적인 모습으로 변하게 될 것이다. 또한 손도 네 개가 된다.

현지 의상 정보

탐험을 시작하기 전에 잠시 시간을 내 바이쿤타의 전통의상인 노란색 가운을 입고 화환, 귀걸이, 진주목걸이를 걸어보자. 이곳에서는 일 년 내내 꽃이 피고 열매가 가득한 나무들이 무성하며, 모든 소원을 들어주는 그 나무들이 끊임없이 새 옷을 제공한다.

힌두교 성전인 『바가바타 푸라나Bhagavata Purana』에서는 바이쿤타를 시간, 무지, 열정을 초월한 숲과 궁전으로 이뤄진 초월적인 땅으로 묘사한다. 바이쿤타의 땅은 시금석으로, 성벽은 대리석으로 만들어져 있다. 이곳에는 마다비 꽃의 향이 가득하지만, 망자는 비슈누 신의 위대함을 찬양하느라 바빠 그 향을 거의 느끼지 못한다. 또한 이곳은 뻐꾸기, 학, 공작새, 앵무새 등 이국적인 새들이 끊임없이 노래하지만, 꿀벌 왕이 비슈누 신을 찬양하는 노래를 흥얼거리면 이 새들의 소리마저 잠시 멈춘다. 이곳에서 망자는 청금석, 에메랄드, 금으로 장식된 호화로운 초호화

궁전에서 살게 된다. 그 궁전은 '동그란 엉덩이를 가진' 여자들의 요염한 미소로 가득 찬 곳이지만, 그 여자들의 매력도 비슈누 신의 영광에 가려진다.

비슈누 신은 금과 다이아몬드로 장식된 일곱 개의 큰 문을 통해 들어갈 수 있는 궁전인 '바이쿤타푸리Vaikuntha-puri'에서 산다. 이 궁전의 마지막 관문에서 팔이 네 개인 파란색 문지기 두 명이 철퇴와 신선한 꽃을 휘두르는 것을 보더라도 겁을 먹어선 안 된다. 자야Jaya와 비자야Vijaya는 위압적인 문지기이긴 하지만 여러분의 통행을 막지는 않을 것이기 때문이다. 이 문지기들은 과거에 현자들이 비슈누 신에게 다가가는 것을 막았다는 이유로 세 번의 생을 바이쿤타 밖에서 지내야하는 벌을 받은 존재다.

바이쿤타푸리 궁전에 들어서면 락쉬미Lakshmi를 비롯한 행운의 여신들이 왕좌 주변의 산호로 둘러싸인 웅덩이 가장자리에 화환을 놓는 모습을 볼 수 있고, 다른 수행원들은 파라솔로 그늘을 드리우고 부채로 더위를 식혀주는 모습을 볼 수 있다. 비슈누 신은 몸이 검은색이며 꽃이 만발한 것 같은 미소와 루비처럼 빛나는 발톱을 가지고 있다. 비슈누 신은 헬멧을 쓰고 새의 왕인 가루다Garuda를 타고 있거나, 하얀 머리카락을 뒤로 넘기며 느린 동작으로 여러분을 향해 걸어올 수도 있다. 노란색 천을 허리에 두르고 있는 비슈누 신은 빛나는 띠를 차고 있으며, 악어 모양의 장신구와 목걸이를 하고 있으며, 보석으로 장식된 왕관을 쓰고 있다.

이곳에서는 매혹적인 꽃들이 수없이 자라나지만 비슈누 신은 성스러운 바질인 툴시tulsi의 잎으로만 자신을 장식한다. 이 잎의 향기는 당신이 아무리 위대한 현자라도 또다시 깊은 깨달음의 순간을 가져다줄 것이다.

비슈누 신의 궁전 밖에서 가장 볼 만한 것은 하늘을 가득 채운 비마나vimana 함대다. 인도신화에서 비마나는 하늘을 날아다니는 거대한 궁전과 전차를 뜻한다. 시인들은 이곳의 날씨는 완벽하지만 하늘에 천둥번개가 친다고 노래하는데, 이는 비마나가 큰 구름처럼 머리 위로 솟아 있고 비마나 위를 날아다니는 여인들이 번개처럼 아름답고 찬란하기 때문이라고 한다. 바이쿤타에서는 망자들은 이렇게 멋진 자신만의 전차를 갖게 되고, 물질적인 세계가 사라진 후에도 영원히 하늘을 날아다니게 된다.

The Village of Ancestors

살아있는 망자들의 세상

조상들의 마을

아프리카 전통 종교

사람들은 아프리카가 얼마나 큰 대륙인지 잘 모른다. 아프리카는 지구상에서 두 번째로 큰 대륙으로 미국, 유럽, 중국을 합친 것보다 더 큰 대륙이다. 또한 이렇게 광활한 아프리카에는 매우 다양한 민족들이 살고 있으며, 사후 세계에 대한 관념 또한 매우 다양하다.

예를 들어, 수단 남부의 누에르족과 딩카족은 불멸이 사후 세계에서 얻을 수 있는 것이 아니라 지상에서 자녀들과 가축을 통해서만 얻을 수 있는 것이라고 믿는다. 누에족은 아주 먼 옛날에는 하늘과 땅을 연결하는 밧줄이 있었기 때문에 노인이 그 밧줄을 타고 올라가서 회춘할 수 있었지만, 오래전에 하이에나가 그 밧줄을 끊어버렸고, 그 날 이후로 인간은 죽음을 피할 수 없게 됐다고 믿는다. 한편, 나이지리아의 요루바족은 최후의 심판으로 오룬레레Orun-Rere(좋은 왕국)의 행복과 오룬아파디Orun-Apadi(깨진 질그릇 조각들의 왕국)의 고통이 결정된다고 믿는다.

하지만 이런 생각은 극히 예외적인 것들이다. 아프리카의 토착 종교는 매우 다양하지만, 대부분의 토착 종교는 우리를 기다리는 사후 세계에 대해서는 대체로 생각이 비슷하다. 아프리카 토착 종교를 믿는 사람들은 '사후 세계'라는 말에 거부감을 나타낼 수도 있다. 이들은 망자가 사후에도 여전히 가족과 공동체 생활의 중요한 부분을 차지한다고 생각하기 때문이다.

사람은 모두 수명이 다르다. 또한 수명은 예상치 못한 일에 의해 언제든지 달라질 수도 있다. 사람은 사고를 당할 수도 있고, 어릴 때 죽을 수도 있고, 병에 걸려 사망할 수도 있으며, 때로는 마녀의 계략에 빠져 불행하게 죽음을 맞이하기도 한다. 이렇게 불의의 사고로 수명이 단축돼 사망한 영혼은 사후 세계에서 불안한 유령이 되어 생전의 같이 지냈던 이웃들을 겁주고 괴롭히며 지내게 된다. 이 유령들은 돌을 던지고, 지붕을 뜯고, 미망인이나 홀아비의 새 애인을 괴롭히면서 하루하루를 보낸다. 시신을 제대로 묻지 않은 경우에도 이런 일이 발생할 수 있기 때문에 아프리카 문화권에서는 시신이 불에 타거나 동물에 의해 뜯어 먹혔을 때 유골의 일부라도 찾아내 매장하려고 한다(유해를 전혀 찾을 수 없는 경우에도 해결 방법이 있다. 예를 들어, 루오족은 시신 대신 근처에서 찾을 수 있는 가장 큰 소시지 나무 열매를 묻는다). 요루바족은 스스로 목숨을 끊으면 나비나 박쥐처럼 영혼이 시신 근처 나무 꼭대기를 맴돌며 오래 머물게 된다고 믿는다.

유용한 여행 정보

유령이 다시 집으로 돌아오는 것을 막기 위해 일부 부족은 시신을 집 밖으로 옮길 때 문을 이용하지 않고, 벽에 구멍을 뚫어 옮기기도 하며, 집 밖에서 무덤으로 시신을 옮길 때 지그재그로 이동하기도 한다.

하지만 유령의 세계에서 시간을 보내더라도 결국 영혼은 조상들의 세계로 여행을 계속하게 된다. 조상들의 세계는 땅 밑, 강 건너편 또는 숲 속에 숨겨져 있으며, 그곳으로 가는 길은 항상 어둡고 거칠다. 탄자니아의 차가족은 이 여정에 9일이 걸린다고 생각해, 시신에 기름을 바르고 우유를 채운 다음 동물 가죽으로 덮어 보호한다고 한다. 그런 다음 황소를 제물로 바쳐 저승에 있는 고인의 할아버지에게 새로 온 사람을 잘 지켜보라고 알린다.

이제 여러분은 이 세상과 비슷하지만 공기가 더 신선하고, 배고픔과 눈물, 질병이 없는 세계에서 조상들과 함께 지내면 된다. 이곳에서 멘데족은 여전히 벼농사를 짓고, 뤄족은 여전히 농담을 즐기면서 즐겁게 지낸다. 이곳에서도 강, 산, 나무, 마을이 있다. 이곳에서 새로운 마을을 돌아다니다 보면 여전히 소년들은 염소와 양을 몰고, 여성들은 농작물을 수확하고, 남성들은 소를 돌보는 모습을 볼 수 있다. 이곳에서 해가 지면 (그리고 현실 세계로 해가 뜨면) 모두 모닥불 주위에 모여 저녁 이야기를 나눈다. 지상에서의 생활과 다를 것이 없다.

아프리카 토착 종교에서는 사후 세계를 '죽음 이후의 삶'이라고 생각하는 것은 단절이나 공백을 의미하기 때문에 옳지 않다고 본다. 이 세상은 사후에도 계속 이어질 뿐이라고 생각하는 것이다. 여러분은 죽은 것이 아니라 '살아 있는 망자'이며 지상에 있는 가족의 삶 속에 여전히 존재한다. 여러분의 임무는 가족을 지켜보며 그들이 적당한 노력을 하면 성공할 수 있도록 돕고, 그들의 성공을 기뻐하는 것이다. 또한, 사후 세계에서 도덕적으로 완성되는 영혼들은 산 자들의 행동에 더 큰 상처를 받는다. 사후 세계의 영혼들은 지상의 사람들이 도덕적 의무를 다하지 않으면 질병이나 사고 같은 것을 일으켜 그들에게 벌을 줄 수 있다.

산 사람들은 자신의 그림자가 길어지거나, 불이 갑자기 꺼지거나, 집에서 삐걱거리는 소리가 들릴 때 망자의 영혼이 가까이 있다는 것을 알 수 있다(그럴 때면 무당을 통해 망자와 대화를 할 수도 있다). 키쿠유족은 망자의 영혼을 음웬드워니 이리mwendwoni iri, 즉 '사람들이 사랑하는 존재'라 부른다. 망자의 후손들은 망자에게 음식과 술을 바친다.

망자를 불멸의 존재로 만드는 것은 망자에 대한 산 자들의 기억이다.

하지만 네다섯 세대가 지나면 아무리 모범적인 삶을 산 망자라도 기억되지 못할 것이고, 조상으로도 생각되기 힘들어질 것이다. 그렇게 되면 망자의 영혼은 자신의 혈통을 이어받은 갓난아기로 환생하게 된다. 어떤 노래 가사처럼, 자신의 할아버지가 자신이 될 수도 있는 것이다.

요루바족은 망자는 하늘의 군주인 올로룬Olorun 앞에 무릎을 꿇고 새로운 오리ori, 즉 운명을 요청한다고 생각한다. 흰옷의 왕 오리샬라Orishala 신이 새 몸을 만들어 주면 올로룬이 재산, 아내, 좋은 성품, 장수 등 원하는 미래를 불어넣어 준다고 한다. 올로룬은 너무 무리한 요청만 안 한다면 어떤 소원이든 들어줄 것이다.

The Western Paradise

싹을 틔우다

서방정토

정토불교

불교의 궁극적인 목표는 윤회의 굴레에서 벗어나는 열반nirvana이다. 열반은 해탈을 뜻하지만, 이 단어의 원래 의미는 '소멸', 즉 자아를 버린다는 것이다(사실 불교에서는 애초에 자아가 존재하지 않는다고 본다).

하지만 동아시아 대승불교의 한 갈래인 '정토불교'는 열반에 도달하는 것보다 쉽지만 더 중요하고 숭고한 영역인 깨달음의 영역에 도달할 수 있는 지름길을 제공한다. 그 영역은 바로 천상의 부처 아미타불의 서방 극락정토다.

아미타불은 원래 고대의 수도승이었는데, 깨달음을 얻어 부처가 됐고, 죽음의 순간에 자신의 이름을 부르는 모든 이들에게 평화로운 불국토를 선사하겠다는 약속을 했다. 이 세상을 떠날 때 아미타불의 이름을 열 번 진심으로 부르면 육도六道(즉 지옥도, 아귀도, 축생도, 수라도, 인간도, 천상도)에 환생하는 것을 피해 서방정토에서 새로 태어날 수 있다. 서방정토는 최고의 아름다움과 행복이 가득한 서쪽 끝의 땅이다.

서방정토에서 깨어나면 처음에는 주변 경치에 압도당할 수도 있다. 이는 당신이 황금빛 연꽃 안에 있기 때문이다. 그곳에서 양배추 인형처럼 가만히 앉아서 지내야 하는 시간은 이번 생의 업보에 따라 달라진다. 덕이 많고 깊은 명상에 도달한 사람은 자신을 품고 있는 연꽃이 즉시 열리는 것을 볼 수 있으며, 그 순간 자신이 이미 부처와 함께 가장 높은 등급의 극락에 있음을 알 수 있다. 생의 마지막 순간에 아미타불을 부르기 전에 불결한 삶을 살았던 사람들은 연꽃에서 나오기까지 500년을 기다려야 할 수도 있으며, 연꽃에서 나온 뒤 부처에게 도달하기까지 긴 영적 여정을 앞두고, 가장 낮은 등급의 극락에서 당분간 지내야 할 수도 있다.

서방정토는 입이 떡 벌어질 정도로 아름다운 곳이다. 서방정토는 보석이 달린 나무들이 사방으로 끝없이 뻗어 있는 숲이기도 하다. 서방정토의 땅은 에메랄드빛을 띠며, 수많은 기둥이 받치고 있다. 서방정토는 땅을 가로지르는 황금빛 길에 진주와 보석으로 장식된 방울이 달린, 일곱 가지 빛나는 색(보랏빛 금색, 흰빛을 띠는 은색, 에메랄드색, 산호색, 수정색, 마노색, 루비색)을 띤 보리수와 백단향나무가 늘어서 있으며, 이 나무들에는 화려한 금빛 열매들이 주렁주렁 열려있으며, 연못은 파란색, 분홍색, 노란색, 흰색의 연꽃들이 덮고 있어 눈이 부신 경치를 자랑한다. 모든 것이 보석으로 만들어져 있고, 각각 보석은 다른 보석의 빛을 반사하며, 보석의 각 면은 1,000가지 색의 빛을 내며, 이 빛은 각각 다시 8,000가지의 미세한 빛을 낸다. 선글라스가 필요할지도 모르겠다.

서방정토는 산책을 하기도 매우 좋은 곳이다. 한 발 한 발 내딛을 때마다 아름다운 천(옷감)이 앞에 펼쳐져 길을 표시해 준다. 이곳에서 꽃을 밟으면 꽃은 7센티미터 정도 아래로 가라앉지만 발을 떼자마자 다시 솟아오른다. 보리수의 키는 100만 킬로미터도 넘으며, 줄기도 7만 킬로미터에 달해 감탄을 멈출 수 없을 것이다. 또한 이곳에서는 빛이 하늘로 올라가 공중에서 거대한 플랫폼들을 만들고, 각각의 플랫폼은 1000만 개의 보석으로 장식된 거대한 누각을 지탱한다. 이런 엄청난 규모에 익숙해지면, 그다음에는 풍경을 이루는 것들의 완벽함에 놀라게 될 것이다. 나무들은 완벽하게 평행을 이루며 줄을 지어 있고, 모든 잎이 조화로운 위치에 달려있기 때문이다. 이 풍경 속에서 부는 여덟 개의 순수한 바람은 아름다운 펜타토닉 멜로디를 만들어낸다. 이 고요한 풍경을 바라보면서 아름다운 소리를 듣고 있으면 감각이 맑아지고 법에 대한 새로운 통찰력을 얻을 수 있다.

이곳의 전체 분위기가 이렇게 평온한 것은 이곳이 마음을 더 잘 다스리기 위해 만들어진 곳이기 때문이다. 수십만 가지의 향기로운 나무 냄새를 맡으면 마음속의 불순물과 덧없는 열정이 사라질 것이다. 연못에 발을 들여놓으면 원하는 온도와 깊이에 맞게 물이 조절되며, 잔물결 속에서 원하는 불교의 가르침을 반복적으로 염송하는 소리를 들을 수 있다. 백조나 앵무새 같은 희귀한 새들이 깨달음을 노래하고, 원하는 곳에 절이 나타나며, 공중의 누각에서는 퍼져나오는 악기 소리는 공허함과 무상함에 대한 진리를 깨닫게 해준다.

서방정토에서는 이런 마음의 평화를 즐겨야 한다. 사실 그 외에는 별로 할 일도 없다. 식사 시간마다 수백 가지의 진미로 구성된 놀라운 연회가 펼쳐지는데, 음식의 맛과 향이 너무 좋아서 보는 것만으로도 허기를 채울 수 있다. 모든 명상의 목표는 스스로 부처가 되는 것이므로, 대부분의 시간을 아미타불이 앉아 있는 8만 4,000개의 거대한 꽃잎으로 이루어진 장엄한 연꽃좌상인 '깨달음의 자리' 근처에서 보내게 되는데, 그 옆에는 메루산보다 수십억 배나 큰 깃발이 나란히 세워져 있다. 가장 높고 완벽한 깨달음에 도달하면 여러분 자신도 위대한 부처가 될 수 있다.

현지 정보

아미타불은 해와 달을 빛나는 점으로 보이게 만들 정도의 빛을 내는 광명의 부처다. 아미타불의 얼굴은 부드럽고, 말은 친절하며, 눈은 바다처럼 광활하고 맑고, 머리칼은 눈 덮인 산처럼 하얗고, 후광은 우주를 덮을 정도로 거대하다.

3

책

BOOKS

* 이미지 출처: 단테 알리기에리 『신곡: 지옥 편』에 삽입된 구스타프 도레Gustave Doré의 판화(1890), 위키피디아

Aslan's Country

사자에게 모든 것을 걸다

아슬란의 나라

『나니아 연대기』

C. S. 루이스C. S. Lewis의 걸작 『나니아 연대기The Chronicles of Narnia』를 읽는 사람은 이 책이 어떤 종교적 상징성을 가지고 있든, 한 가지 사실만은 인정해야 한다. 작가가 어린 주인공들과 그 주인공들의 부모를 작품에서 모두 죽이는 것으로 시리즈를 끝낼 용기를 가지고 있었다는 사실이다.

『나니아 연대기』의 배경인 환상의 세계 '나니아'는 아슬란Aslan이 만든 세계다. 아슬란은 튀르키예어로 '사자'라는 뜻이다. 아슬란은 온화하면서 끔찍한 거대한 사자로, 코끼리만큼 큰 키에 갈기와 눈동자가 금빛으로 빛난다.

아슬란은 바다황제의 아들로, 거대한 동쪽 바다 너머의 전설의 땅에서 태어났다. 영화 〈나니아 연대기: 새벽 출정호의 항해〉(2010)에는 새벽 출정호의 선원들이 은의 바다Silver Sea에 있는 하얀 백합 융단을 통과하면서, 세계 곳곳을 돌고 있는 9미터 정도 높이의 파도 위를 올려다보았을 때 이 아슬란의 나라를 잠시 엿보게 되는 장면이 그려진다. 아슬란 왕국에서는 나무들이 무성한 녹색 산들이 하늘이 보이지 않을 정도로 높이 솟아 있다. 그리고 이 산들에는 삼나무처럼 생긴 거대한 나무들로 이뤄진 숲, 무지개 색 깃털을 가진 노래하는 새들, 끝없이 흐르는 시원한 물줄기가 있다.

아마겟돈을 연상시키는 스테이블 언덕에서의 최후의 전투가 끝났을 때 나니아로 여행 온 일곱 명의 지구인들은 아슬란의 나라가 실제로 전 세계를 둘러싸고 있다는 사실을 알게 된다. 따라서 여러분이 현재 나니아에 있다면 콜드런 풀Cladron Pool을 지나 '웨스턴 와일드Western Wild'의 산을 넘어 '그레이트 워터폴Great Waterfall'을 헤엄쳐 거슬러 올라가면 아슬란의 나라에 도착할 수 있다. 아슬란의 나라에 도착하면 부드러운 잔디가 무성한 언덕 꼭대기에 있는, 초록색 벽으로 둘러싸여있고 황금색 문이 있는 정원을 들어가 보자. 경적 소리가 울릴 때 이 정원에 들어가면 놀라운 풍경을 보게 될 것이다. 밖에서 볼 때는 작은 정원처럼 보이는 이곳에서 나니아의 가장 완벽하고 이상적인 풍경은 물론 나니아 밖에 있는 모든 나라의 풍경을 볼 수 있기 때문이다. 그리고 나니아에서의 사후 세계는 아슬란의 거대한 산들로부터 돌출한 부분들이다. 위대한 사자 아슬란은 '모든 세계에는 내 나라로 들어오는 길이 있다'라고 말한다.

산 자들의 세계인 '섀도 랜드Shadow Land'를 벗어나 '점점 더 멀리 더 높이 갈 때마다' 만나게 되는 사후 세계들은 동심원의 형태로 배열돼 있으며, 바깥쪽 동심원에 있는 사후 세계로 갈수록 더 거대하고 아름다운 풍경을 볼 수 있다. 여행을 하면서 현지인들을 잘 관찰하면서 그들을 파악해 보길 바란다. 아슬란은 사자나 어린 양 또는 예수를 연상시키는 모습으로 나타날 수도 있다(『나니아 연대기』에서 작가는 아슬란이 이런 기독교의 상징적 존재들을 연상시킨다는 것을 매우 노골적으로 드러낸다).

반드시 피해야 할 것들

나니아의 적들은 아슬란의 나라에서 영원한 평화를 누리지 못하고, 독수리 머리와 네 개의 팔을 가진 나니아의 악마 타쉬(Tash)에게 끌려가게 된다. 하지만 타쉬의 추종자 중 몇몇은 마음을 바꾼 뒤 아슬란에 의해 구원을 받게 된다. 이 이야기는 '선한 사람들만 천국에 들어갈 자격이 있다'라는 모든 종교의 공통적인 교리를 드러내는 것이다.

영화 〈나니아 연대기: 사자, 마녀, 그리고 옷장〉(2005)에서 최후의 전투가 끝난 후 아슬란의 나라에 도착한 아이들에게, 아슬란은 이번에는 영국으로 돌아갈 필요가 없다고 무심하게 말한다. 그 아이들과 아이들의 친구들 그리고 가족이 모두 끔찍한 기차 사고로 죽었기 때문이었다. 결국 아이들이 나니아에 남게 되면서, 이 소설은 해피엔딩으로 끝난다.

침례교, 가톨릭, 모르몬교 등 다소 독단적이고 잘난 척하는 것으로 알려진 종교 종파들에 대한 오래된 농담이 하나 있다. 성 베드로가 천국에 새로 도착한 사람들을 안내하면서 여기는 불교도, 저기는 감리교도 등 다양한 종교 교파가 모이는 장소를 가리키고 있을 때였다. 천국의 성벽을 쳐다보고 있던 어떤 사람이 성 베드로에게 물었다.

"저 성벽 너머에는 누가 살고 있습니까?"

그러자 성 베드로가 이렇게 대답했다. "침례교 신도, 가톨릭 신도, 모르몬교 신도들이 살고 있지요. 그 사람들은 자기네들이 천국에 살고 있다고 생각하고 있어요."

천국에는 특정한 사람들만 갈 수 있다는 생각은 사후 세계에 대한 다양한 환상들에 의해 반박당하고 있지만, 1964년 플래너리 오코너Flannery O'Connor가 사망한 지 몇 달 후에 발표된 단편 소설 「계시Revelation」만큼 확실한 반박을 하는 작품은 없을 것이다. 독실한 가톨릭 신자였던 오코너는 미국 남부의 기괴하고 그로테스크한 면을 드러내는 작품들을 발표한 작가였다.

「계시」는 사회에서의 자신의 위치에 대해 오랫동안 치열하게 고민해온 루스 터핀Ruth Turpin이 보낸 피곤한 오후에 관한 소설이다. 루스는 미국 남부에서 사는, 덩치가 크고 존경받는 여성이다. 루스는 밤마다 계급과 능력으로 이뤄지는 위계질서, 즉 '유색인종'과 열등한 백인들이 가장 낮은 층에 있고 극소수의 교양 있는 부자들이 가장 높은 층에 있는 구조를 마음 속으로 되새기며 잠에 들곤 한다.

그러던 어느 날 루스는 병원 대기실에서 자기 얘기만을 일방적으로 하는 불쌍한 여성, 자리를 비켜주지 않는 버릇없는 아이, 자신에게 '늙은 뚱보'라고 부른 여대생, 목화밭에서 일하면서 사람들의 친절한 인사와 얼음물을 기대하는 흑인 일꾼 등을 마주하게 된다. 그러던 그날, 해가 질 무렵, 루스는 돼지에게 물을 주러 나갔다가 예고도 없이 놀라운 천국의 환상을 보게 된다.

해질녘 하늘의 구름 줄무늬가 '살아있는 불의 들판을 지나' 하늘을 향해 땅에서 하늘로 올라가는 긴 흔들다리가 되는 환상이었다. 끝없는 영혼의 행렬이 할렐루야를 외치며 별들로 올라갔다. 루스의 질서정연하고 완벽한 우주가 이 행렬에 의해 뒤덮였다. 당신이 루스처럼 '존경받는' 백인 기독교 신자라면 이 흔들다리 위에 있겠지만, '개구리처럼 소리 지르면서 박수 치고 뛰어다니는' 온갖 가난한 사람들과 흑인, 괴물과 미치광이들은 행렬의 맨 끝자락에 자리할 터다.

흔들다리 위에는 천국에 가는 것이 기쁘지만 별로 티를 내지 않는 사람들이 있다. 이들은 경건하고 품위가 있는 사람들로, 흔들다리 뒷부분에 있는 사람들을 이끌고 있다. 이들은 루스처럼 마침내 하나님 앞에서 질서와 격식 따위가 얼마나 사소하고 소모적인 것인지 깨달은 사람들이다. 오코너는 이 소설에서 '루스는 충격을 받아 변화된 그들의 얼굴 표정을 통해 그들의 미덕마저도 불타 없어지고 있다는 것을 알 수 있었다'라고 썼다.

The Cemetery

심각한 실망

묘지

『바르도의 링컨』

고대 그리스어로 묘지를 뜻하는 '네크로폴리스necropolis'라는 말의 원래 의미는 '죽은 자들의 도시'다. 에드거 리 매스터스Edgar Lee Masters의 『스푼 리버 선집Spoon River Anthology』에서 닐 게이먼Neil Gaiman의 『그레이브야드 북The Graveyard Book』에 이르기까지, 묘지를 배경으로 한 사후 세계 모험 이야기는 오랜 문학적 전통의 일부다. 사람들은 왜 사랑하는 사람들이 잠든 묘지에서 사후 세계를 연상할까? 답은 매우 단순하다. 우리가 그들을 그곳에 묻었기 때문이다.

2017년 조지 손더스George Saunders는 소설 『바르도의 링컨Lincoln in Bardo』으로 부커상을 수상했다. 이 소설의 무대는 에이브러햄 링컨 미국 대통령의 열한 살짜리 아들 윌리 링컨의 장례식이 끝난 1862년 2월 25일 밤, 워싱턴 DC 조지타운의 오크힐 공동묘지다. 이 공동묘지의 영혼들은 윌리를 환영하지만, 윌리가 오래 그곳에서 머물 것이라고 생각하지는 않는다. 그들은 자신들이 '병원 마당'이라고 부르는 곳에서 아이들의 영혼이 오래 머물지 않는다는 것을 알고 있기 때문이다.

오크힐 공동묘지 영혼들의 가장 큰 특징은 자신이 죽었다는 사실을 믿지 않는다는 것이다. 이 영혼들은 대부분 이미 몸이 수십 년 동안 땅속에서 썩어가고 있기 때문에, 자신의 죽음을 믿지 않기 위해 자신을 속이는 힘겨운 노력을 하고 있다. 또한 그들은 자신을 가족이나 친구로부터 분리시킨 미지의 질병이 곧 치료될 것이라고 생각하고 있다.

언어 배우기

망자들의 언어를 유창하게 구사하려면 완곡한 표현에 익숙해져야 한다. 오크힐 공동묘지의 영혼들은 자신들이 묻힌 지하 공간을 '집', 관을 '병자들의 상자', 자신의 시체를 '환자'라고 부른다.

여러분이 공동묘지에 묻혀 영혼들과 함께 머무르기로 선택한 것은 필멸의 삶, 즉 영혼들이 '이전에 있던 곳'이라고 부르는 곳에서의 삶의 작은 조각들을 놓아주지 않았기 때문일 것이다. 공동묘지의 영혼들은 과거의 잘못에 대한 죄책감을 갖거나 이루지 못한 꿈에 대한 아쉬워하기도 하며, 지상에서 느낀 소소한 아름다움을 잊지 못하거나 다가올 미지의 세계에 대한 두려움을 느끼기도 한다.

이런 두려움은 당연한 것이다. 오크힐 묘지에 묻힌 한 교인은 자신이 다이아몬드로 만든 거대한 홀에서 심판을 받는 환영을 보기도 했다. 그곳에서는 그리스도의 사신이 연회 테이블에 앉아 있었고, 금색 스탠드 위에 뾰족한 토파즈 조각이 불을 밝히고 있었다. 빛나는 빛의 존재들이 그의 이마에 손을 대고 물었다. "어떻게 살았느냐? 진실하게 말하라." 그들은 보석으로 장식된 거울과 저울로 영혼이 가진 마음의 무게를 재는 방법으로 판결을 내렸다. 순결한 자들은 흰 비단 천막에서 주님과 함께 잔치를 벌일 수 있었고, 유죄 판결을 받은 자들은 사람의 살로 만든 누각에 들어갔으며, 저주받은 자들은 끔찍한 짐승과 그 짐승의 무시무시한 호위병들에게 피부가 벗겨졌다. 이 광경을 본 교인은 두려움에 떨며 심판대에서 도망쳐 아늑한 공동묘지에 머무는 것으로 만족하기로 했다.

이곳에서 영혼들의 형태는 지상에서 가졌던 애착을 반영해 변화한다. 사랑하는 자녀가 그리운 영혼은 자녀의 모습과 비슷하게 변해 묘지에서 떠다니게 된다. 지상에서 재산을 많이 소유했던 영혼은 엎드린 몸이 나침판 바늘 모양으로 변해 회전하면서 생전에 가졌던 건물이나 땅을 가리키게 된다. 외상을 입거나 사망한 영혼은 상처를 입은 모습으로 변한다. 성관계를 하다 죽은 영혼이 어떻게 모습이 변화할지는 상상에 맡기겠다.

썩어가는 시신과 함께 관 속에서 하루 종일 지내다가 밤에만 모습을 드러내는 것은 매우 지루한 일상이다. 아무도 자신을 만져주지 않기 때문에 외롭고, 새로운 곳에 갈 수 없기 때문에 매우 따분하다. 가끔 작은 먼지 폭풍을 일으키거나 동물에게 겁을 주는 것이 영혼들이 할 수 있는 전부일 정도로 영혼이 세상과 소통하는 능력은 제한적이다. 그럼에도 불구하고 여러분은 스스로를 용감한 엘리트, 삶을 위한 투쟁을 포기하지 않은 현명한 소수의 사람으로 생각하게 될 것이다. 그리고 대다수의 죽은 자들이 결국은 살아나기 때문에 묘지에서 오래 머무를수록 더욱 희귀한 존재가 될 것이다.

가끔 따뜻한 바람이 묘지, 즉 '병원 마당'으로 들어오고, 꽃과 과일, 음식, 음료가 강물처럼 풀밭을 흐르는 좋은 냄새와 환상을 볼 때도 있을 것이다. 사랑하는 사람으로 위장한 빛의 존재들이 죽음에 대한 집착을 포기하도록 유혹할 것이므로 굳건히 저항해야 한다. 이 유혹에 굴복하는 자들은 죽은 자들이 '불타는 소리와 함께 피어오르는 물질의 빛'이라고 부르는 폭발적인 섬광과 함께 사라질 것이고, 영혼들이 입었던 옷들이 찢어져 공중에서 쏟아져 내릴 것이다. 또한, 남은 영혼들은 의지가 약해 사라진 영혼들을 조롱하게 될 것이다. 묘지에 남은 영혼들은 사라진 영혼의 무덤에 오줌을 갈기거나 똥을 싸는 흉내를 내면서 사라진 영혼을 비웃을 것이다.

하지만 이 영혼들도 언젠가는 다음 세상으로 가게 될 것이라는 사실을 잘 알고 있다. 다음 세상으로 가게 될 때 영혼은 유아기부터 노년기에 이르기까지 인생의 모든 단계를 떠올리게 될 것이다. 물론 모든 것을 다 떠올리지는 못한다. 영혼은 불길 속으로 사라지는 순간, 이 모든 것이 얼마나 어리석은 일이었는지 깨닫게 될 것이다. 영혼은 자신이 결코 진정한 자신의 모습으로 살지 못했고, 자신의 삶이 자신만의 삶이 아니었다는 것을 알게 될 것이다. 영혼들은 삶은 환상이었지만, 이제 모든 것이 현실이며, 모든 것이 가능하며, 모든 것이 아름답다는 것을 알게 될 것이다. 시간은 천천히 흐르다 멈출 것이고, 영혼은 그렇게 멈춘 한순간에 영원히 머무르게 될 것이다.

The Empyrean

전진하라, 주님의 병사들이여

가장 높은 하늘

『실낙원』

존 밀턴John Miltron은 1667년에 쓴 서사시 『실낙원Paradise Lost』에서 천국에 대한 이야기와 지옥에 대한 이야기를 거의 같은 양으로 다뤘다. 이는 신학적으로는 문제가 없지만 문학적으로는 분명 문제가 있다. 사탄은 끔찍한 롤 모델이지만 신보다는 훨씬 더 흥미로운 캐릭터이기 때문이다. 게다가 밀턴이 『실낙원』에서 다룬 '최고천Empyrean Heaven', 즉 최고의 하늘에 관한 이야기는 화산의 연기로 가득 찬 지옥에 대한 이야기보다 훨씬 더 지루하다.

『실낙원』의 마지막 부분에서 대천사 미카엘은 하느님이 결국 사탄의 지옥을 날려버리고 『요한계시록』에 약속된 새 하늘과 땅을 일으켜 세울 것이라고 말한다. 아마도 밀턴이 묘사한 천국의 존재를 믿는다면 그곳으로 갈 수 있을 것이다. 하지만 『실낙원』에서 묘사된 천국은 사실 천국에 들어가기 위해 준비하는 곳일 수도 있다.

만약 정말 그렇다면 망자는 수정 벽으로 둘러싸인 성 앞에 도착해 마트에서처럼 자동으로 열리고 닫히는 황금색 경첩이 달린 문으로 들어가게 될 것이다. 이때 잠시 멈춰서 하늘의 '맑은 수정 같은' 풍경과 아래로 내려다보이는 지상 세계의 절경을 감상해보자. 그런 다음 방향을 돌려 별과 금가루로 포장된 넓은 길을 따라 천국으로 향하면 된다. 걷다 보면 그 길이 지상에서 보았던 밤하늘의 은하수라는 것을 알 수 있다.

수정처럼 맑은 하늘 아래에는 언덕, 구릉, 바위, 물, 숲이 펼쳐져 있다. 발아래 펼쳐진 잔디들은 천상의 보라색 장미가 점점이 박힌 녹색 '벽옥의 바다'다. 길은 두 개의 보좌가 있는 성스러운 언덕으로 이어진다. 이곳에서는 성부의 오른편에 앉아 있는 성자를 계신 아들을 볼 수 있지만, 성부는 황금빛 구름 속에 가려져 있을 것이다. 하느님의 영광이 너무 밝아서 세라핌seraphim(가장 높은 단계의 천사)조차 날개로 눈을 가릴 정도다. 하느님이 천둥의 목소리로 말할 때는 향기로운 향기가 천국을 가득 채우고, 진노할 때는 연기와 화염이 보좌를 휘감는다.

특히 가볼 만한 곳

천국에서 가장 멋지고 특이한 명소는 천국에서 가장 넓은 길에서 벗어난 곳에 있다. 시간이 나면, 번갈아서 지상을 방문하는 '낮'과 '밤'이 사는 동굴이나 의로운 자들이 그리스도의 이름으로 하느님에게 기도를 올리기 전에 향을 피우는 황금 제단에 들려보는 것도 권한다.

만약 이곳에서 천사가 된다면 최고천의 꽃들 위로 흐르는 호박색 개울인 생명의 샘과 행복의 강 주변에서 '기쁨의 교제'를 나누며 시간을 보내게 된다. 아담이 타락했을 때 에덴에서 옮겨온 아마란트amarant라는 꽃이 이곳에 심어져 있으며, 그 꽃을 황금 왕관에 엮어 장식하게 된다. 나팔이 울리면 천상의 합창을 들으면서 신의 보좌에 모이게 된다. 이곳에서는 황금빛 하프를 연주할 수 있는데, 하프가 마음에 들지 않는다면 오르간, 파이프, 덜시머dulcimer(거문고 비슷한 옛 현악기)처럼 '부드러운 화음'을 내는 악기를 선택할 수도 있다. 그 밖에도 수많은 무용수들이 천체의 조화로운 움직임을 반영한 신비로운 춤을 선보일 것이다. 이 무용수들은 성스러운 언덕을 돌며 찬송가에 맞춰 춤을 추기도 한다. 지정된 휴식 시간이 되면 기적처럼 연회가 펼쳐지고, 연회 테이블에는 천상의 과일과 금과 다이아몬드, 진주로 장식된 컵에 담긴 루비빛 꿀이 가득할 것이다. 이곳에서는 해가 질 때부터 밤새도록 평원의 누각에서 신을 찬양하도록 지정된 천사들을 제외하고는 밤에 모두 편안하게 잠을 잘 수 있다.

하지만 천국이 전쟁에 돌입하면 이 평온한 분위기는 순식간에 바뀔 수 있다. 전쟁이 시작되면 하늘의 군대가 천사의 계급에 따라 정교하게 편성된다. 천사는 치천사, 지천사, 좌천사, 주천사, 역천사, 능천사, 권천사, 대천사, 천사로 나뉜다. 이때 수백만 개의 깃발이 신의 왕좌를 둘러싸게 되며, 각 깃발에는 깃발을 든 천사들이 행한 '열심과 사랑'의 위대한 업적이 새겨져 있다. 천국 근처에 있는 두 개의 놋쇠 산은 하느님이 천국의 병기인 병거兵車와 불타는 군마들을 보관하는 곳이다. 사탄의 반란에 대한 기억 때문에 천국은 항상 전쟁 준비를 하고 있다.

The Five Lessons

전형적인 천국의 모습

다섯 가지 교훈

『천국에서 만난 다섯 사람』

2003년, 디트로이트 출신의 스포츠 기자 미치 앨봄Mitch Albom은 처음 발표한 소설 『모리와 함께한 화요일Tuesdays with Morrie』이 1400만 부나 팔리자 자신감을 얻어 사후 세계에서 실제로 어떤 일이 벌어지는지 보여주는 소설을 쓰겠다고 결심했다. 그 결과물인 소설 『천국에서 만난 다섯 사람The Five People You Meet in Heaven』은 거의 2년간 베스트셀러 목록에 머물렀고, 존 보이트Jon Vight 주연의 TV 영화로도 제작됐다.

앨봄은 '위로가 없는 풍경은 무의미하다'라고 생각하기 때문에 그가 묘사하는 천국은 구름 위를 어슬렁거리며 시간을 낭비하는 천국의 모습과는 거리가 멀다. 앨봄이 그리는 천국은 마침내 자신의 삶을 이해함으로써 평화를 사람들의 천국이다. 그렇다면 그런 천국에 가려면 어떻게 살아야 할까? 천국에 대한 앨봄의 이 새로운 이야기는 천국의 각각 다른 '구역'에 살고 있는 다섯 사람에게서 각각 한 가지씩의 교훈을 얻는 이야기다.

이 이야기에 따르면, 죽음 후에는 선명한 청록색부터 솜사탕 같은 분홍색까지 다양한 색으로 변화하는 하늘을 떠다니는 자신을 발견하게 될 것이다. 곧이어 무지갯빛 바닷물이 소용돌이치고 멀리 황금빛 해변의 모래사장이 보일 것이다. 당신을 환영하는 천국의 파도도 보일 것이다.

천국의 다섯 구역에서 배우는 구체적인 교훈은 여러분이 만나는 다섯 사람으로부터 얻게 된다. 이 다섯 구역 중 일부는 여러분의 삶에서 친숙한 장소를 재현할 수도 있고, 그렇지 않은 곳도 있을 것이다. 천국에 처음 도착했을 때는 말을 할 수 없지만, 시간이 지나면 서서히 다시 말을 할 수 있게 될 것이다. 몸도 젊음을 되찾게 되지만 그 젊음도 곧 사라질 것이다. 다섯 가지 수업이 진행됨에 따라 여러분의 삶과 나이도 좋은 쪽으로 변화하게 될 것이다.

왜 그렇게 되는 것일까? 천국에서는 우리가 알고 있는 시간이 존재하지 않기 때문이다. 천국에 도착하면 여러분은 1분, 하루, 만 년 동안 죽은 상태를 유지할 것이다. 다섯 번의 수업 중 일부는 짧은 대화처럼 느껴질 수도 있고, 일부는 몇 주 동안 계속될 것 같은 사랑하는 사람과의 즐거운 재회일 수도 있다.

앨봄은 놀이공원 관리인으로 일하다 세상을 떠난 자신의 삼촌 에디를 모티브로 삼았다. 천국에서 에디는 어린 시절 자신을 괴롭혔던 이상한 사람, 군대 시절의 중대장, 자신을 학대하던 아버지를 다시 만나게 만든 식당 웨이트리스, 죽은 아내, 제2차세계대전 중 부대에서 전사한 필리핀 소녀를 만난다. 이 책은 '용서는 중요하다', '당신은 당신이 아는 것보다 더 많은 선행을 베풀었다' 같은 작은 깨달음을 제공하면서 인생의 수수께끼를 푸는 데 도움을 주는 책은 아니다. 예를 들어, 이 책에서는 주인공 에디에게 어떤 종교가 옳은 종교인지, 아멜리아 이어하트에게 과거에 무슨 일이 일어났는지 알려주는 사람은 아무도 없다.

여러분이 얻는 교훈은 우리 모두가 연결되어 있으며, 모든 사람의 이야기는 하나의 큰 이야기의 일부라는 천국의 '비밀'을 전달하는 교훈이다. 이 교훈을 얻게 되면 당신은 당신은 천국으로 날아오르며 하느님의 음성을 듣게 될 것이고, 전지전능한 그분은 모두에게 각자의 일을 맡길 것이다. 그 일을 마친 사람은 자신만의 천국으로 향할 것이며 새로 천국에 온 사람들에 자신의 이야기를 들려줄 수 있을 것이다.

Half-Life | 사후 세계로 인도하는 스프레이

반감기

『유빅』

필립 K. 딕Philip K. Dick의 SF소설들은 대부분 기술의 미래와 인간 의식의 내적 신비를 탐구한 작품들이다. 하지만 1969년에 발표한 그의 대표작 중 하나인 『유빅Ubik』은 사후 세계로 가는 방법도 다루고 있다.

『유빅』은 당시로서는 먼 미래였던 1992년을 배경으로 한다. 이 소설에서의 1992년은 그런지 음악과 맬컴 엑스 모자가 유행한 시대가 아니라 모든 사람들이 심령현상에 열광하는 시대다. 이 시대는 예지능력과 텔레파시 능력을 비롯해 상상할 수 있는 모든 초자연적 능력을 가진 사람들이 사는 세상이며, 이 능력들의 대부분이 기업들 사이의 전쟁에서 악용되는 시대다. 부유층은 '아티포그artifog'(이식된 인공장기) 덕분에 수명이 연장된다. 또한 이 시대는 죽음이 모든 것의 끝이 아닌 시대다.

『유빅』에서 1992년 북미 연방에 거주하는 부유층 사람들은 사망 시 시신을 '반감기' 모라토리엄으로 보내도록 선택할 수 있으며, 이 모라토리엄에서 시신은 고인은 '콜드팩cold-pac'이라는 뿌연 유리관 안에 보관된다. 이 과정에서 고인은 시신의 두뇌 활동에 맞춰 조정된 '프로토페이슨 증폭기'를 사용해 사후 일정 시간 동안 사랑하는 사람들과 소통할 수 있다. 가족은 상담 라운지로 고인을 방문해 마이크와 이어폰을 통해 부활한 고인과 대화를 나눌 수 있다. 면회는 한 번에 그칠 수도 있고, 몇 백 년에 걸쳐 나눠서 할 수도 있다.

방문객들과 대화를 하기 위해 부활하지 않을 때의 반감기 안에 있는 고인들은 어떻게 지낼까? 고인들은 다음 상담 시간이 될 때까지 계속 꿈을 꾸기 때문에 시간의 흐름을 알 수 없다. 처음에는 살아있을 때처럼 중력을 느끼고, 생전의 몸을 느낄 수 있지만, 시간이 지나면 이런 감각은 완전히 사라진다. 면회 시간에는 일종의 심령 삼투현상을 통해 유리관 안에 있는 고인의 꿈과 방문자의 꿈이 섞이며, 이렇게 꿈이 섞여 만들어지는 가상 세계에서 산 자와 죽은 자가 소통할 수 있다.

『유빅』의 이야기 대부분은 등장인물들이 달에서 폭탄 사고를 당해 사망한 뒤 반감기 장치 안에서 하게 되는 경험을 다루고 있다. 자신이 치명적인 사고나 질병에서 살아남았다고 생각한다면, 먼저 자신이 실제로 죽어서 반감기 장치 안에서 냉동보관되고 있는 것은 아닌지 생각해 보아야 한다. 항상 추위를 느끼거나, 전화에서 이상한 목소리가 들리거나, 주변 환경이 조금씩 무너지면서 과거로 점점 빠져들고 있다면 의심을 해 봐야 한다.

반감기 장치 안에서 하게 된 마지막 경험은 가장 충격적인 것이 될 것이다. 갑자기 주머니 속 동전이 골동품 동전으로 변하게 될 것이기 때문이다. 냉장고에 있는 식료품은 모두 상할 것이고, 책은 모두 헌 책이 될 것이다. 주변의 사물들은 플라톤이 말한 '순수한 형태'에서 다른 형태로 변하게 될 것이다. TV가 갑자기 라디오로 바뀔 수도 있다.

반감기 장치 안에서 정신 집중을 한다면 커피가 상하지 않게 만들거나 최신 오디오 시스템이 골동품으로 바뀌지 않도록 시간의 흐름을 조절할 수 있다. 하지만 이는 일시적인 현상일 뿐이다. 엔트로피가 증가할 것이기 때문이다. 또한 반감기 장치에서는 아래로 끌어당기는 바다의 힘, 사람들로부터 벗어나 기지개를 펴고 싶은 충동도 느낄 것이다. 하지만 이런 충동에 굴복해선 안 된다. 다음날 아침 반감기가 지난 동료들이 미라가 된 당신의 시신을 발견할 것이기 때문이다.

이런 가상 노화가 가속되는 것은 실제로 한 명 이상의 모라토리엄 이웃이 자신의 두뇌 활동을 조금 더 오래 지속시키기 위해 당신의 생명 에너지를 흡수했기 때문이다. 이런 상황에서 필요한 것이 바로 새로 개발된 유빅이다. 유빅은 지시대로만 사용하면 안전하며, 당신에게 활기를 불어넣을 것이다.

유빅은 커다란 황금색 글씨가 쓰인 에어로졸 캔이다. 유빅을 뿌리면 빠르게 움직이는 금속 조각들로 가득 찬 반짝이는 증기가 즉각적인 지원을 제공해 여러분이 구축한 세계가 무너지지 않도록 만들어준다. 당신이 잠들어 있는 반감기 장치 옆에 있는 반감기 장치들에는 당신의 친구와 적군이 모두 잠들어있다. 당신의 적들은 당신의 프로토페이슨 증폭기를 무력화하는 방법을 알고 있다. 유빅은 엔트로피와 반대되는 개념이다. 유빅의 목적은 창조이기 때문이다. 또한 유빅은 "나는 유빅이다. 나는 우주가 존재하기 전부터 존재했다"라고 말하는 신이기도 하다.

하지만 유빅 한 캔으로는 영구적인 효과를 볼 수 없다. 망자는 꿈을 오래 꿀수록 다른 시간, 다른 정체성을 더 많이 꿈꾸게 될 것이다. 이는 반감기의 시간이 끝나가고 있다는 신호다. 도한 망자는 어둠 속에서 주변을 비추는 빛, 영혼이 환생할 수 있는 다른 자궁을 보게 될 것이다. 티트의 바르도에서와 마찬가지로 연기가 자욱한 붉은색이 아닌 밝은 분홍색을 찾아야 한다. 그래야 다음 생이 현재의 음침한 반감기에서의 생보다 더 나아질 것이이다.

The Inbetween

산 사람들 관찰하기

천국과 지상 그 사이 어딘가

『러블리 본즈』

앨리스 세볼드Alice Sebold의 2002년 베스트셀러 『러블리 본즈Lovely Bones』에는 〈선셋 대로Sunset Boulevard〉, 〈아메리칸 뷰티American Beauty〉 같은 영화처럼 죽은 사람이 화자로 등장한다. 열네 살 소녀 수지 새먼은 이웃에 의해 끔찍하게 살해당한 뒤 천국에서 지상의 삶을 지켜본다. 누구라도 천국에 간다면 지상의 삶을 지켜보고 싶을 것이다.

수지가 '넓고 넓은 천국'이라고 말한 천국은 단순한 욕망을 포함해 망자의 모든 욕망이 충족되는 곳이다. 수지의 천국에서는 살면서 동경했던 아기자기한 집, 계절에 상관없이 좋아하는 맛을 즐길 수 있는 아이스크림 가게, '노바스코샤, 탕헤르, 티베트로의 여행' 등 여러분이 꿈꿔왔던 것은 뭐든지 가질 수 있다. 이 천국에서는 이유만 합당하다면 하지 못할 일이 없다. 수지는 너무 어렸을 때 죽었기 때문에 그녀의 사후 세계는 전형적인 1960년대 미국 고등학교의 운동장과 낮은 청록색과 주황색 건물이다. 하지만 이 천국의 학교에 교사는 없다. 당연히 교사가 없어야 천국 아닐까? 이곳에 도착하면 천국을 안내해 줄 조력자가 배정된다. 교정에서 길을 따라가다 보면 새로운 목적지로 가는 길이 나타난다. 그곳에 가면 죽은 친척과 즐거운 재회를 하거나 함께 어울릴 친구를 만날 수도 있다. 이 천국은 원하는 만큼 많은 사람들과 사귈 수 있다. 천국에 대한 여러분의 생각이 다른 사람들의 생각과 겹칠 때마다 다른 사람들을 만나게 된다. 하지만 그렇게 만나게 되는 사람들은 죽음에 집착하는 사람들일 수도 있으니 조심해야 한다. 이 천국에서는 '살인을 저지르고 처벌을 받지 않는 법'이라는 이름의 오락실 게임이 인기 있는 게임 중 하나다.

이런 게임이 인기가 있는 것은 수많은 망자들이 하늘과 땅이 만나는 지평선 부근의 '푸르고 푸른 중간지대'에서 지루하게 시간을 보내기 때문일 것이다. 이곳에서는 고층빌딩 꼭대기에서처럼 개미처럼 바쁘게 움직이는 사람들을 내려다보거나, 그 사람들 사이에 자신이 있다고 상상해 볼 수도 있다.

유용한 여행 정보

위에서 내려다 볼 때 가장 흥미로운 지상의 광경은 병원이나 양로원의 지붕에서 보는 광경이다. 그런 곳에서는 죽은 자의 영혼이 반딧불이나 눈송이처럼 위로 떠오르며 회전하는 모습을 볼 수 있다.

이곳에서는 생전에 알고 지냈던 사람들을 더 자주 지켜보게 될 것이다. 살아 있는 사람이 내 이름을 부르면 짜릿한 스릴이 느껴지고, 누군가가 여러분의 죽음을 기억할 때는 슬픔이 밀려오기도 할 것이다. 주변에서 들리는 목소리는 다른 죽은 영혼들이 자신이 지켜보는 사랑하는 사람들에게 일방적으로 길게 말하는 소리다. 수지는 이 소리를 '그리움의 소음'이라고 부른다. 살아있는 사람들 중 몇몇은 천국에서 지켜보는 사람들에게 매우 큰 인기를 끌기도 한다. 천국에 그들의 팬클럽이 생길 정도다.

대부분의 경우 지상의 삶은 이미지로 다가오기 때문에 천국에서는 익숙한 옛 장소에 서 있는 자신을 상상해야 한다. 그러다 보면 답답할 수도 있다. 하지만 가끔은 산 사람들과 접촉할 수도 있다. 망자의 영혼이 옆을 지나갈 때 살아있는 사람은 떨리거나, 설명할 수 없는 바람을 느끼거나, 희미한 속삭임을 들을 수도 있다. 또한 망자의 영혼은 날씨에 영향을 미치거나 식물을 꽃 피우게 할 수도 있다. 중간지대에 있는 영혼은 힘을 주어 세게 밀면 살아 있는 생명체들을 흔들 수도 있고, 가만히 걸려 있는 끈이 흔들리게 할 수도 있으며, 베일로 얼굴을 가리고 산 사람들을 몰래 엿볼 수도 있다. 이럴 때 아이들은 '상상의 친구'를 봤다고 생각하겠지만, 예민한 어른들은 망자의 영혼이 가까이 있다는 것을 알아차릴 것이다.

아주 드문 일이기는 하지만, 죽은 영혼이 살아 있는 영혼과 잠시 자리를 바꾸는 경우도 있다. 수지는 죽은 뒤에 마법을 이용해 친구 루스의 몸에 들어가 고등학교 시절 짝사랑하던 남자와 만나게 된다. 그 사이 루스의 영혼은 천국으로 올라가 자신의 팬들과 즐거운 시간을 갖는다. 소설에서 이 부분은 너무 자세히 따지면서 읽지 않는 것이 좋다.

책 제목인 '러블리 본즈(사랑스러운 뼈들)'는 실제로 수지 새먼의 유골을 가리키는 것이 아니다(참고로 수지의 유골은 결국 발견되지 않는다). '러블리 본즈'는 수지 새먼의 부재로 인해 변화된 사람들 사이의 관계를 나타내는 말이다. 이 천국에서 진짜 사랑스러운 뼈는 살면서 만난 친구들을 뜻한다.

Inferno

"여기 들어오는 자 모든 희망을 버릴지어다." _ 지옥의 문

지옥

『신곡』

단테 알리기에리Dante Alighieri의 걸작인 『신곡The Commedia』은 사후 세계의 세 영역을 모두 여행하는 이야기를 담고 있지만, 대부분의 독자들은 끔찍한 지옥에 관한 이야기에만 집중한다. 이론상 지옥에는 세례를 받지 않은 전 세계 수억 명의 인간들이 있지만, 단테는 자신이 좋아하는 고대 문학의 등장인물들과 13세기 피렌체의 정적들이 다양한 인과응보의 벌을 받는 모습에 집중한다. 지옥의 가장 큰 장점은 지옥이 아홉 개의 거대한 원으로 구성되지만 여전히 작은 마을처럼 느껴진다는 데 있다.

단테가 묘사한 지옥은 말 그대로 구덩이로, 깔때기 모양의 심연이 좁

아지다가 바닥이 급격히 가팔라지면서 지구의 중심으로 이어지는 곳이다. 나선형 경로를 따라가면 아홉 개의 원으로 이뤄진 지옥을 모두 통과할 수 있다. 지옥의 각 영역에는 아리스토텔레스의 윤리 기준에 따라 깔끔하게 정리된 각기 다른 종류의 죄인들이 갇혀있다. 처음 다섯 개의 원은 자제력 부족의 죄를 처벌하는 지옥이다. 더 아래쪽 지옥들은 폭력, 사기 같은 더 심각한 죄를 처벌하는 곳이다.

거대한 문을 통과해 지옥에 도착하면(이 문에서는 그 유명한 '여기 들어오는 자 모든 희망을 버릴지어다'라는 문구를 반드시 읽기 바란다) 미노스Minos 왕 앞에서 자신의 죄를 고백하게 한다. 미노스 왕이 뱀 꼬리로 몸을 감싸는 모습을 주의 깊게 관찰해보자. 미노스 왕이 몇 겹으로 자신의 몸을 감싸는지 보면 앞으로 어떤 지옥에 가게 될지 짐작할 수 있기 때문이다.

볼 만한 것들

디스Dis의 도시 : 다섯 번째 지옥에서 탑에서 전투를 벌이다 횃불을 붙이면 플레기아스Phlegyas가 나타나 스틱스강 너머의 디스로 망자를 데려다 줄 것이다(『신곡』에 등장하는 다른 인물들처럼 플레기아스도 그리스신화에 나오는 왕이지만 아무도 그를 기억하거나 관심을 두지 않는다). 디스는 지옥에 있는 것과 비슷한 용광로 아래에서 빛을 발하는 첨탑이 장관을 이루는 도시다. 성벽을 지키는 메두사와 나머지 두 복수의 여신을 피하지 못하면 돌로 변할 수 있다. 도시는 전체가 광활하고 황량한 공동묘지이며, 안에 들어가면 열린 무덤들에서 불길이 뿜어져 나오는 놀라운 광경을 보게 될 것이다(디스는 이단자들이 영원히 불타는 여섯 번째 지옥이다).

중앙 호수 : 아래쪽으로 계속 내려가면 아홉 번째 지옥, 즉 가장 아래쪽에 있는 지옥에 닿게 된다. 우주의 중심은 최악의 죄인인 배신자들이 얼음 속에 갇혀 있는 얼어붙은 호수다. 이 호수를 감싸고 있는 세 영역에는 가족이나 나라, 손님을 배신한 자들이 갇혀있다. 이 세 영역 바로 바깥의 영역에는 군주를 배신한 자들이 갇혀 있으며, 이 영역에서 루시퍼는 얼음 속에서 거대한 몸통을 드러내고 있다. 이곳은 신이 루시퍼를 지옥으로 내쳤을 때 떨어진 곳이다. 루시퍼는 박쥐의 날개와 비슷한 여섯 개의 날개를 가지고 있는데, 이 날개들은 지옥을 얼어붙게 만든 냉기를 내뿜는다. 또한 루시퍼는 얼굴이 세 개인데, 각각의 얼굴은 빨간색, 노란색, 검은색을 띠고 있으며 입으로는 역사상 가장 위대한 반역자들을 씹어 먹고 있다. 그 반역자들의 이름은 브루투스Brutus와 카시우스Cassius* 그리고 유다 이스카리옷Judas Iscariot**이다.

* 율리우스 카이사르를 배신한 자들.

** 예수를 배신한 자.

꼭 둘러보아야 할 것들

폭력의 원 : 일곱 번째 지옥에서는 냄새에 익숙해지는 데 시간이 걸릴 것이기 때문에 천천히 내려가는 것이 좋다. 크레타의 미궁을 지키던 미노타우로스Minotaur가 이 일곱 번째 지옥을 지키는 모습도 놓쳐서는 안 된다. 이 지옥의 가장 안쪽 원에서는 다양한 종류의 살인자들이 피의 강인 플레게톤강에서 고통을 당하고 있다. 그 바깥쪽 원에는 자살의 나무가 있으며, 가장 바깥쪽 원에서는 신과 자연에 폭력을 행사한 자들, 즉 신성모독을 저지른 자들, 고리대금업자들, 남색을 행한 자들이 벌을 받고 있다. 이들은 불 조각이 눈처럼 내리는 모래 황무지에 누워 있거나, 웅크리고 있거나, 방황하며 더위를 피하려고 애쓰지만 아무 소용이 없다.

말레볼제Malebolge : 지옥의 여덟 번째 원인 말레볼제(악의 구덩이)는 열 개의 원이 하나로 합쳐진 곳으로, 높은 바위들에 의해 분리된 동심원 모양의 틈새에 각각 다른 종류의 죄인들이 갇혀 있다. 첫 번째 틈새에서는 채찍을 든 악마들이 간음한 자들과 포주들 주위를 빙빙 돌며 행진한다. 두 번째 틈새에서는 아부한 자들이 인간의 배설물 안에서 허우적거린다. 세 번째 틈새에는 탐욕스럽고 타락한 종교가들이 벌을 받고 있지만, 이들은 발밖에 보이지 않는다. 나머지 몸은 바위의 동그란 구멍에 처박혀 있기 때문이다. 네 번째 틈새에서는 고개를 뒤로 젖힌 점쟁이들이 흘리는 굵은 눈물이 그들의 엉덩이 틈으로 흘러내리는 것을 볼 수 있다. 이들은 이 상태로 느리게 어딘가로 행진을 계속하고 있다. 다섯 번째 틈새에서는 뇌물을 좋아하는 정치인들이 뜨거운 물에 삶아지고 있다. 이들은 그 상태에서 악마들로부터 갈고리 공격을 받거나 악마의 손톱에 찔리고 있다. 여섯 번째 틈새에서 위선적인 수도자들이, 일곱 번째 틈새에는 도둑들이, 여덟 번째 틈새에는 사악한 변호사들이 갇혀 있다. 이 변호사들은 각각 하나의 불꽃 안에서 고통을 당하고 있다. 아홉 번째 틈새에서는 불화의 씨를 뿌린 자들이 피 묻은 검을 든 악마에 의해 계속 몸이 잘려 나간다. 열 번째 틈새에는 곪고 병든 시체들이 가득 쌓여 있으며, 다양한 종류의 사기꾼들이 벌을 받고 있다. 이곳에서는 돌팔이 연금술사는 문둥병자가 되고, 사기꾼은 광인이 되고, 위증한 자는 고열에 시달린다.

머물 곳

아래쪽에 있는 지옥들과 비교하면, 위쪽에 있는 지옥들은 그럭저럭 지낼 수 있는 곳이다.

첫 번째 원(지옥) : 첫 번째 지옥은 모든 지옥 중에서 가장 머물기 좋은 곳이지만, 그렇기 때문에 혼잡하고 예약이 빨리 마감된다. 첫 번째 지옥은 최고급 지옥이라고 할 수 있다. 이곳은 신을 믿지 않는 이교도였지만 고결한 삶을 살았던 모든 사람들에게는 연옥과도 같은 곳이다. 이곳의 영혼들은 푸른 초원에 있는 웅장한 성에서 서로 어울려 산다. 호메로스, 아리스토텔레스, 카이사르 같은 수많은 위대한 지도자와 사상가들이 이곳에서 지낸다. 이들은 모두 불행히도 예수 이전에 태어나 기독교인이 되지 못한 사람들이다.

두 번째 원 : 색욕은 별로 심각한 죄가 아닌 것 같다. 색욕이 넘쳤던 사람들은 첫 번째 지옥 바로 아래의 두 번째 지옥에 배정을 받기 때문이다. 음탕하기로 유명한 클레오파트라, 파리스, 트로이의 헬레네는 생전에 색욕에 시달렸듯이 이곳에서 거대한 폭풍우에 시달리고 있다.

세 번째 원 : 이곳은 진흙 비, 우박, 눈으로 뒤덮인 악취 나는 늪지다. 이곳에서 끔찍한 케르베로스가 살을 뜯어먹으려고 하면 그 개의 세 입에 흙을 한 줌씩 넣어 허기를 잠시 달래주어야 한다.

네 번째 원 : 부의 신 플루투스Plutus가 지배하는 이곳은 탐욕스러운 자들이 벌을 받는 곳이다(기독교의 지옥이 이교도 신화에 나오는 인물들로 가득 차 있어 좀 혼란스럽기는 하다). 수전노와 낭비하는 자들이 이곳에서 거대한 역기를 앞뒤로 밀며 서로에게 소리를 지르고 있다. 이들 중 대부분이 성직자다.

다섯 번째 원 : 악취가 진동하는 스틱스강의 수렁에서 분노에 찬 으르렁거림과 거품이 일어나는 곳이다. 이곳에서는 합법적으로 화를 낼 수 있다.

가는 방법

불타는 눈을 가진 주름진 노인 카론의 배를 타고 아케론강을 건너면 지옥으로 가게 된다. 각각의 지옥들은 길들로 잘 이어져 있지만, 그리스도가 십자가에 못 박혔을 때 일어난 대지진으로 인해 산사태와 잔해가 남아있다. 막다른 골목에 부딪히면 창의적으로 생각해야 할 수도 있다. 예를 들어, 일곱 번째 원에서 여덟 번째 원으로 내려가려면 전갈 꼬리를 달고 날아다니는 괴물 게리온Geryon의 어깨에 올라타는 방법을 이용할 수 있다. 게리온은 꽤 좋은 엘리베이터가 될 수 있다. 여덟 번째 지옥으로 내려갈 때는 베르길리우스Virgil가 그랬던 것처럼 경사를 타고 미끄러져 내려갈 수 있다. 이 때 현지인에게 안내를 부탁하지 않는 것이 좋다. 여덟 번째 지옥의 악마들을 이끄는 말라코다Malacoda는 틀린 길을 안내해 영혼들을 맨 아래쪽 지옥으로 떨어뜨리는 것을 좋아하기 때문이다.

현지인 정보

말라코다에게는 한 가지 놀라운 능력이 있다. 방귀로 팡파르 소리를 내 악마 부대를 소환하는 능력이다. 그의 괄약근 조절 능력에 감탄하지 않을 수 없다.

먹고 마시기

안타깝게도 지옥의 식사는 지옥의 영혼들을 위한 것이 아니다. 이 영혼들은 식사 메뉴에 올라가기 때문이다.

관문 : 지옥의 관문 바로 안쪽에 있는 안개가 자욱한 대기실에는 선과 악 중 어느 쪽도 선택하지 않은 사람들(심지어 천사들)의 영혼이 갇혀 있다. 소용돌이치는 깃발을 쫓아 빙글빙글 돌고 있는 이 시끄러운 무리는 말벌과 말벌 떼에 휩싸여 있다. 벌에 쏘여 흘리는 피와 눈물은 발밑에서 꿈틀거리는 벌레들의 먹이가 된다.

자살의 나무 : 일곱 번째 지옥에 있는 이 음산하고 가지들이 뒤엉킨 이 나무들은 언뜻 보면 외로워 보이지만, 사실 이 나무들은 자신에게 폭력을 가한 죄로 영원히 갇혀 있는 저주받은 자들이다. 이 나무들에는 하피들이 매달려 나뭇가지들을 먹어치우고 있다.

도둑들의 틈 : 여덟 번째 지옥에서 죄인들을 묶고 감싸는 뱀들이 가득하다. 뱀에게 물린 사람은 파충류로 변하며, 뱀은 자신이 문 사람의 모습으로 변한다. 죄인들은 이런 순환을 끊임없이 겪으면서 계속 고통받는다.

The Kingdom

마크 트웨인이 그린 천국

왕국

「스톰필드 선장의 천국 방문기」

「스톰필드 선장의 천국 방문기Extract from Captain Stormfield's Visit to Heaven」는 마크 트웨인Mark Twain이 죽기 전에 마지막으로 발표한 단편소설이다. 이 작품은 작가가 거의 40년 동안 수정해 온 장편 풍자소설에서 발췌한 것으로, 죽으면 지옥에 갈 줄 알았던 늙은 선장이 천국에 와 있는 자신을 발견하고 놀라는 이야기다. 이 작품은 작가가 사망한 뒤에도 수십 년 동안 출판되지 않았는데, 이는 작가의 아내 리비가 천국에 대한 묘사가 불경스럽다고 생각했기 때문이다.

생명이 끊긴 몸을 떠난 엘리아스 스톰필드Elias Stormfield 선장은 빛의 속도로 우주를 날아다니는 자신을 발견한다. 여러분이 이런 상황에 처하게 된다면 조심해야 한다. 우주를 날아다니는 다른 영혼들과 수다를 떨다 보면 지옥으로 유황을 퍼붓는 혜성들을 향해 질주하고 싶은 유혹에 빠질 수도 있기 때문이다. 스톰필드는 스릴 넘치는 우주 모험에 정신이 팔려 30년이라는 긴 시간을 우주에서 보냈고, 마침내 저승에 도착했을 때는 지구에서 몇 광년 떨어진 천국의 가장 바깥쪽 문 중 하나에 도착해 있었다. 천국의 문을 지키는 문지기들은 모두 스톰필드의 도착에 당황했다. 그곳에 이미 도착한 영혼들은 모두 머리가 일곱 개에 다리는 하나뿐인 하늘색 외계인들이었기 때문이다.

주의를 기울이면 우리 태양계에도 천국으로 들어가는 문을 발견할 수 있다. 이 문은 끝없이 높은 금빛 벽으로 둘러싸여 있으며 화려한 보석들로 장식돼 있다. 천국의 문 앞에서 줄을 서서 기다린 다음 차례가 오면 문지기에게 자신이 살던 행성의 이름을 말해야 한다. 문지기는 거대한 별 지도에 그려진 수십억 개의 행성 중에서 지구를 찾아낼 것이다. 스톰필드 선장처럼 잘못된 문에 도착했다면 빨간 '소원 카펫'을 이용해 천국의 올바른 위치로 이동할 수 있다. 올바른 문에 도착했다면 문지기는 당신에게 하프, 찬송가 책, 날개, 후광, 야자수 가지를 지급한 뒤 바로 천국으로 들여보낼 것이다.

트웨인이 묘사한 이 천국은 일반적으로 사람들이 생각하는 것과는 매우 다른 곳이다. 예를 들어, 이 천국의 구름 위에는 버려진 후광과 찬송가 책이 널려 있다. 새로 도착한 사람들이 곧 싫증을 내 던져버렸기 때문이다. 크고 깃털이 많은 날개는 실제로 날아다니기에는 너무 버겁고, 천상의 성가대에서 노래하는 것도 첫날이 지나면 지겨워진다. 결국 천국에 온 모든 사람은 직업을 선택해 생계를 유지하게 된다. 따라서 이 천국은 일을 하고, 고통과 아픔을 느끼는 천국이다. 작가는 이런 고통과 아픔이 없다면 행복도 느끼지 못할 것이라고 생각한다.

천국에서는 원하는 나이를 선택할 수 있다. 이곳에서 사람들은 처음에는 영원히 청년으로 살고 싶어 하지만, 놀랍게도 결국 모든 사람은 매우 많은 나이를 선택한다. 심지어, 젊어서 죽은 사람들도 마찬가지다. 노년의 조용한 생활과 이른 취침 시간이 젊음의 얄팍함과 자만심보다 더 낫다는 것을 곧 알게 되기 때문이다.

현지 지리 정보

이 천국은 지리적인 구성은 지구와 비슷하지만 넓이는 수십억 배나 더 넓다. 여러분이 백인이라면 천국의 북아메리카에 해당하는 지역에도 백인이 드물다는 사실에 놀랄 것이다. 스톰필드 선장도 알고 있듯이, 백인들이 지구를 지배하기 전에는 수천, 수만 년 동안 유색인종이 지구 곳곳을 채우고 있었기 때문에 천국에 백인이 적다고 해서 놀랄 필요는 없다.

트웨인이 '왕국'이라고 표현한 천국은 이름에서 알 수 있듯이, 민주주의 국가가 아니다. 이 천국에는 총독, 왕자, 대공 같은 왕족이나 귀족층부터 일반 대중에 이르기까지 수백 개의 계급이 존재한다. 따라서 이 천국에는 유명 인사들의 사생활을 폭로하는 신문들도 있으며, 평민들은 모세나 부처, 무함마드 같은 유명 인사들이 드물게 공개석상에 모습을 드러내는 순간을 보기 위해 수천 년을 기다리기도 한다.

또한 이 천국에는 위대한 종교적 스승들과 고귀한 선지자들을 비롯해 여러분이 들어본 적 없는 선지자들도 가득하다. 이곳은 조용히 남을 돕거나 자신만을 위해 위대한 예술 작품을 만든 익명의 평범한 사람들이 공자, 셰익스피어, 호메로스 같은 유명 인사들과 함께 보상을 받는 곳이기도 하다. 예를 들어, 호보켄의 겸손하고 성스러운 소시지 장인 리처드 더퍼 같은 사람은 자신이 천국에 가기에 충분하지 않다고 생각했지만 결국 천국으로 오게 됐고, 천국에서 자신을 환영하는 성대한 연회가 열리자 충격을 받기도 했다. 여러분도 즐거운 놀라움을 경험하게 될지도 모른다.

King's Cross | 천상의 철도

킹스크로스

『해리 포터』 시리즈

20세기 말, 런던의 킹스크로스 역은 해리와 친구들이 마법학교로 가는 '호그와트 익스프레스Hogwart Express'를 타는 마법의 철도 플랫폼을 찾는 『해리 포터』 팬들에게 인기 있는 장소가 됐다(마법사들은 순간 이동이 가능하지만 느리고 오래된 기관차도 좋아한다). 1999년에는 킹스크로스 역에 실제로 팬들을 위해 '마법의 카트' 사진 촬영 장소(그리고 결국 선물가게)가 생기기도 했다. 이제 우리도 킹스크로스 역에서 호그와트 익스프레스를 타고 마법의 세계로 떠나보자.

『해리 포터』 시리즈의 작가 J. K. 롤링J. K. Rowling은 해리 포터의 마법 세계를 매우 구체적으로 묘사하면서도 그 세계의 사후 세계에 대해서는 매우 조심스럽게 언급하고 있다. 호그와트성에서는 몇 미터만 걸어도 신음하는 머틀Moaning Myrtle이나 피브스Peeves 같은 유령과 마주칠 수 있지만, 이곳에서 유령은 별로 중요한 역할을 하지 않는다. 『해리 포터』의 마법 세계에서 유령은 지상에서 사라지지 않고 자신의 흔적을 희미하게 남기기로 선택한 매우 희귀한 마법사다. 그리핀도르Griffindor 기숙사의 '거의 머리가 없는 유령 닉Nearly Headless Nick'은 자신이 죽음의 세계를 두려워해 그곳으로 가지 못하고 지상에서 희미한 존재로 살아가고 있지만 자신의 결정을 후회한다고 말한다. 또한, 덤블도어Dumbledore의 방에 걸린, 죽은 호그와트 마법학교 교장들의 말하는 초상화들도 실제로 고인들의 영혼이 아니라 그냥 그들을 기념하는 장식에 불과하다.

마법부 9층에 있는 마법 구역인 51구역에서는 언스피커블Unspeakable이라고 불리는 비밀 요원들이 자연의 거대한 힘을 탐구하며 사후 세계를 오랫동안 연구하고 있다. 이들이 가장 위대한 미스터리를 연구하는 '죽음의 방Death Chamber'은 거대한 원형 극장인데, 그 한가운데에는 돌로 만든 아치가 있다. 이 아치에는 보이지 않는 바람에 펄럭이는 너덜너덜한 검은 커튼이 걸려 있는데, 이는 삶과 죽음 사이의 장막을 상징한다. 가만히 귀를 기울이면 그 너머에서 들려오는 매혹적인 목소리의 속삭임이 들릴지도 모른다(듣지 못할 수도 있다. 헤르미온느는 내면의 이성이나 죽음에 대한 직접적인 경험이 부족해서인지 그 목소리를 듣지 못했다). 하지만 아치를 통과하고 싶은 충동에 굴복해선 안 된다. 아치는 죽음의 세계로 들어가는 문이기 때문이다. 한번 아치를 통과한 사람은 다시는 돌아오지 못한다.

'부활의 돌Resurrection Sone'이라는 마법의 유물은 마법사 전설에 등장하는 죽음의 성물 중 하나다. 평범해 보이는 이 돌을 세 번 뒤집으면 죽은 자의 그림자를 되살릴 수 있다. 정말 사랑하는 사람의 영혼이라면 그렇게 만들고 싶을 것이다. 하지만 영혼이 슬프고 차가운 인간세계로 돌아오면 고통을 받는다. 해리 포터가 부모님인 시리우스 블랙Sirius Black과 리머스 루핀Remus Lupin을 잠시 되살렸을 때, 그들은 훨씬 어린 모습으로 나타나 보이지 않는 곳에서 해리 포터의 보호자 역할을 한다.

그날 밤 볼드모트Voldermot가 해리에게 죽음의 저주를 걸었을 때, 이 둘은 빛과 증기로 가득 찬 텅 빈 세계로 가게 된다. 이 사후 세계에 도착하면 원하는 방식으로 주변 환경을 구성할 수 있다. 해리는 사후 세계에 알몸으로 도착하지만, 옷을 입어야겠다고 생각하자 바로 마법사 가운이 나타난다. 주위에서는 수증기들이 서서히 합쳐져 킹스크로스 기차역의 황량한 모습을 만들어내고 있다. 이때, 고인이 된 알버스 덤블도어Albus Dumbledore가 나타나 이 연옥과 비슷한 곳은 기차역이기 때문에 기차를 타고 빠져나갈 수 있다고 설명한다. 하지만 볼드모트는 땅바닥에 웅크린 채 떨고 있는 기형적인 아이의 모습으로 이곳에 갇히게 된다. 볼드모트의 영혼이 이곳에서 꼼짝도 할 수 없게 된 것은 코가 없는 그가 삶을 너무 끔찍하게 살았기 때문이었다.

마법 세계의 킹스크로스 역은 '따뜻하고 가볍고 평화로운' 곳이며, 시간을 가늠하기 어렵다. 이곳에서 만나는 사람들은 모두 행복한 표정이며, 이들은 모두 이곳에서 오랫동안 지내고 싶어 한다. 해리가 이 모든 것이 머릿속에서 일어나는 일인지 묻자 덤블도어는 "물론 네 머릿속에서 일어나는 일이지, 해리. 하지만 그렇다고 해서 현실이 아닌 것은 아니야"라고 대답한다.

Mansoul | 우리가 '위즐'하는 방식

맨소울

『예루살렘』

우리는 길이, 너비, 높이의 세 가지 차원으로 이루어진 우주에 살고 있다. 하지만 이 세 가지 차원과 직각을 이루며 시각화할 수 없는 새로운 방향으로 바깥으로 뻗어 있는 네 번째 공간 차원이 존재한다면 어떨까? 그리고 그 새로운 차원이 사후 세계라면?

앨런 무어Aan Moore가 2016년에 발표한 대작 소설 『예루살렘Jerusalem』은 그가 평생을 지낸 영국 노샘프턴의 역사 수천 년을 다룬 작품이다. 하지만 그는 '제2구역Second Borough' 또는 '맨소울Mansoul'이라고 소설에서 지칭되는 영원한 사후 세계에 대한 묘사를 위해, 수십만 단어를 사용하기도 했다. 작가는 '제2구역'이 노샘프턴 바로 위에 존재한다고 말하지만, 소설을 읽다 보면 정확히 바로 위는 아닌 것 같다는 생각이 든다.

죽음의 순간에 '위층Upstairs'으로 향하면 천장을 향해 올라가는 느낌이 들며, 착시 현상을 일으키는 그림을 볼 때처럼 벽의 모서리들이 밖으로 튀어나오는 느낌을 받게 된다. 4차원 경첩(또는 '비뚤어진 문')을 통해 맨소울로 들어가면 죽은 친척들이 여러분을 맞이할 것이다. 하지만 그들과 대화하기가 어려울 수 있다. 4차원 언어는 지상에서는 볼 수 없는 조밀하게 짜인 의미 구조를 가지며, 문법적인 시제도 달라진다. 예를 들어 '위즐wizzle' 같은 동사는 '있었다', '있다', '있을 것이다'를 모두 뜻한다.

맨소울에서는 모든 순간이 한꺼번에 일어나기 때문이다. 앨런 무어는 과거, 현재, 미래 등 모든 시간이 이미 존재하며, 이 시간들이 외부에서 볼 때 하나의 전체로 볼 수 있는 복잡한 고체의 일부라는 생각인 영원주의eternalism를 신봉한다. 따라서 필멸의 삶에서 깨어나면 1킬로미터에 걸쳐 양쪽 끝으로 펼쳐진 지붕이 달린 아케이드 안의 '숨결의 다락방Attics of Breath'에서 모든 것을 볼 수 있다. 이 다락방의 바닥은 격자들로 구성돼 있으며, 격자들 사이의 구멍으로 지상을 내려다볼 수 있다. 이 구멍들을 통해 보이는 각각의 광경은 만화 컷이나 영화의 스틸 컷처럼 한순간을 보여준다. 이 컷들의 다채로운 색상은 지상에 각각의 인간 영혼이 몇 초 동안 움직인 것을 표시한다. 같은 지역에서 다른 공간을 보려면 아케이드 내에서 다른 위치로 이동하면 된다. 같은 장소를 조금 더 일찍 또는 더 늦게 보려면 격자를 따라 위아래로 이동하면 된다. 이곳에서 길을 잃었다면 “서쪽은 미래, 동쪽은 과거. 모든 것은 머물면서 지속된다”라고 말하면 길을 찾을 수 있다. 사실 맨소울은 단순한 사후 세계가 아니라 전생의 세계와 사후 세계가 공존하는 곳이다.

이 아케이드의 모든 건물들은 지상의 바로 위쪽에 지어진 방사형으로 뒤죽박죽 지어져 있다. 이 건물들은 ‘2만 5,000번의 밤’(죽은 자들은 산 자의 삶의 기간을 이런 식으로 계산한다) 동안 꿈속에서 잠시 맨소울을 돌아다닐 수 있는 산 자의 꿈에서 만들어진 건물들이기 때문이다. 비둘기나 고양이도 ‘야곱의 사다리’라고 불리는 가파른 통로를 통해 맨소울로 갈 수 있다.

‘숨결의 다락방’에서는 시간 여행자가 되어 낮과 밤을 넘나드는 기분을 느낄 수 있다. 나무는 시간의 흐름에 따라 3차원의 외관이 4차원의 성장과 일치하는 유일한 물체이기 때문에 길을 걷다 보면 시간 속에서 거대한 나무가 솟아오를 수도 있다. 동쪽으로 충분히 멀리 과거로 걸어가면 바닥이 바위로 변할 것이다. 서쪽으로 미래로 향하면 아케이드에 있는 건물들이 인류를 이어 지구를 지배할 ‘털이 없는 이족보행 동물’, ‘광합성을 하는 거대한 뿔 달린 육지 고래’, ‘네 발 달린 게’, ‘나무만 한 문어’, ‘거대한 개미처럼 생긴 동물’의 모습으로 변하기 시작할 것이다. 이 길 끝에는 무시무시한 절벽이 있다. 이 절벽은 우주가 불타 모두 사라지는, 모든 것의 종말을 상징한다.

이곳은 노동계급의 천국이기도 하다. 맨소울은 앞치마를 두른 72명의 '천사들'이 관리하며, 이 천사들은 '작업장'이라고 불리며 대성당처럼 생긴 곳에서 우주를 관리한다. 이 천사들의 우두머리는 가브리엘(권위를 상징한다), 우리엘(엄격함을 상징한다), 미카엘(자비를 상징한다), 라파엘(새로움을 상징한다)이다. 이 네 천사는 끊임없이 '트릴리아즈trilliards'라는 당구 비슷한 게임을 하면서 우주를 형성하는 천체의 충돌과 인간의 삶을 형성하는 대인 관계도 관리한다. 이곳에서는 3차원 세계가 4차원의 기하학적 구조로 변화하며, 이 구조는 다시 5차원의 구조, 즉 신으로 변화한다.

피해야 할 것들

이곳에는 인간과 사물을 2차원 평면으로 축소시키는 존재들도 있으니 조심해야 한다. 그들은 우리가 익히 알고 있는 사탄인 벨리알(Belial), 바알세불(Beelzebub), 아스모데우스(Asmodeus) 같은 존재들이다. 그들은 몸부림치면서 맨소울의 바닥에 엎드려 있다.

죽은 자들 중 일부는 어떤 '영혼의 변비'에 시달리기도 한다. 이들은 지상을 떠나 계급이나 지위가 없는 곳으로 가는 것을 견디지 못하는 존재들이다. 불안해하면서 잠 못 이루는 이들은 '유령의 틈새'라는 곳에 살고 있다. 주변의 사물들이 모두 흰색으로 변하면서 움직일 때마다 깜빡인다면 여러분은 이 유령의 틈새에 있는 것이다.

현지 식사

유령의 틈새로 들어가기에 가장 좋은 시간은 몸이 으슬으슬할 때다. 그곳에 있는 동안 퍽(Puck)의 모자('미친 사과', '베드램-제니', '미네르바의 송로버섯'이라고도 불린다)라고 불리는 이상한 요정 과일을 먹을 수 있다. 이 과일들은 중독성이 강한 사후 세계의 간식거리다.

영원주의는 모든 일이 한 번에, 영광스러운 순간에 일어난다는 생각이다. 여러분의 인생은 이미 완성된 책이다. 그렇기 때문에 아무도 맨소울에 오래 머물지 않는다. 책을 다시 읽고 싶은 유혹이 너무 강하기 때문이다. 죽은 사람이 갓난아기 시절로 돌아가 자신의 삶을 수천 번 되풀이하는 것은 드문 일이 아니다. 우리가 살면서 가끔 기시감déjà vu이 드는 것은 전생의 기억을 떠올리는 과정이다. 새로운 삶을 살 때는 새로운 책을 읽을 때처럼 새로운 지식을 얻을 수 있다.

The Null 새로운 곤충 군주 환영하기

널

『리바이벌』

기독교에서 '보편주의'는 하나님이 모든 영혼을 구원한다는 믿음, 즉 모든 사람이 궁극적으로 천국에 간다는 믿음을 말한다. 스티븐 킹Steven King이 2014년에 발표한 소설 『리바이벌Revival』에는 이 보편주의의 변종에 대해 다루고 있는데, 그에 적당한 이름이 있는지는 잘 모르겠다. 모든 인간의 영혼이 궁극적으로 개미지옥 같은 곳으로 간다는 종말론을 뭐라고 부를 수 있을까?

『리바이벌』은 미국 메인Maine주의 한 음악가의 이야기로, 그의 삶은 어린 시절의 목사 찰리 제이콥스의Charlie Jacobs 삶과 계속 교차한다. 제이콥스는 모든 병을 치료할 수 있다고 자신이 믿는 강력한 '비밀의 전기secret electricity'에 집착하게 되고, 심지어 죽음까지도 치료할 수 있다고 믿게 된다. 책 말미에서 이 비밀의 전기는 죽음 너머에 무엇이 우리를 기다리고 있는지에 대해 보여주게 된다. 킹의 다른 소설들처럼 이 작품도 별로 유쾌한 소설은 아니다.

『리바이벌』에 따르면 죽음은 우리가 마음과 영혼을 제외한 모든 것을 남겨두고 다가서기 위해 움츠리는 작은 문이다. 죽음의 문은 회색 돌담에 붙은 죽은 담쟁이덩굴 뒤에 숨겨진 비밀의 문이다. 녹슨 자물쇠 구멍을 통해 흘러나오는 불길한 목소리는 죽음의 세계인 '널無, Null'에서 무엇이 기다리고 있는지 알려주는 첫 번째 단서다.

널은 여러분이 남은 영원을 보내게 될 공간으로, 이승의 어설프고 안락한 환상 뒤에 숨어 있는 진짜 존재다. 이곳은 폐허가 된 황량한 도시이며, 거대하고 울퉁불퉁한 현무암 덩어리들만 곳곳에 흩어져 있는 공간이다. 이곳에서 주위를 둘러보면 여러분이 아는 모든 사람들이 이곳에 있다는 것을 알 수 있다. 안타깝게도 이들은 모두 무시무시한 개미 군대의 위협 속에서 끝없이 폐허 속을 행진하고 있다. 이렇게 행진을 하다 비틀거리는 기둥을 만나면 경악을 금치 못할 것이다. 개미 군대의 대장은 어떤 때는 기어 다니고 어떤 때는 사람처럼 걷는다. 개미 군대 대장은 검은색과 짙은 붉은색을 띠고 있으며, 계속 이를 갈고 있다. 그의 눈은 무시무시하면서 똑똑해 보인다. 망자들은 넘어져도 피가 나지 않지만, 상처로 인해 끔찍한 고통을 당한다.

이곳에서 보이는 밤하늘의 별은 사실 별이 아니라 구멍이다. 이 구멍에서 나오는 빛은 하늘을 지배하는 힘, 즉 위대한 신이라고 불리는 사악한 고대의 신들의 힘을 보여준다. 망자들은 이곳에서 죽음도, 빛도, 휴식도 없이 영원히 이 신들을 섬기고 있기 때문에 언젠가는 이 위대한 신들을 만나게 된다. 이곳에서는 하늘이 종이 찢어지듯이 찢어져 인간의 눈에는 보이지 않는 광기 어린 빛과 색채를 드러낸다. 이곳에서 나타나는 것이 어머니라고 불리는 신이라면, 그녀는 가시 털을 가진 거대한 검은 팔다리를 가지고 있을 것이다. 그녀는 또한 비명을 지르는 인간의 얼굴을 하고 있으며 거대한 발톱을 가지고 있다.

이제 여러분은 이 폭군의 영원한 노예가 되어 거대한 개미 병사들에게 영원히 괴롭힘을 당해야 한다. 이제 행진할 준비를 해보자. 신이 모든 것을 보고 있다.

Pandemonium

"지옥에서 지배하는 것이 천국에서 봉사하는 것보다 낫다."

팬더모니엄

『실낙원』

밀턴의 『실낙원』은 사랑받는 고전을 조연 캐릭터의 관점에서 재구성한, 베스트셀러의 청사진이 된 작품이다. 밀턴은 성경을 사탄의 관점에서 본다면 어떨지 생각하면서 이 작품을 쓴 것으로 보인다.

『실낙원』은 모든 문학 작품 중에서 지옥에 대한 가장 생생하게 묘사한 작품이다. 천국에서 쫓겨난 사탄과 그의 추종자들은 지옥의 불타는 유황 호수에 쇠사슬로 묶여 있다. 지옥의 불은 영원히 타오르지만 결코 소멸되지 않으며, 불길은 빛이 아닌 어둠을 발산한다. 사탄과 악마들은 용암처럼 빛나는 이 끔찍한 지옥의 마른 땅으로 비틀거리며 올라오기도 한다. 공기는 더럽고 오염되어 있으며 홍수와 회오리치는 불의 바람이 지옥 전체를 휩쓸고 지나간다.

밀턴이 묘사한 지옥에는 죄인이라는 중요한 요소가 하나 빠져 있다. 『실낙원』의 배경이 되는 시기는 인간이 에덴에서 타락하기 전이라 아직 아무도 죽지 않고 지옥도 가지 않았기 때문이다. 하지만 그 점을 뺀다면 밀턴이 묘사한 이 지옥도 그 이후의 지옥과 크게 다르지는 않다. 지옥은 예전이나 지금이나 거의 비슷한 모양인 것 같다.

오늘날의 지옥이 과거의 지옥과 가장 크게 달라진 점은 접근이 더 쉬워졌다는 것이다. 하나님이 처음에 창조한 지옥은 어두운 공허로 둘러싸여 있었지만, 지금은 평평하고 넓은 길들이 사탄의 영역과 지상을 연결하고 있다(좋은 의도에서 비롯된 것은 아니지만, 이 길들은 돌로 잘 포장돼 있다). 원래 지옥은 사탄의 자손인 '죄'와 '죽음' 그리고 그 둘의 자손인 '지옥의 개' 무리가 지키고 있었다. '죄'는 뱀과 비슷한 형상을 한 아름다운 여인이고, '죽음'은 불화살로 무장하고 무시무시한 왕관을 악마다. 하지만 아담과 이브가 타락하자 '죄'와 '죽음'은 지옥을 떠나 에덴으로 향하는 높은 아치 다리를 다리를 타고 위로 올라가 세상을 혼란에 빠뜨렸다.

따라서 밀턴의 지옥에서는 입구를 아무도 지키지 않고 있다. 지옥의 문은 아홉 개 층, 즉 놋쇠로 된 층 세 개, 철로 된 층 세 개, 금강석으로 된 층 세 개로 구성돼 있다. 볼트와 철근으로 만들어진 복잡한 이 지옥문은 쉽게 열 수 있다. '죄'가 인간을 유혹하기 위해 지옥을 떠나면서 열쇠를 그대로 꽂아두고 갔기 때문이다.

망자가 거센 불길을 피하면서 이 지옥 안으로 들어가면 바위, 늪지, 굴 등으로 이뤄진 황량한 '죽음의 세계'를 보게 될 것이다. 이곳에 있는 네 개의 강 이름은 각각 증오, 슬픔, 울음, 분노다. 좀 더 가다 보면 레테의 강 속의 미궁을 끔찍하게 생긴 고르곤Gorgon이 지키고 있는 것을 볼 수 있다. 레테의 강은 생전의 기억을 잊게 해주는 망각의 강이지만, 망자는 이 고르곤 때문에 레테의 강에서도 기억을 지울 수 없게 돼 계속 고통에 시달린다. 레테의 강 너머에는 눈과 얼음으로 뒤덮인 땅이 있다. 죄인이 이 땅으로 들어간다면 더위와 추위에 번갈아 시달리며 고문을 받게 될 것이다.

지옥의 화산들은 지옥의 운하와 강에 금이 녹은 물을 쏟아 붓는다. 사탄의 부하들이 이곳에 처음 도착했을 때 그들은 이 금물을 이용해 도리스 양식의 기둥과 황금 장식품을 갖춘 거대한 신전을 지었는데, 이 신전은 바빌론 신전조차도 비교가 되지 않을 정도로 화려했다. 이 신전이 바로 지옥의 수도 '팬더모니엄pandemonium'이다. 팬더모니엄은 '모든 악마'라는 뜻이다.

역사를 좋아하는 사람들을 위한 정보

팬더모니엄은 천국에 있는 거대한 궁전을 설계한, 타락한 건축가 천사 멀시버(Mulciber)가 설계했으며 사탄의 부하 중 가장 탐욕스러운 맘몬(Mammon)이 건설을 제안했다. 지옥에서 가장 나쁜 자세로 허리를 구부리고 땅을 쳐다보면서 걷는 악마를 보게 된다면 그 악마가 바로 맘몬이다. 맘몬은 발밑에 있을지도 모르는 귀중품을 찾는 데 집착하는 악마다.

팬더모니엄 내부에는 사탄의 (실패한) 군사 작전을 상징하는, 보석으로 장식된 깃발들이 걸려 있으며 지옥의 나프타와 아스팔트를 연료로 사용하는 마법 램프들로 가득한 아치형 공간이 있다.

이곳에는 바알세불, 몰록Moloch, 벨리알을 비롯한 지옥의 왕자 수백만 명이 모이는 어두운 공간이 있다. 하지만 이 공간에 이들이 들어가려면 마법으로 몸의 크기를 줄여야 한다. 팬더모니엄은 좋은 자리를 차지하기 위해 벌처럼 윙윙거리는 악마들로 가득 차 있다.

플루토의 홀의 맨 끝에는 위풍당당한 캐노피 아래 사탄의 높은 왕좌가 있다. 지옥의 무시무시한 황제가 처음 이곳에 도착했을 때 그의 머리는 여전히 거짓 광채로 타오르고 있었지만, 에덴이 무너진 후 하나님은 지옥의 모든 병사들을 뿔 달린 뱀, 두 개의 머리를 가진 뱀, 반은 전갈 모습인 뱀 등 다양한 뱀 모양의 괴물로 변화시켰다. 사탄도 현재는 거대한 힘줄을 가진 용으로 변한 상태다. 이곳에서는 신이 지옥의 죄인들을 벌하기 위해 팬더모니엄 바깥에 만들어 놓은 나무에 이 악마들이 매달려 있는 것도 볼 수 있다. 이 나무는 에덴동산에서 사탄이 아담과 이브를 유혹할 때 사용했던 나무를 상징한다. 나라면 이 나무에서 열매를 따먹지 않을 것이다. 이 열매가 선악과라서가 아니라, 겉으로는 맛있어 보이지만 베어 물면 쓴 재의 맛이 나기 때문이다.

Paradiso

최고천

천국

『신곡』

단테의 『신곡』에서 묘사된 천국은 같은 작품에서 다룬 지옥처럼 아홉 겹으로 이뤄진다. 안타깝게도 천국의 모든 사람은 너무나 순수하고 선해서 이 아홉 개의 천국은 본질적으로 거의 비슷한 모습이다. 단테가 묘사한 천국은 빛과 노래가 가득한 곳이다.

천국으로 가는 영혼들은 지옥으로 내려가는 영혼들처럼 힘겹게 아래로 내려가지 않고, 석궁 화살처럼 빠르게 천국으로 올라간다(단테의 시대에는 상상할 수 있는 가장 빠른 물체가 석궁 화살이었을 것이다). 천국의 아홉 개 영역은 각각 하나하나가 천체의 모습을 하고 있으며, 더 높은 단계의 천국일수록 더 밝고 아름다운 천체의 모습을 띤다. 약간 의심스러워 보이는 이 우주론에 따르면, 이 천체들은 지구를 중심으로 회전하고 있다. 가장 낮은 단계인 첫 번째 천국은 서약을 완벽하게 지키지는 않았지만 의로운 사람들이 사는 곳이며, 짙은 진주색 구름으로 만들어진 달이다(이 사람들의 서약과 의로움의 불일치는 달 표면의 밝은 점과 어두운 점으로 상징된다). 이 천국의 바로 위에 있는 수성에서는 야심이 많았던 영혼들이 불꽃처럼 빛을 내면서 춤을 추고 있다(이들은 너무 큰 꿈을 꾸었기 때문에 가장 작은 행성을 갖게 됐다). 하지만 아무도 천국의 저렴한 숙박시설에 신경을 쓰지 않는다. 천국의 영혼들은 하나님의 뜻에 만족하면서 행복하게 살고 있다.

금성은 연인들의 천국이다. 금성에 사는 영혼들은 타오르는 횃불 같은 모습으로 우주를 돌아다닌다. 수성과 금성 바로 위에는 태양이 있기 때문에 이 두 곳의 영혼들은 왕관처럼 생긴 불꽃의 모습으로 태양에 살고 있는 위대한 신학자들과 즐거운 대화를 할 수도 있다. 단테의 천국 여행 이야기는 긴 신학적인 독백들로 가득 차 있다. 연옥과 예정론 같은 주제에 대한 현학적인 논쟁을 좋아한다면 이 천국이 가장 이상적인 곳이라고 할 수 있다.

유명 인사들 구경하기

성모 마리아나 12사도들과 같은 유명 인사들은 더 높은 단계의 천국에 있지만, 네 번째 단계의 천국에만 올라가도 의외로 많은 유명 인사들을 볼 수 있다. 특히 토마스 아퀴나스, 솔로몬 왕을 눈여겨보길 바란다.

다섯 번째 천국은 붉은 빛을 내는 화성이다. 화성에는 의로운 전사들의 영혼이 십자가 모양의 보석으로 빛나고 있다. 화성 위 목성에서는 콘스탄티누스 대제, 다윗 왕, 로마 황제 트라야누스 같은 정의로운 통치자들의 영혼을 만날 수 있다(단테는 일부 의로운 이교도들이 기독교로 개종하지 않았더라도 천국으로 향하도록 예정돼 있다고 생각했다). 이 영혼들은 목성의 은빛 표면에 금색으로 글자를 새기면서 위풍당당하게 행진한다. 이 영혼들은 때로는 거대한 독수리 모양으로 변신해 다른 영혼들에게 말을 걸기도 한다.

토성은 광활한 황금빛 결정체이자 명상의 영역으로, 축복받은 이들이 잠시 죄나 속상한 일에 대해 생각할 때는 찬양의 노래가 우레와 같은 울음소리에 의해 중단되기도 한다. 토성에서는 끝이 없는 사다리가 위로 이어지며, 영혼들은 가장 높은 두 개의 하늘로 올라간다. 여덟 번째 천국은 별들의 영역으로, 그리스도의 궁정에서 베드로, 야고보, 요한 같은 사도들이 칵테일파티를 즐기는 공간이다. 아홉 번째 천국은 신에 의해서만 움직이는 가장 바깥쪽 구체인 '프리멈 모빌Primum Mobile'이다. 이곳에서는 모든 천사들이 빛을 내며, 이 천사들은 신성한 본질 주위를 둘러싸는 불타는 고리의 형상을 이루고 있다.

지구를 중심으로 하는 우주의 바깥에는 순수한 빛과 사랑, 초월적인 기쁨으로 가득 찬 하나님의 마음인 최고천이 존재한다. 최고천은 처음에는 꽃이 만발한 둑 사이로 흐르는 빛의 강처럼 보일 수도 있다. 루비와 토파즈 꽃은 축복받은 자의 영혼을, 강에서 뿜어져 나오는 반짝임은 천사를 상징한다. 하지만 최고천을 자세히 살펴보면 얼굴이 하얀 장미의 꽃잎처럼 빛나는 의인들이 가득 찬 공간이라는 것을 알게 된다. 이 의인들은 여성과 남성으로 나눠져 있으며, 유대인과 기독교인으로도 나눠져 있다. 최고천의 아래 부분에는 신의 예정에 의해 구원받지 못한 어린이들, 즉 세례를 받지 못한 않은 어린이들로 가득 차 있다. 최고천의 가장 높은 보좌는 한쪽에는 세례 요한이, 다른 한쪽에는 성모 마리아가 자리하고 있다.

단테가 최고천의 빛을 응시하면서 마침내 신의 얼굴을 보았을 때, 그는 말을 할 수가 없었다. 그가 할 수 있었던 최선의 묘사는 신을 각각 다른 색을 띠지만 같은 공간을 차지하고 있는 세 개의 원에 비유하는 것이었다. 물론 신은 신비로운 존재이기 때문에 설명이 쉽지는 않지만, 단테의 말이 맞는다면 신은 에셔M.C. Escher의 판화나 1980년대의 희미한 컴퓨터그래픽과 매우 흡사한 모습을 하고 있을 것이다.

The Parish

삶과 죽음의 순환

전원마을

「제3의 경찰」

생전에 자전거를 열심히 탄 사람이라면 사후 세계에는 그 취미를 지속할 만한 공간이 별로 없다는 점을 아쉬워할 것이다. 하지만 자전거를 타고 다닐 수 있는 사후 세계를 상상한 작가가 있다. 아일랜드의 작가 브라이언 오놀런Brian O'Nolan이다. 다만, 그에 대해 읽으려면 루이스 캐럴Lewis Carrol, 프란츠 카프카Franz Kafka, 제임스 조이스James Joyce 같은 난해한 소설을 읽는 데 필요한 상상력이 있어야 한다.

오놀런이 쓴 단편 「제3의 경찰The Third Policeman」은 1939년에 플랜 오브라이언Flann O'Brian이라는 필명으로 쓴 작품이다. 이 작품은 1966년에 오놀런이 세상을 떠난 뒤에야 발표됐다. 「제3의 경찰」은 이웃을 살해해 돈을 빼앗은 다음 돈을 숨긴 뒤 시간이 지나서 그 돈을 다시 찾으려고 하는 남자의 이야기다. 이 남자는 이 과정에서 자신이 자전거에 집착하는 세 명의 경찰이 순찰하는 낯선 마을에 갑자기 도착하게 된다. 오놀런이 윌리엄 샤로얀William Sharoyan에게 보낸 편지에 따르면, 이 이야기의 마지막에서 주인공은 처음부터 자신이 내내 죽어 있었으며 자신에게 일어난 모든 끔찍한 일들이 지옥에서 벌어진 일이라는 것을 깨닫는다.

오놀런이 묘사한 이 사후 세계는 언뜻 보면 고요한 하늘 아래 고운 습지가 있고, 밭을 경작하는 농부들이 보이고, 양과 소가 평화롭게 풀을 뜯는 목가적인 아일랜드의 시골과 매우 흡사해 보인다. 이곳에서는 건초 냄새와 꿀벌의 윙윙거리는 소리를 즐길 수도 있다. 하지만 이 전원 마을은 지나치게 완벽한 공간일 수도 있다. 여러분이 기억하는 그 어떤 곳보다 푸른 들판과 상쾌한 공기, 그림처럼 아름답게 배열된 나무들이 있는 공간이니 말이다.

이 마을에 도착했을 때 아무것도 기억나지 않더라도 놀라선 안 된다. 시간이 지나면 자신의 이름에 대한 기억을 제외한 모든 기억이 돌아올 것이다. 또한 이곳에서는 새로운 삶으로 안내해줄 자신의 영혼의 목소리와 내면적으로 대화할 수도 있다.

이 마을은 주 의회에서 운영하지만, 여러분이 만날 수 있는 유일한 공무원은 마을 아래쪽에 사는 경찰관들뿐이다. 그들의 막사는 앞면과 뒷면이 한꺼번에 보이는 이상하고 비현실적인 모습을 평면의 모습을 하고 있다. 이 건물은 이승의 건물들이 가진 차원 중 한 차원이 빠져 있는 것이 분명하다. 이 세 명의 경찰관 중 플럭Pluck이라는 이름의 경찰관과 그의 부하인 맥크루스킨MacCruiskeen은 매우 진지하고 조심스럽지만 터무니없는 말을 하곤 한다. 예를 들어, 처리가 곤란한 사건이 생기면 '이 사건은 어려운 팬케이크야' 같이 알 수 없는 말을 하는 것이다.

플럭과 맥크루이스킨의 대화 대부분은 자전거, 자전거 액세서리, 자전거 관련 범죄에 관한 것이다. 그들은 정기적으로 시민들의 자전거와 관련된 '단서'를 숨겨 새로운 자전거 범죄에 대한 수사를 시작한다. 사실 이곳에서 자전거는 사람이나 마찬가지다. 기묘한 물리학적 효과로 인해 자전거의 영혼과 그 자전거를 타는 사람은 영혼은 항상 뒤섞여 있다. 몸의 반 이상이 자전거로 변한 마을 사람도 있는데, 그 사람은 벽에 기대 어색하게 걷거나 느리게 움직이면서 넘어지기도 한다.

이 마을의 경찰들은 우주를 구성하는 기본 에너지인 '옴니움omnium'이라는 물질에 사용하는 이상한 장치와 과학이론에 빠져 있다. 세 번째 경찰관의 이름은 폭스Fox인데, 이 경찰관은 다른 사람들의 집 벽에 사는 신비한 인물이다. 폭스는 4온스 정도의 옴니움을 모아두었는데, 이 옴니움을 비밀스럽게 이용해 마을 전체에서 신과 같은 힘을 발휘한다.

경찰서에 있는 작은 뒷방에 몸을 숨기고 위를 올려다보면, 천장의 갈라진 틈에 기묘한 장소로 이어지는 비밀통로가 표시된 지도를 발견할 수 있다. 지도를 따라 수풀 사이로 숨겨진 길을 따라가면 지하로 내려가는 철제 엘리베이터가 있는 낡고 이끼 낀 석조 교회에 도착하게 된다. 이 교회 안에는 작은 캐비닛들과 알 수 없는 이상한 기계들이 늘어선 철제 복도가 수 킬로미터에 걸쳐 이어져 있다. 이 교회 지하에 있는 동안에는 시간이 멈춘다. 시간이 멈추기 때문에 시계도 멈추고 수염도 자라지 않으며 배도 고파지지 않는다. 이곳의 기계로는 금, 바나나, 속옷 등 원하는 모든 물건을 만들 수 있으며, 심지어 사물을 너무 크게 확대하여 보이지 않게 하는 돋보기나 사람을 보라색 가루로 만드는 무기처럼 비현실적인 물건도 만들 수 있다.

기념품 쇼핑

경고: 이런 물건들은 집으로 가져가려고 하면 안 된다. 들어올 때보다 나갈 때 몸무게가 더 나가면 교회 안 엘리베이터 문이 덫처럼 몸을 조여 꼼짝 못하게 되기 때문이다.

이런 이상한 사후 세계로 가게 되는 데에는 그럴 만한 이유가 있을 것이다. 어쩌면 이런 사후 세계로 가는 것보다 사형선고를 받은 다음 지옥으로 간 다음 성난 영혼이 돼 지상으로 돌아오거나, 자전거 바퀴처럼 끝없이 순환하는 타임 루프에 갇히는 것이 더 나을 수도 있을 것이다. 하지만 사후 세계를 선택해서 갈 수는 없다는 게 문제이긴 하다.

Purgatorio

정화의 남쪽 바다

연옥

『신곡』

사후 세계를 믿는 신자들 대부분은 임종 때 어떤 고해를 해야 하는지 고민하게 된다. 평생 타락한 삶을 살다 죽기 직전에 잘못을 뉘우쳐도 천국에 갈 수 있을까? 단테의 『신곡』 연옥 편에 따르면 그 대답은 '그렇다'이다. 하지만 그렇다고 해도 천국에 가기 전에 모든 죄에 대한 대가는 치러야 한다. 『신곡』에 따르면 남쪽 바다 한가운데 있는 폴리네시아 제도의 거대한 산들보다 죄인의 정화에 좋은 곳은 없는 것 같다.

'구원받은' 죄인들은 아케론강을 건너 지옥으로 직행하는 대신 로마 근처의 테베레강 하구에서 정기적으로 출발하는 연옥행 고속 크루즈를 타게 된다(이탈리아 중부 근처에서 죽지 않으면 어떻게 될까? 단테는 그런 가능성은 생각하지 않았던 것 같다). 구원받은 죄인들은 뱃사공 천사의 날갯짓으로 움직이는 배를 타고 남반구의 연옥으로 가면서 찬송가를 부르게 될 것이다.

연옥 섬은 성스러운 도시 예루살렘의 반대편, 즉 팔레스타인에서 지구의 중심을 가로질러 반대편에 위치해 있다. 남태평양의 타히티에서 남쪽으로 약 1,600킬로미터 떨어진 곳이다. 연옥 섬의 중심에는 사탄이 천국에서 추방돼 떨어졌을 때 바다에서 바위가 위로 밀려 올라와 우뚝 솟은 산이 있다. 연옥 섬은 지구 반대편에 있는 지옥 구덩이처럼 끔찍한 곳이다. 이 섬에서 죄를 씻어내면 실제로 그리고 은유적으로 산의 경사면을 올라갈 수 있다.

산의 아래쪽 경사면은 '연옥의 전 단계'로, 연옥에서의 여정이 시작되는 곳이다. 너무 늦게 회개한 사람은 참회를 미룬 기간만큼 이곳에서 기다려야 하고, 파문당한 영혼은 교회에서 떠난 기간의 30배에 달하는 시간 동안 이곳에 머물러야 한다.

유용한 여행 정보

연옥에서 빨리 벗어나고 싶다면, 사랑하는 사람들이 중보기도로써 망자가 연옥에서 보내야 하는 시간을 단축시켜주기를 바라야 한다.

연옥에 있는 동안에 꼭 들러야 할 곳이 있다. 지상에서 아주 위대한 통치자는 못 됐지만 어느 정도 사람들을 잘 다스린 통치자들이 쉬고 있는 '군주들의 계곡'이다. 이곳은 꽃들이 만발해 있고 잔디가 풍성한 아름다운 계곡이다. 이 계곡은 연옥에서 비교적 덜 힘든 곳이며, 화이트칼라 범죄자들이 가는 곳이기도 하다.

다음 단계로 넘어갈 준비가 되었다면 연옥의 문으로 이어지는 흰색 대리석, 검은색 돌, 붉은 반암으로 이루어진 세 개의 계단을 올라가면 된다. 천사가 은색과 금색 열쇠로 문을 열어줄 수도 있지만, 칼로 이마에 '죄'를 뜻하는 '페카타peccata'의 'p'자를 최대 일곱 번까지 새기고 연옥에 들어갈 수도 있다. 이 유쾌한 현지 풍습을 즐겼다면 돌이 깔린 꼬불꼬불한 길을 따라 연옥으로 올라가보자.

연옥의 산에는 각각 폭이 4.5미터에서 6미터 정도인 일곱 개의 테라스가 있으며, 각각의 테라스는 산의 측면에 난 좁은 계단으로 연결돼 있다. 각각의 테라스는 연옥에서 씻김을 받는 일곱 가지 대죄 중 하나를 상징한다. 첫 번째 테라스에서는 건방지게 산 사람들이 거대한 돌에 짓눌려 기형적인 모습으로 변한 상태로 원을 그리며 걷고 있다. 이곳에서 고통을 참으면서 고개를 들어 올려다볼 수 있다면 성경과 고전에 나오는 위대한 사람들의 모습이 절벽 표면에 생생하게 새겨진 모습을 볼 수 있다(위를 올려다볼 수 없다면 발밑을 쳐다봐도 이와 비슷한 조각들이 새겨져 있는 것을 볼 수 있다. 이 조각들은 교만한 마음을 없애는 데 도움을 준다).

연옥에서는 한 층씩 올라갈 때마다 오르기가 더 쉬워진다. 각 층을 오를 때마다 천사의 날개가 이마에 난 상처를 지워줄 것이다. 두 번째 테라스에는 질투하면서 산 이들이 절벽을 바라보며 모여 있는데, 이들은 모두 흙색 수도복을 입고 있기 때문에 눈에 잘 보이지 않는다. 이들은 유혹을 막기 위해 눈꺼풀이 철사로 꿰매어져 있다. 세 번째 테라스에는 분노하면서 산 사람들이 짙고 매캐한 연기로 뒤덮여 있다. 네 번째 테라스에서는 게으르게 산 사람들이 빠른 속도로 여기저기로 뛰어다닌다. 이 사람들은 멈추고 싶어도 멈출 수가 없다. 그렇게 뛰다보면 건강이 상할 테지만 어쩔 수가 없다.

다섯 번째 테라스는 탐욕스러운 사람들이 엎드려 하루 종일 울며 기도하면서 탐욕을 깨끗하게 정화하는 곳이다. 이들은 인생에서 세속적인 것에 지나치게 집착했던 자들로, 이곳에서는 땅만 바라보고 있다. 여기서 바로 위층으로 올라가면 지나치게 음식을 밝혔던 게으른 사람들이 무리를 지어 달리는데, 이들은 달콤한 냄새가 나는 과일나무와 손이 닿지 않는 맑은 샘을 지나갈 때마다 배고픔과 갈증이 극에 달한다. 일곱 번째 테라스에는 색욕에 사로잡힌 이들이 거대한 화염에 둘러싸인 길을 따라 늘어서 있다. 이들은 서로에게 자신이 저지른 성적인 범죄행위가 무엇인지 크게 소리쳐 알린다. 동성애자들은 '소돔과 고모라!'라고 외치고, 이성애자들은 그리스신화에 나오는 여왕 파시파에Pasiphaë의 이름을 외쳐야 한다(파시파에의 죄는 사실 수간이었으니 좀 이상하긴 하다).

연옥의 불은 너무 뜨거워서 차라리 녹은 유리 속으로 뛰어들고 싶을 정도지만, 산 정상에 있는 지상낙원으로 이어지는 마지막 계단에 도달하려면 연옥의 불을 견뎌야 한다. 이 지상낙원은 인간이 타락하기 전에는 에덴동산이었다. 지상낙원은 노란색과 빨간색 야생화가 흩어져 있는 신성한 숲이다. 운이 좋다면 이 숲을 돌아다니는 신비로운 행렬을 엿볼 수 있을지도 모른다. 이 행렬은 일곱 개의 촛대가 앞장서 그 뒤에 무지개 빛깔의 흔적을 남긴다. 그다음에는 백합으로 장식된 스물네 명의 장로(구약성서를 상징), 네 마리의 하늘 짐승(복음서를 상징), 그리고 장미로 장식된 더 많은 노인(신약성서를 상징)이 등장한다. 또한 이 지상낙원의 중심부에서는 춤추는 요정들(미덕을 상징)에 둘러싸인 전차(그리스도를 상징)를 끌고 가는 그리핀griffin의 모습도 볼 수 있다.

시간 절약 팁

이 기묘한 퍼레이드에 참여한 사람들이 '법의 나무' 앞에서 멈춘 뒤에는 중세 교회의 역사를 상징하는 긴 퍼레이드가 펼쳐질 것이다. 이단이나 이교도에 별로 관심이 없다면 이 퍼레이드는 보지 않고 건너뛰어도 된다.

잔디밭 사이를 구불구불하게 흐르는 두 개의 맑은 강도 찾아보자. 하나는 죄의 기억을 지우는 레테강이고, 다른 하나는 선행의 기억을 회복시키는 에우노에Eunoë강이다. 둘 다 같은 샘에서 시작된 강이다. 이 강들의 물로 자신에게 세례를 베풀면서 물을 깊게 들이켜 보자. 영혼이 연옥에서 낙원으로 이동할 준비가 되면 다른 사람들도 다 알게 될 것이다. 연옥은 누군가가 낙원으로 올라갈 때마다 거대한 지진이 일어나 크게 흔들리기 때문이다. 이제 연옥 이야기는 그만해야겠다.

Riverworld | 수십억 명의 출연진

리버월드

『가라, 흩어진 너희 몸들로』

우리 위에 천국도, 우리 아래에 지옥도 없다고 상상해보자. 대신, 지금까지 살았던 모든 사람이 수천만 킬로미터에 이르는 강의 유역에서 어느 날 갑자기 한꺼번에 부활하는 상황을 상상해보자.

휴고상('SF계의 노벨상'으로 불리는 문학상) 수상 작가인 필립 호세 파머Philip José Farmer의 1971년 소설 『가라, 흩어진 너희 몸들로To Your Scattered Bodies』와 속편 4편은 이런 기이한 상황을 배경으로 전개된다.

부활의 날, 여러분은 스물다섯 살 정도의 몸으로 돌아가 '리버월드Riverworld'의 잔디밭에 누워있게 될 것이다. 이때 아무것도 입지 않은 상태의 몸에는 신생아처럼 전혀 털이 없지만 머리털과 눈썹 그리고 수염은 시간이 지나면 다시 자라게 될 것이다. 또한 여성들은 모두 처녀성을 '회복'하게 되고, 이유는 알 수 없지만, 남성들은 모두 할례를 받은 상태가 된다.

리버월드에서의 나이

20대 중반 이전에 사망한 사람들은 리버월드에서 그보다 어린 나이에 부활한다. '리버타드(Rivertad)'라고 불리는 이들은 스물다섯 살이 되면 노화가 멈추고, 그때부터 리버월드의 모든 사람은 영원히 같은 나이를 유지하게 된다.

이 리버월드에서는 36,006,000,637명에 달하는 인간들이 여러분과 함께 깨어나 사후 세계에 대한 자신들의 믿음이 모두 틀렸다는 사실에 충격을 받게 될 것이다. 광활한 행성인 리버월드에서 생전에 알던 사람을 만날 가능성은 극히 낮지만, BC 9만 7천년에서 AD 1983년 사이에 사망한 사람이라면 모두 리버월드 어딘가에 있을 것이다(1946년에서 1964년 사이에 태어난 베이비부머들과 그 이후의 세대들도 곧 리버월드로 오게 될 예정이다). 다만, 다섯 살 이전에 사망했거나 심각한 정신질환을 앓다 사망한 사람은 리버월드가 아닌 '가든월드Gardenworld'로 가게 된다.

리버월드를 가로지르는 강 '리버River'는 풀이 우거진 긴 계곡을 따라 굽이굽이 흐른다. 여러분이 잠에서 깬 잔디밭 옆에는 대나무 같은 흔한 식물과 덩굴 형태로 자라며 결코 파괴할 수 없는 '철 나무ironwood' 같은 낯선 식물이 자라는 낮은 산이 있다. '리버'에서 3킬로미터 정도 멀어지면 이 낮은 산은 거의 수직으로 솟아오른 수만 킬로미터 높이의 산으로 변한다. 밤의 별들은 기묘하고 밝은색의 성운 형태로 빛난다. 날씨는 대체로 맑고 따뜻하며 하루에 한 번 짧게 소나기가 폭풍우가 내린다(온대지방에서는 오후 중반, 열대지방에서는 늦은 밤에 소나기가 내린다). 이곳에서는 계절도 없고 곤충도 없으며, 생태계 유지에 필요한 벌레와 물고기 외에는 어떤 종류의 동물도 살지 않는다(이곳에서는 엄청난 수의 사람들이 살지만 사람의 똥이 가득 쌓여 문제가 되는 일도 없다).

이곳에서 부활한 사람('라자루스lazarus'라고 부른다)은 '성배Grail'라는 가벼운 금속 용기를 손목에 차고 다닌다. 부활한 사람들이 '리버'의 양쪽 강둑을 따라 늘어선 커다란 버섯 모양의 돌인 '그레일스톤Grailstone'에 파인 구멍에 성배를 끼워 넣으면, 그 안에서 음식이 채워진다. 그레일스톤은 하루에 세 번 전기를 방전하는데, 그때마다 성배에는 기적처럼 한 끼 분량의 음식이 가득 채워진다. 또한 성배는 천 조각이나 다른 재료들도 만들어낼 수 있으며, 부활한 사람들은 이 천이나 재료로 옷이나 빗, 화장품 같은 개인용품을 만들 수 있고, 담배, 술, 인스턴트커피, 마리화나도 만들어낼 수 있다(이 책이 1970년대에 쓰였다는 사실을 감안하면 다소 급진적이긴 하다).

현지 식사

성배가 만들어 내는 음식의 대부분은 부활한 사람이 생전에 먹던 것이다. 따라서 죽을 때는 이왕이면 베트남이나 포틀랜드처럼 좋은 음식이 있는 곳에서 죽는 것이 좋다. 또한 리버월드에서는 저녁식사와 함께 제공되는 껌을 조심해야 한다. 이 껌은 강력한 환각제인 '드림 껌'으로, 강렬한 영적, 성적 경험을 제공하기 때문이다. 특히 이 껌은 부활한 사람을 폭력적으로 만들 수도 있기 때문에 주의해야 한다.

리버월드에서 부활한 사람들의 약 3분의 2는 지구의 같은 시간과 장소에서 온 사람들이며, 소수는 다른 시대에서 온 사람들, 그리고 그보다 더 소수는 다른 시간과 장소에서 온 사람들이다. 따라서 이곳에서는 네안데르탈인, 스페인의 정복자, 중국의 농민, 고대 이집트의 상인, 1950년대 미국의 교외 거주자가 같은 장소에서 점심을 먹게 된다. 이러한 다양한 사람들이 모인 환경인 리버월드에서는 새로운 언어가 만들어질 것이고, 19세기에 실패한 인공 언어였던 에스페란토 같은 언어가 리버월드 전체에서 사용되게 될 것이다. 또한 이곳에서는 오래된 종교들이 모두 사라지고 새로운 종교가 등장할 것이다. 이 종교의 이름은 '두 번째 기회의 교회The Church of the Second Chance'이며, 리버월드가 인류의 윤리적 발전을 위해 임시로 세워진 국가라고 믿는 온화한 평화주의자들이 신도가 될 것이다.

리버월드에서는 '리버린 폴리네시안Riverine Polynesian'이라고 불리는 원시적인 형태의 정착지가 생겨나게 될 것이다. 또한 국가와 정부가 형성돼 많은 사람들이 서로 전쟁을 벌이게 될 것이다(지금까지 살았던 모든 군벌과 독재자들이 이곳에서도 권력을 공고하게 구축하게 될 것이다). 초기에는 죽은 사람들이 다음날 아침 리버 강가에서 부활하게 되지만, 이러한 '변환'은 그로부터 약 30년 후에 '부활 이후의 시기After Resurrection'가 오면서 모두 끝이 난다. 정복자가 되려는 자들이 서로를 죽이고 나면 강가의 삶은 훨씬 더 평화로워질 것이다.

리버는 리버월드의 북쪽에서 시작돼 수백만 킬로미터를 흐르다(강물의 흐름은 많은 곳에서 인공 중력의 도움을 받는다), 결국 안개가 자욱한 극지방의 바다로 흘러들어간다. 극지방의 바다에는 인류를 부활시킨 신비한 존재인 '에티컬들Ethicals'이 사는 거대한 탑이 숨겨져 있다.

어떻게 이렇게 많은 사람들이 한꺼번에 부활할 수 있을까? 물론 판타지 공상과학소설이니까 가능한 일이다. 이 소설의 설정에 따르면, 고대의 외계인들이 '와탄wathan'이라는 합성 에너지 장을 만들어내기 전까지는 우주의 어떤 생명체도 자신의 존재를 자각하지 못했다. 와탄은 지적 생명체에 '영혼'을 부여하는 역할을 한다. 고대의 외계인들과 그들의 후손은 거대한 기계를 이용해 와탄을 만들어낸 다음 형성 초기에 있는 행성들에 뿌렸다. 여러분이 자신에 대한 자각을 할 수 있는 것은 이 와탄 덕뿐이다. 당신이 죽어도 와탄은 당신의 기억과 의식을 간직하고 있다가 23세기에 리버월드라는 테라포밍terraforming된 외계 행성에서 새로 복제된 몸에 이식될 수 있다.

요약해보자. 리버월드의 세계에서는 신이 존재하지 않으며, 영혼은 인공적으로 합성된다. 하지만 리버월드를 설계한 에티컬들은 여러분의 도덕적, 영적 발전을 추적하기 위해 여러분 안에 있는 와탄을 감시하고 있다. 에티컬들은 평생 여러분의 삶을 관찰하며, 두 번째 삶을 훌륭하게 산 사람들에게 불멸의 능력을 부여한다. 인류의 약 40%는 지구, 즉 21세기에 중성자 폭탄 전쟁이 끝난 후 깨끗하게 청소된 미래의 지구로 돌아갈 수 있게 된다. 따라서 리버월드에 가더라도 그곳에 있는 다른 사람들에게 친절하게 대해야 한다. 당신의 이웃이 훈족의 아틸라 족장이든 마하트마 간디든 상관하지 말고 성배에서 나오는 음식을 같이 나눠 먹어야 할 것이다.

The Third Sphere

필멸의 순환에서 벗어나기

제3의 영역

『천국보다 아름다운』

SF소설가 리처드 매드슨Richard Matheson은 『나는 전설이다I Am Legend』, 『2만 피트 상공의 악몽Nightmare at 20,000 Feet』 같은 작품에서 좀비들의 땅, 악령들이 들끓는 비행기 객실 등을 생생하게 묘사해 20세기의 가장 뛰어난 판타지 소설가로 인정받고 있다. 하지만 그가 1978년에 발표한 작품인 『천국보다 아름다운What Dreams May Come』은 작가 자신의 말에 따르면 '오로지 연구를 통해 얻은 결과물'에 기초한 사후 세계 이야기다.

방송작가 크리스 닐슨Chris Nielsen의 죽음과 그 이후의 삶을 묘사한 이 이야기는 한 심령술사가 닐슨의 사촌에게 닐슨이 쓴 원고를 전달하면서 시작된다. 물론 이 이야기는 실제로 일어난 일은 아니다. 매드슨은 이 작품을 사실에 기초해 썼다고 말했지만, 닐슨이라는 사람이 실제로 죽은 것은 아니다. 평소 신지학에 심취해있던 매드슨은 초자연적 현상과 임사체험에 관한 1970년대의 책을 많이 읽었을 뿐이다.

『천국보다 아름다운』에서 작가는 '몸이 없어진 상태disincarnate'(이 책에서는 죽음을 이렇게 표현한다)가 되는 것은 어려운 전환과정을 거쳐야 하는 일이라고 말한다. 이 소설에 따르면 어떤 사람들은 아스트랄 자아가 마침내 육체와 에테르의 결합을 끊기 전에 삶과 죽음 사이의 어두운 경계 지대에서 몇 년 또는 몇 세기를 보내야 한다. '위로의 이동'을 위한 최선의 방법은 기억 속의 이상적인 장소를 시각화하는 것이다. 닐슨의 경우 캘리포니아 레드우드 숲의 평화로운 숲속을 상상했다.

망자는 그 순간 지구에서 바깥으로 뻗어나가는 일곱 개의 동심원 영역 중 하나인 '제3의 영역The Third Sphere'으로 가게 된다. 거기 사는 사람들은 그곳을 천국, 고향, 서머랜드 또는 '하베스트Harvest'(수확)라고 부른다. 지상에서의 삶의 결과를 거두는 곳이기 때문이다. 닐슨이 보기에 하베스트는 초여름의 뉴잉글랜드와 매우 흡사한 모습을 하고 있다. 이곳에서는 가이드(지상에서 내려온 수호천사)가 이곳저곳을 안내해 줄 것이다. 이곳에서는 햇빛이 비추지만 그림자는 없으며, 초원에는 잡초가 없다. 바다에도 파도가 없으며, 바닷물은 짠물이 아니라 맑은 담수이며, 밤은 어둡기는 하지만 편안한 분위기를 자아낸다. 따라서 이곳은 지상보다 조금 더 나은 환경이라고 할 수 있다. 로빈 윌리엄스Robin William 주연의 영화 〈천국보다 아름다운〉에서 주인공의 아내는 화가였기에 그녀가 보는 사후 세계는 찬란한 보석색 물감으로 그린 인상주의 그림 같은 세상이었다. 이곳에서는 주변의 모든 것이 영혼들에게 활력을 주는 빛을 내는 곳이다.

이곳에 도착하면 당신의 영혼은 다른 영혼들에게는 다채로운 빛을 내는 아우라에 휩싸인 존재로 보이겠지만, 당신 자신은 그 아우라를 보지 못할 것이다. 유물론자들의 아우라는 붉은 색일 것이고, 슬퍼하는 사람들의 아우라는 연한 노란색을 띨 것이다(영적인 깨달음을 얻은 사람의 아우라는 라벤더색일 것이다). 아우라의 색깔은 이곳에서 새롭게 입게 될 옷에도 영향을 미친다(이곳에서 영혼은 가운과 어깨띠의 모양으로 자신의 영적인 상태를 드러낸다). 이곳에서 갖게 될 몸의 나이는 자신이 원하는 대로 선택할 수 있지만, 대부분의 사람들은 25세 전후의 몸을 선호한다.

여행할 때 주의할 점

이곳에서 새로운 몸을 얻었다고 해서 너무 좋아해서는 안 된다. 이곳에서는 섹스를 하지 않기 때문에 결국 당신의 성기는 결국 아스트랄 몸에서 희미해져 사라질 것이기 때문이다. 그렇다고 너무 좌절할 필요는 없다. 아스트랄 몸은 음식을 먹을 필요가 없기 때문에 천상의 드림하우스에서는 부엌이나 욕실도 없다.

이곳에서는 새로운 텔레파시 능력과 망원경으로 다른 사람들의 환생을 확인할 수 있지만, 그들과 얼굴을 맞대고 소통하려면 하베스트의 우뚝 솟은 석고 도시로 가야한다. 이 도시는 영화에서는 맥스필드 패리시Maxfield Parrish가 '태양의 서커스'를 발견한 도시로 묘사되지만, 소설에서는 넓은 도로, 대리석 건물, 잔디밭, 분수대, 공연장이 있는 깨끗한 대도시로 그려진다. 이 도시에서는 기록실을 방문해 지상에서 사랑했던 사람들의 도착 날짜를 확인할 수 있으며, 문학의 전당에서는 과거의 실제 사건들이 실린 역사책들과 미래에 일어날 사건들이 실린 역사책들을 열람할 수 있다. 또한 음악의 전당에서는 베토벤의 '제11번 교향곡' 같은, 음악가가 사후에 쓴 작품을 감상할 수 있으며, 음악을 들으면서 주변의 건축물들이 그 음악에 맞춰 모습을 바꾸는 것을 볼 수도 있다.

제3의 영역 아래에는 지상의 망상에 사로잡혀 천국은 없다고 생각하는 사람들이 사는 어두운 영역이 있다. 이들 모두 언젠가는 부활하겠지만, 그중 일부는 수천 년 동안 고통을 겪을 것이다. 이 소설의 주인공 크리스 닐슨은 자신의 죽음에 좌절해 자살한 아내의 영혼을 구하기 위해 오르페우스 스타일로 이 에테르 세계로 내려간다. 하베스트의 경계를 지나 그의 발자취를 따라가다 보면 지옥은 지름이 수 킬로미터에 달하는 광활하고 어두운 분화구이며, 무분별하게 음식을 탐한 사람들과 폭도들이 가득 차 있는 것을 볼 수 있을 것이다. 지옥에서는 다리가 많은 생명체가 기어 다니며, 냄새나고 썩어가는 틈새를 통해 지옥의 구덩이 아래로 내려가면 파리로 뒤덮인 채 몸부림치는 해골 시체들을 만나게 될 것이다. 저주받은 자들은 스스로 형벌을 자초했다는 사실을 깨닫기 전까지는 연옥에 머물러야 한다. 하지만 다행히도 여러분은 더 높은 영역으로 탈출할 수 있다. 아치형 푸른 천장과 안락한 소파, 푹신한 양탄자가 있는 휴식의 전당에서 잠시 머무르며 모험의 피로를 푸는 것은 어떨까(이 소설이 1978년에 나왔다는 점을 감안해야 한다)?

제3의 영역에는 볼거리가 많지만 그곳은 중간 기착지에 불과하다. 영혼은 더 높은 영역에서 자신의 근원인 신과 재회하게 되기 때문이다. 하지만 신을 만나기 위해서는 지상에서 잘 살아야 하기 때문에 제3의 영역에 있는 대부분의 영혼들은 먼저 지상에서 다시 태어나는 것을 원한다. 또한 제3의 영역에서는 찬상의 컴퓨터가 새로 몸을 갖게 된 영혼들의 짝을 찾아주기도 한다. 또한 영혼들을 전담하는 '의사'도 있는데, 이 의사는 아스트랄계에서 영혼이 태어나는 일을 돕기도 한다. 만약 당신과 당신의 인생 파트너가 같은 주파수로 공명하는 아우라를 가지고 있다면, 두 영혼은 영원히 연결될 운명의 '소울메이트'일 수 있다. 지상에서의 관계 대부분은 아스트랄 차원까지 지속되지 않지만, 소울메이트들은 제3의 영역 안팎에서 서로를 다시 만나게 될 것이 분명하다.

The Time Bubble

빠져나올 수 없는 순간에 갇히다

시간 거품

『7번째 내가 죽던 날』

로런 올리버Lauren Oliver가 2010년에 발표해 베스트셀러가 된 소설 『7번째 내가 죽던 날Before I Fall』은 파티를 마치고 집으로 돌아오던 길에 교통사고로 사망한 코네티컷의 한 고등학교 3학년 학생 샘 킹스턴Sam Kingston의 사후 세계 이야기다. 사고 후에 집으로 잠을 자고 일어난 샘은 2월 12일, 즉 자신이 사망하는 날 아침이 됐다는 것을 알게 된다. 샘은 이런 식으로 소설 전체에 걸쳐 인생의 마지막 날을 계속 반복하면서 살게 된다. 이 소설에서 샘은 "죽으면 시간이 멈추면서 이 시간 거품에 둘러싸여 영원히 떠돌아다니게 되는 것 같아. 마치 영화 〈사랑의 블랙홀Groundhog Day〉의 주인공처럼 말이야"라고 말하며, 자신이 빌

머리Bill Murray가 주연한 이 영화의 주인공과 같은 상황에 있게 된 것이라고 생각한다.

샘처럼 시간 거품 안에 들어가게 되면 추위와 어둠 속에서 끝없이 추락하는 꿈 같은 상태에 빠지게 된다. 그러다 갑자기 깨어나면 모든 것이 죽던 날 아침과 똑같다는 것을 알게 된다(그렇다면 아침 10시에 사망한 사람에게는 정말 끔찍한 상황이 계속 반복될 것 같다. 매일 일어나자마자 다시 죽어야 하니 말이다).

이 사후 세계에서 여러분은 전날 살았던 모든 기억을 간직하지만, 다른 사람은 전혀 기억을 하지 못한다. 매일 같은 사건이 일어나고, 같은 대화를 하게 되고, 날씨까지 끊임없이 똑같이 반복되기 때문에 마치 폐소공포증 환자가 된 것처럼 느껴지겠지만, 어떻게 보면 이런 상황은 기회라고 생각할 수도 있다. 허무주의, 쾌락주의, 도피주의, 이타주의 등 다양한 삶의 철학을 매일 새로 시험해 볼 수 있으니 말이다. 나비의 날갯짓처럼 작은 선택이 그날 하루 동안 완전히 새로운 사건을 일으킬 수도 있다. 어떻게든 자신의 죽음을 막는 데 성공했다고 해도 별 의미는 없을 것이다. 지구 최후의 날까지 살아남는다고 해도 다음날 아침이면 다시 전날이 반복될 것이기 때문이다.

여러분은 이렇게 끝없이 반복되는 삶을 살면서 일상의 소소한 즐거움에 감사하면서 완전한 자신의 모습을 찾아낼 수 있을지도 모른다. 샘 킹스턴은 학교 친구들에게 못되게 굴었지만, 이 사후 세계에서 살면서 앞으로는 착하게 살겠다는 결심을 하게 된다.

마지막 날을 '제대로' 보내게 된다면 모든 상황이 달라질 것이다. 리셋을 할 때마다 밑으로 떨어지는 꿈은 공중에 떠 있는 꿈으로 바뀌고, 결국에는 이 꿈은 무지갯빛 나비들에 둘러싸인 분홍색 구름과 푸른 들판 위를 날아다니는 꿈으로 바뀌게 될 것이다. 마지막으로 죽는 순간에는 인생에서 가장 기억에 남는 순간들이 눈앞에 스쳐 지나가겠지만, 그 순간들 대부분은 인생을 바꾼 큰 순간이 아니라 소소하고 조용하며, 자신에게 위로가 될 순간들일 것이다. 이 순간들은 영원히 계속되기 때문에 시간은 전혀 중요하지 않다는 것을 마지막 순간에 깨닫게 될 것이다. 소리와 따뜻함, 빛에 둘러싸여 터널을 따라 올라가다 보면 음악과 웃음소리가 들리고 다음 순간을 향해 위로 올라가는 느낌을 받게 될 것이다.

The Undying Lands

서양에서 죽는 백만 가지 방법

불멸의 땅

중간계

영화 〈반지의 제왕Lord of the Rings〉 3부작의 마지막 편에서 애니 레녹스Annie Lennox의 노래가 울려 퍼지는 가운데, 프로도Prodo와 빌보Bilbo가 하얀 배에 올라타 서쪽 끝으로 향하는 장면을 보며 여러분은 그들이 영원한 천국으로 향하고 있다고 생각했을 것이다(톨킨J. R. R. Tolkien의 설명에 따르면 샘와이즈Samwise나 김리Gimli 같은 등장인물들도 선더링 바다Sundering Seas를 건너 영원한 천국으로 향하게 된다). 이 작품에서 바다 건너 축복받은 왕국인 아만Aman 대륙과 톨 에레세아Tol Eressëa의 외로운 섬은 '불멸의 땅', 즉 아무도 죽지 않는 땅이라는 이름으로 불린다.

하지만 이 불멸의 땅은 『실마릴리온Simarillion』(톨킨이 일생을 바쳐

집필한 미완성의 작품)에 등장하는 누메노르의 황금의 왕 아르-파라존Ar-Pharazôn the Golden이 '제2의 시대'가 끝나면 갈 수 있을 것이라고 믿었던 천국만큼이나 기만적인 곳이다. 불멸의 땅은 그곳에 사는 대부분의 사람들이 늙지 않는 불멸의 생명체들이기 때문에 그렇게 불릴 뿐이다. 불멸의 땅에 간다고 해서 불멸의 삶을 누릴 수는 없다. 톨킨은 '불멸의 땅에서는 인간은 더 빨리 시들고 지칠 수밖에 없다'라고 썼다. 또한 불멸의 땅으로 향하는 프로도의 항해를 '단지 일시적인 보상, 즉 고통의 치유와 구제를 위한 것'이라고 설명한다.

〈반지의 제왕〉에서 아만 대륙은 중간계를 떠난 엘프와 아이누르Ainur, 발라Valar와 마이아르Maiar가 가게 되는 땅으로 천국과 비슷하게 묘사된다. 여러분이 신들의 나라인 발리노르Valinor에는 가게 된다면 수많은 종탑과 황금빛 지붕의 도시인 발마르Valmar, 은빛 버드나무와 소나무, 양귀비와 반딧불이가 가득한 웅덩이가 있는 로리엔의 정원Gardens of Lórien은 둘러보길 바란다. 해질녘에 이곳을 거닐며 나무에서 들려오는 나이팅게일의 잔잔한 노래를 즐겨보는 것도 좋다.

역사를 좋아하는 사람들을 위한 정보

발마르의 서쪽 성문 밖에 있는 초록색 잔디 언덕에도 꼭 가보길 바란다. 이곳은 멜코르(Melkor)가 파괴하기 전에는 각각 금빛과 은빛을 내는 두 그루의 나무가 서 있던 에젤로하르(Ezellohar) 언덕이다. 매일 일곱 시간 동안 빛을 발했던 은빛 나무 텔페리온(Telperion)은 '곤도르의 흰 나무'의 조상이다.

아만에는 별로 목가적인 풍경을 자랑하지는 않지만 모든 여행자가 반드시 들러야 하는 곳이 있다. 이곳의 이름은 만도스의 홀The halls of Mandos이며, 외해의 가장자리에 있는 발리노르의 서쪽 해안에 위치해 있다. 만도스는 발라르의 파괴자로, 그림자 바다Shadowy Seas 밑의 광활한 동굴에서 산다. 이 동굴은 최근에 세상을 영혼들이 사는 곳이기도 하다.

만도스는 텔페리온의 이슬 몇 방울로 불을 밝힐 수 있는 기둥들이 서 있는 검은 담비색 왕좌의 방에서 왕비인 '베 짜는 바이레Vairë the Weaver'와 함께 이곳을 통치하고 있다. 만도스의 동굴에 있는 음침한 홀은 바이레가 짠 베들로 치장돼 있는데, 이 베들에는 역사의 모든 사건이 태피스트리처럼 기록돼 있다.

이 망자의 집에서 당신의 페아fëa, 즉 영혼의 상태는 당신이 어떤 종족에 속하는지에 따라 달라진다. 엘프는 인간처럼 늙지 않지만, 전투에서 전사할 수 있으며, 슬픔에 잠겨 죽을 수도 있다. 이렇게 죽은 엘프는 만도스의 동굴에서 기다림의 시간을 보내며, 적절한 교정과 위로를 받은 후 사회성은 없지만 뾰족한 귀를 가진 엘프 아기로 다시 태어난다. 일부 고집 센 엘프의 영혼은 환생을 포기하고 만도스에 영원히 머무르기도 한다.

여러분이 드워프Dwarf라면 만도스의 동굴에서 별도의 홀을 배정받아 세상의 종말을 인내심을 갖고 기다려야 한다. 드워프의 영혼은 그 기다림이 끝난 뒤에는 창조주 아울레Aulë의 부름을 받아 지구 재건을 돕게 된다.

여러분이 만약 인간 종족에 속해 있다면 여정은 좀 더 복잡해진다. 아라곤Araghorn이 〈반지의 제왕: 왕의 귀환The Lord of the Rings: The Return of the King〉 편에서 망자의 길을 가는 장면에서 볼 수 있듯이 엄청난 저주를 받고 죽은 이들은 유령이 되어 수치심을 느끼고 후회를 하게 된다. 톨킨은 인간의 영혼이 만도스로 넘어가면 현무암과 박쥐의 날개로 만든 홀에서 죽은 자의 여왕이 그들을 심판하며, 그 심판 결과에 따라 이 영혼들 중 일부는 죽은 자의 여왕과 함께 지내게 되고, 일부는 앙가만디Angamandi의 철의 지옥으로 보내지고, 나머지 영혼들은 검은 배 모르니에Morniё에 실려 황혼이 내린 아르발린Arvalin 평원으로 향하게 된다. 이 영혼 중 선택받은 극소수는 발마르에서 신들과 함께 전차를 타고 다니기도 하고, 연회를 즐기기도 한다.

하지만 톨킨은 만도스를 떠난 인간의 영혼이 어떻게 되었는지에 대해서는 말하지 않고 있다. 톨킨의 우주론은 매우 이분법적이다. 톨킨이 만든 세계에는 톨킨 자신이 사랑했던 북유럽신화에 등장하는 다양한 신들이 등장하는 한편, 톨킨의 가톨릭 신앙과 일치하는 전지전능한 최고신 에루 일루바타Eru Ilúvatar도 등장한다. 『실마릴리온』에 따르면, 에루 일루바타는 엘프들은 끝없는 환생의 순환을 겪게 만들었지만, 인간은 '세상 너머를 추구하고 그 안에서 안식을 찾지 말아야 한다'고 말했다. 만도스의 동굴을 떠난 인간에게 어떤 운명이 기다리고 있는지는 아무도 모른다.

또한 톨킨은 호빗Hobbit의 사후 세계에도 전혀 언급하지 않는다. 어쩌면 호빗들은 조끼, 벽난로, 파이프 담배, 볶은 버섯, 시끄러운 플루트 음악으로 가득한 아늑한 천국만을 바라고 있지 않을까?

The Valley of the Shadow of Life

내려놓기의 미덕

삶의 그림자 계곡

『천국과 지옥의 이혼』

사후 세계를 다룬 C. S. 루이스C. S. Lewis의 『천국과 지옥의 이혼The Great Divorce』(1945년)은 윌리엄 블레이크William Blake의 소설 『천국과 지옥의 결혼The Marriage of Heaven and Hell』에서 영감을 얻어 쓴 소설이다. 이 소설에서 루이스는 삶에 대한 서로 다른 두 가지 관점을 나타내는 천국과 지옥은 결코 합쳐질 수 없다는 자신의 생각을 드러내고 있다.

이 소설에서 천국으로의 여정은 칙칙한 상점들과 여관들이 늘어서 있는 도시 '그레이타운Grey Town'에 도착하는 것으로 시작된다. 끝없이 펼쳐진 황혼 속에는 수십억 명의 사람들이 살고 있지만, 여러분은 그들을 거의 볼 수 없을 것이다. 이곳에서는 생각만으로 나만의 동네, 나만의 거리, 나만의 집을 만들 수 있기 때문에 도시의 불빛은 수백만 킬로미터에 걸쳐 펼쳐져 있다. 이곳에 사는 사람들은 모두 신경이 곤두서 있어 툭하면 싸움을 하지만, 다행히도 이들이 사는 집은 서로 멀리 떨어져 있다.

이 도시를 벗어날 수 있는 유일한 방법은 버스를 타는 것이다. 하지만 이곳 사람들 대부분은 될 수 있으면 도시를 벗어나지 않으려고 한다. 이 버스는 공중으로 솟아올라 도시의 지붕들 위로 비행하는 신기한 버스다. 버스를 타고 가다 보면 곧 휘황찬란한 진줏빛 심연으로 들어가는 것 같은 느낌을 받게 될 것이다. 이렇게 날아오른 버스는 깎아지른 절벽 위로 솟아오르면서 아래가 보이지 않을 정도로 높이 솟아오른다. 그러다 보면 지상에서 여름 아침에 볼 수 있는 것 같은 숲과 강을 지나 넓은 잔디 평원으로 나오게 된다. 풍경과 하늘은 생전에 보던 것보다 왠지 더 넓게 펼쳐진 것처럼 보일 것이다. 하지만 이곳과 지상은 매우 큰 차이가 있다. 이곳의 모든 것은 영원하지만, 여러분은 이 영원한 풍경에 비하면 언젠가는 사라질 유령처럼 느껴진다는 것이다. 잔디 평원을 걸으려고 하면 다이아몬드처럼 단단한 풀잎이 발을 고통스럽게 찌를 것이다. 나뭇잎이나 꽃잎을 만지려고 하면 너무 무거워서 한 치도 들 수 없을 것이다.

그렇다면 어떻게 초원을 건너 저 멀리 솟아오른 산으로 갈 수 있을까? 도우미에게 도움을 청하는 방법이 있다. '밝은 사람들'이라고 불리는 이 도우미들은 여러분의 여정을 돕기 위해 천국 깊숙이 들어가는 여행을 미루고 있는 영혼들이다. 천국에서의 시간이 그들을 풀과 나무처럼 단단하고 실체적인 존재로 만들었고, 여러분은 그들의 도움으로 점차 강해져 불멸의 존재가 될 수 있다. 이들의 도움으로 천국의 외곽 지역인 '삶의 그림자 계곡Valley of the Shadow of Life'을 둘러볼 수도 있다. 운이 좋다면 풀밭에서 노니는 사자, 붉은 눈과 남색 뿔을 번쩍이는 유니콘 무리, 거대한 폭포의 물보라에 흠뻑 젖은 황금 사과나무를 발견할 수도 있다. 이 폭포는 평범한 폭포가 아니라 웃고 있는 거대한 천사다.

이 폭포를 마주한 뒤 고개를 돌려 뒤쪽을 아주 주의 깊게 살펴보면 땅이 갈라진 곳이 보일 것이다. 버스를 타고 날고 있을 때 보았던 깎아지른 절벽이 바로 이 절벽이다. 또한 이곳에서 자세히 살펴보면 그레이타운만 천국이 아니며, 실제로 천국은 무한하게 넓다는 것도 알 수 있다.

사실 그레이타운은 천국일 수도 있지만, 지옥이나 연옥일 수도 있다. 많은 주민들이 결국 다른 곳으로 이동할 수 있기 때문이다. 그들을 붙잡고 있는 유일한 것은 바로 그들 자신이다. 그들은 변화해야 하고, 지상의 걱정과 약점을 버려야 하지만 그들 대부분은 그렇게 하려고 하지 않는다. 어쩌면 그들은 지상에서의 삶을 너무 그리워하거나, 생전에 가졌던 재능과 소중한 것들을 놓지 못하고 있는지도 모른다. 그들은 자신이 천국에 합당하지 않다고 느끼거나, 천국을 불신하거나, 천국을 자신이 원하는 모습으로 '개선'하고 싶을지도 모른다. 그들은 답을 듣는 것보다 질문을 하면서 즐기는 것을 더 좋아할지도 모른다. 여러분의 발목을 잡는 결점이 무엇이든 간에, 그 결점은 아마도 신앙심이 깊은 사람들도 추측하기 힘든 결점일 것이다. 이곳에서는 예술에 대한 사랑, 애국심, 심지어 가족에 대한 사랑 같은 것들을 거짓 사랑이라고 생각하며, 이것들이 색욕이나 분노보다 더 위험하다고 생각한다.

이곳에서 이런 생각들은 어깨에 달라붙는 작은 도마뱀처럼 물리적인 형태를 띨 수도 있다. 이곳을 벗어나기 위해서는 이 도마뱀을 태워버리고 앞으로 나아가겠다는 결심을 해야 한다. 천사들과 함께 깊은 천국으로 여행하다 보면 레테의 강과 비슷한 역할을 하는 분수를 발견할 수 있을 것이다. 이 분수의 물은 자신이 가진 자부심과 소중한 것들에 대한 생각을 없애줄 것이다. 그런 다음 모든 것을 내려놓고 하나님께 '당신의 뜻이 이루어지이다'라고 말함으로써 진정으로 성장을 할 수 있을 것이다. 천사들은 '모든 사람이 천국에서 놀라며 자신의 생각이 내내 틀렸었다는 것을 깨닫는다'고 말한다. 이런 깨달음의 비결은 자신이 항상 옳다는 생각을 버리는 것이다.

4

영화
MOVIES

* 이미지 출처: 셔터스톡

The Bogus Journey

강적들

지독한 여정

〈엑설런트 어드벤처 2〉

영화 〈엑설런트 어드벤처Bill & Ted's Excellent Adventure〉는 컬트 코미디의 고전이지만, 1991년에 나온 속편 〈엑설런트 어드벤처 2 Bill & Ted's Bogus Journey〉는 훨씬 더 야심 찬 작품이다. 이 작품에서 주인공들은 가장 천국 같지 않은 천국과 가장 지옥 같지 않은 지옥을 돌아다니며 온갖 소동을 벌인다.

이 영화에서 주인공 빌과 테드는 그들과 똑같은 모습으로 만든 로봇을 보내 자신들을 죽이려는 악당과 사투를 벌이다 죽는다. 이들이 어떻게 죽었는지는 중요하지 않다. 우리는 죽은 뒤에 이들에게 일어나는 변화에만 집중해보자. 이 영화에서 빌과 테드는 죽은 뒤에 주변 환경이 파란색으로 물들고, 피부는 푸석푸석해지고, 목소리는 이상하게 울리는 소리로 변하고, 옷은 갑자기 칙칙한 단색으로 바뀌는 것을 경험하게 된다(이곳에서는 보이지 않는 존재가 되며, 지나가는 사람을 만지려고 하면 몸이 젤리처럼 늘어날 것이다. 의사소통을 할 수 있는 유일한 방법은 산 자의 귀를 통해 그들의 몸속으로 들어가 빙의하는 것이다).

하지만 이 세계관에서는 사람이 죽자마자 검은 옷을 입고 손에 낫을 든 저승사자가 나타나 깊고 메아리치는 목소리로 '따라오라'라고 말할 것이다.

이 저승사자를 '격퇴'하는 방법에는 두 가지가 있다. 첫 번째 방법은 저승사자의 옷을 잡아당긴 다음 '멜빈melvin'이라는 가장 끔찍한 유형의 쐐기를 박아 일시적으로 저승사자를 방해하는 것이다. 하지만 저승사자와 영원히 만나지 않으려면 잉마르 베리만Ingmar Bergman이 감독한 영화 〈제7의 봉인The Seventh Seal〉에서처럼 저승사자를 상대로 대결을 벌여 이겨야 한다. 하지만 저승사자는 이런 대결에서 단 한 번밖에 진 적이 없는 사실은 알고 있어야 한다. 영화에서 빌과 테드는 '전함', '단서', '전기 축구', '트위스터'라는 이름의 네 가지 게임에서 저승사자를 이기고 마침내 산 자들의 세계로 돌아오게 된다.

하지만 이 대결에서 진다면, 지상에 머무는 동안 얼마나 불성실하게 살았는지에 따라 저승사자는 최종 목적지 두 곳 중 한 곳으로 망자를 보내게 된다. 빌과 테드는 저승사자와의 마지막 게임이었던 트위스터 게임을 하기 전에 이 최종 목적지 두 곳을 잠시 둘러본다. 그들이 방문한 지옥은 너무 깊어서 몇 분 동안 계속 떨어져야 했고, 어둡고 연기가 자욱한 동굴의 모습이었다. 그곳에서는 거대한 별들이 별자리가 허공에 떠 있고, 거대한 기계에 죄인들이 쇠사슬로 묶여 있다. 특히 불을 뿜는 거대한 용을 조심해야 한다.

거대한 뿔이 달린 바알세불이 지옥에 있는 문 하나를 열면 망자는 낮은 지하 터널 속 미로로 떨어지게 된다. 지옥에서는 문이 하나 열릴 때마다 새로운 고문이 시작되며, 독일 표현주의 그림을 연상시키는 끔찍한 광경이 펼쳐진다. 이 문들은 모두 죄인들에게 맞춰 제작된 것들이다. 어린 시절에 꾸었던 악몽이나 괴롭힘을 당했던 기억이 이곳에서 모두 다시 살아나 영원히 계속될 것이다.

반면 천국은 녹색과 보라색을 발산하는 원반들로 둘러싸여 있으며, 하얀 공허 속에 반짝이는 우아한 모습의 도시다. 〈엑셀런트 어드벤처 2〉에서는 천국이 1980년대에 상상하던 완벽한 유토피아의 모습으로 묘사된다.

천국에서는 다른 영혼들과 함께 멋진 흰색 기둥들 사이를 산책해 보자. 여러분은 모두 지상에서 입었던 것과 비슷하지만 색은 희거나 라벤더빛인 옷을 입고 있을 것이다. 비행기 승무원 유니폼을 입은 안내원들이 가장 고요하고 깨달음을 얻은 영혼만 입장할 수 있다는 전단지를 건네줄 것이다. 거대한 천국의 문 앞에서는 깃털 펜과 금빛 책을 든, 마음착해 보이는 문지기 천사를 만나게 될 것이다. 이 천사는 천국에 갈 자격이 있는 사람을 결정하는 일을 담당한다.

현지 관습

문지기 천사가 '인생의 의미는 무엇인가요?'와 같은 까다로운 질문을 던지더라도 걱정할 필요는 없다. 예를 들어, 빌과 테드는 유행가 가사를 슬쩍 인용해 천국의 문을 통과했다.

천국 안에 있는 마당에서는 알베르트 아인슈타인Albert Einstein과 벤저민 프랭클린Benjamin Franklin이 게임을 즐기고 있는 모습도 볼 수 있다. 마당을 지나면 넓은 흰색 계단이 펼쳐지며. 그 계단을 따라 올라가면 눈부신 빛을 보게 될 것이다. 그 빛은 신의 보좌에서 나오는 빛이다. 그 빛을 보는 순간 여러분은 최고신의 모습을 보게 될 것이다.

Canine Heaven

똥개들의 사후 세계

개들의 천국

〈찰리의 천국여행〉

지금까지 살펴본 사후 세계들은 매우 복잡하고 혼란스러웠지만, 이번에 다룰 사후 세계는 매우 단순하다. 이 사후 세계는 돈 블루스Don Bluth가 감독한 1989년 애니메이션 〈찰리의 천국여행All Dogs Go to Heaven〉과 속편들의 배경이 되는 사후 세계로, 개들만 갈 수 있는 천국이다.

당신이 만약 인간과는 달리 선천적으로 착하고, 충성스럽고, 친절한 개로 태어났다고 가정해보자. 그렇다면 당신은 죽음과 동시에 별과 거품으로 이루어진 터널을 지나, 보석과 구슬로 장식된 파스텔 핑크색 구름에 도착하게 된다. 개들의 천국이다. 대천사 가브리엘의 나팔소리가 울려 퍼지면 황금빛 문이 열리고 당신은 그 문을 통과해 천국에 들어가게 될 것이다.

여행 정보

이 천국에는 자신을 죽음에 이르게 한 물체(예를 들어, 닭뼈나 가전제품 코드 같은 것들)을 가지고 들어갈 수 없다. 만약 가져간다고 해도 천국 입구에서 모두 정중하게 압수당할 것이다.

이곳은 '심판의 전당'이긴 하지만, '심판'은 형식적인 절차에 불과하다. 대리석 탁자 위에 놓인 '기록의 책'에 발자국을 찍으면, 고위급 천사가 천국으로 안내하며 가운과 날개, 후광을 나눠줄 것이다. 수컷이라면 어쩌면 귀여운 암컷이 배정될 수도 있다.

천국의 문을 통과한 뒤에는 원하는 것은 무엇이든 영원히 할 수 있다. 구름 속에서 양들과 함께 쉬고 있는 사자를 가끔 볼 수는 있지만, 이곳은 대부분 개들의 낙원으로 보인다. 끝없이 펼쳐진 황금빛 산책로를 따라 걸어보자. 이곳에서는 일광욕을 하고 마사지를 받는 개들은 있지만 몸을 발로 긁는 개는 없다(벼룩이 가는 천국은 따로 있다). 들판에는 먹이 접시가 가득하고, 구름에 구멍을 파면 맛있는 뼈들이 분수처럼 솟아난다. 낮에는 생전에 착한 개였다는 이유로 보석 핀을 받는 의식이 열린다. 밤에는 이상하게도 불꽃놀이 쇼가 열린다. 개들은 보통 불꽃놀이를 싫어하는데도 말이다.

대부분의 개들은 이렇게 지내는 것에 만족한다. 하지만 어떤 개들은 너무 완벽하고 조용한 생활에 금방 싫증을 느끼기도 한다. 싫증이 난다면 두 가지 선택지가 있다. 첫째, 지상으로 돌아갈 수 있다. 개들의 천국 입구 근처에서는 모든 시계가 멈춰 있는 시계 바다를 볼 수 있다. 각각의 시계는 천국에 온 개들의 삶을 상징한다. 여러분의 이름이 적힌 시계를 찾아서(여러분은 당연히 글을 읽을 수 있는 개다) 태엽을 감아보자. 시계가 똑딱거리기 시작하면 지상으로 돌아갈 수 있지만, 한 번 지상으로 돌아가게 되면 천국으로 다시 오는 것은 거의 불가능하다.

두 번째 선택지는 지옥으로 가는 것이다. 개들의 지옥은 화산 폭발로 생긴 용암 구덩이지만, 이 지옥에 대한 설명이 분명하지는 않다. 〈찰리의 천국여행〉 1편에서는 악몽 장면에서 박쥐 날개를 단 용을 모습을 한 개가 불의 호수 위에서 뼈다귀로 만든 배를 타고 돌아다니는 모습이 묘사된다. 하지만 2편에서 묘사되는 지옥은 고양이들이 지배하는 곳으로 보인다(개를 키우는 사람들은 왜 그런지 쉽게 이해할 수 있을 것이다). 이곳의 우두머리 악마는 설치류의 귀를 가진 악마들을 지휘하는 '레드Red'라는 이름의 악마로, 표범과 비슷하게 생겼다. 지옥에서 다양한 일이 일어나지만, 이상하게도 지옥은 공중전화로 천국과 연결돼 있다. 또한 악마와 협상을 해 지옥을 빠져나갈 수도 있다.

주의해야 할 것이 있다. 첫 번째 영화는 착하지도, 충성스럽지도, 친절하지도 않은 악당 개인 카페이스 캐러서스Carface Carruthers가 천국에 들어가는 장면으로 끝이 난다. 카페이스는 시가를 피우는 잡종 핏불이다. 하지만 속편에서 카페이스는 계략이 실패로 돌아가 지옥으로 끌려가게 된다. 모든 개들이 천국에 들어가는 것은 아닌 것 같다.

Denial | 뒤틀린 운명

부정

〈식스 센스〉

사후 세계를 다른 영화들 대부분에서 망자는 특정한 장소로 간다. 하지만 특정한 장소가 아닌 특정한 상태로 진입하는 영혼들을 다룬 영화도 있다. 이 특정한 상태는 바로 '부정의 상태'다. 다가올 세상에서 가장 힘든 순간이 자신이 죽었다는 사실을 깨닫는 우울한 순간이 될까봐 두렵다면 그 순간을 건너뛰고 완전한 망각의 세계로 가길 원하게 될 것이다.

자신이 아직 살아있다고 생각하는 유령은 일찍이 17세기 중국의 소설가 포송령蒲松齡의 작품에서 등장했다. 이후 H.P. 러브크래프트H. P. Lovecraft의 〈아웃사이더The Outsider〉, 앰브로스 비어스Ambroce Bierce의

〈카르코사의 주민An Inhabitant of Carcosa〉에서도 주인공이 자신이 유령이라는 사실을 뒤늦게 깨달으면서 반전이 일어나는 구성이 시도됐다. 1999년에는 M. 나이트 샤말란M. Night Shyamalan이라는 무명의 젊은 감독이 영화 〈식스 센스The Sixth Sense〉에서 이런 반전을 시도했고, 약 7억 달러의 흥행 수익을 올렸다.

당신이 〈식스 센스〉 스타일의 유령이라면 아마도 살아 있을 때 알던 사람과 장소 주변을 맴돌게 될 것이다. 물론 이제 당신은 보이지 않는 존재가 되었기 때문에 산 사람들은 당신을 볼 수 없을 것이고, 곧 당신 자신의 이런 상태를 인정하게 될 것이다. 당신이 이런 유령이라면 자신이 보고 싶은 것만 보게 될 것이며, 다른 유령들은 눈에 들어오지 않을 것이다. 또한 이런 유령은 자신이 앓았던 병이나 당했던 사고의 흔적(화상, 교수형 집행을 당했을 때의 상처, 구토의 흔적 등)을 지니고 있지만, 자신은 그 사실을 알지 못한다.

이런 무지의 상태는 매우 행복한 상태이기 때문에 유령은 자연스럽게 그 상태에 대한 합리화를 시도할 것이다. 가족과 친구들이 더 이상 연락을 하지 않아도, 자신이 죽었다는 것을 모르는 유령은 인간관계에서 힘든 시기를 겪고 있어서 그럴 뿐이라고 생각한다. 자신이 쓰던 모든 물건이 지하실 상자에 담겨 있다고 해도 이유가 있을 것이라고 생각하며, 집 열쇠가 없어도 어딘가에서 잃어버렸다고 생각할 것이다. 이런 유령들은 그런 생각을 하면서 잠겨 있거나 막힌 문 반대편에 다시 나타나서 아무렇지 않은 척을 하기도 한다.

> **현지 복장**
>
> 유령으로 지내다 보면 생전에 살면서 입었던 옷들을 그대로 입고 있다는 것을 알게 될 것이다. 유령은 개인 소지품을 가질 수 있기 때문에 서류가방 같은 것도 들고 다닐 수 있다. 하지만 결혼반지처럼 감정적으로 무게가 실리는 물건을 가질 수는 없다. 그런 물건은 생각만으로 만들어내는 것이 불가능하기 때문이다. 그런 물건은 당신의 죽음과 함께 당신에게서 영원히 멀어진 물건이다.

이런 유령은 힘을 주면 물건을 들고 움직일 수는 있지만, 다른 사람이 직접 보고 있는 동안에는 그럴 수가 없다. 목소리는 테이프에 녹음할 수 있지만 아무도 듣지 못할 정도로 낮은 볼륨으로 녹음해야 한다. 산 사람들은 가볍게 잠든 상태에서 유령과 대화를 나눌 수는 있지만, 대화 내용을 기억하지는 못할 것이다. 소수의 사람들만이 죽은 사람을 볼 수 있으며, 유령은 그들에게 끌리게 될 것이다(이런 능력을 가진 사람들은 흔히 자신을 원망하지만, 그래서는 안 된다. 유령에게 친절하게 대하면 큰 도움을 얻을 수도 있기 때문이다). 당신이 이런 유령이라면 산 사람과 대화할 때는 꼭 그 사람이 따뜻한 스웨터를 입도록 만들어야 한다. 흥분한 유령의 체온은 15~20도까지 급격히 떨어질 수 있기 때문이다.

이런 유령이 된다면 마음이 매우 혼란스러울 것이다. 이런 상태에 있는 영혼들은 미완의 과제를 안고 있지만, 그 과제를 인정할 수 없기 때문이다. 하지만 누군가를 돕는 등 자신의 사명을 완수하고 나면 해방감을 느끼면서 빛을 향해 떠날 준비를 할 수 있을 것이다. 그곳이 어디인지는 아무도 모른다. 하지만 적어도 더 이상 지하실을 돌아다닐 필요는 없게 될 것이다.

The Facility

과거의 기억

시설

〈원더풀 라이프〉

다음 생으로 단 하나의 기억만 가져갈 수 있다면 어떤 기억을 가져가야 할까?

고레에다 히로카즈是枝裕和 감독의 1998년 영화 〈원더풀 라이프〉에서 망자들은 멀리서 종소리가 울리는 가운데 하얀 안개 속에서 나와 낮고 낡은 콘크리트 사무실 건물로 들어간다. 창구에 있는 직원에게 이름을 말하고 대기실로 가면 '시설'의 사회복지사 3명이 있는 회의실로 차례로 안내되고 이름과 생년월일을 확인받는다. "어제 돌아가셨습니다. 명복을 빕니다"라고 상담원이 말한다.

당신이 이곳으로 가게 된 망자라면 약 20명의 다른 투숙객들과 함께 일주일간 머무르며 개인 기숙사 방에서 휴식을 취하고 시설 내 이곳저곳을 돌아다니며 시간을 보내게 될 것이다. 영화에서 보이는 시설은 직원과 손님이 모두 일본인이지만, 이 세계와 저 세계의 경계에는 이런 시설이 많을 것이다. 이 시설을 운영하는 주체가 누구인지는 확실하지 않지만, 건물에 걸린 깃발이나 서류에서 볼 수 있는 로고는 파란색 바탕에 두 개의 원반이 맞물려 있는 흰색 소용돌이 모양이다. 언뜻 보면 거품이나 구름처럼 보인다.

망자는 월요일부터 수요일까지 3일 동안 자신의 삶을 되돌아보고 가장 의미 있고 소중한 추억을 하나만 골라 이승의 유일한 기념품으로 간직할 수 있다. 이 선택은 쉽지 않은 일이다. 시설에 온 사람들 대부분은 좋은 추억이 너무 많아서 선택하기가 어렵다고 느끼지만, 어떤 망자들은 선택하고 싶은 추억이 없다고 말하기도 한다. 선택의 폭을 좁히는 데 어려움을 겪고 있다면 인생의 주요 부분들을 돌아볼 수 있도록 사회복지사가 1년 단위로 녹화된 비디오테이프들을 제공할 것이다.

주의해야 할 점

추억 선택은 중요한 결정이므로 가장 먼저 떠오르는 것을 선택하지 말고 시간을 두고 신중하게 선택해야 한다. 이 영화에서는 매년 약 30명의 사람들(대부분 10대 소녀들)이 도쿄 디즈니랜드 방문의 추억을 선택한다.

수요일까지 추억을 선택하는 것이 중요하다. 그래야 목요일과 금요일에 시설의 직원들이 마법을 이용해 여러분의 생전 경험을 물리적으로 재현할 수 있기 때문이다. 시설 내 한 건물에 있는 작은 스튜디오에서 영화 제작진이 리허설을 하고 여러분이 가장 좋아하는 추억을 단편영화로 촬영해 줄 것이다(그냥 비디오테이프만 확인해도 되지 않을까? 왜 단편영화를 굳이 찍는지는 명확하지 않다). 이 과정에서 시설 직원들은 참고할 사진을 찾기 위해 현실세계로 출장을 가기도 하고, 세트를 만들고, 소품과 의상을 준비하고, 심지어 배우를 캐스팅하는 등 진지하게 작업에 임한다.

이 단편영화에 할리우드 상업영화처럼 엄청난 예산이 투입될 것이라고 기대해서는 안 된다. 직원들을 열심히 일하지만 예산에는 한계가 있기 때문이다. 촬영에 사용되는 자동차나 비행기 모형이 시대적으로 정확하지 않을 수도 있다. 화분에 심은 식물과 페인트칠한 배경이 아름다운 풍경을 대신할 수도 있고, 구름은 커다란 탈지면 뭉치일 수도 있다. 여러분이 간직하게 될 단편영화는 좀 유치해 보이는 수준의 영화가 될 수도 있다.

토요일에 여러분과 동료들은 편안한 주황색 의자들이 일곱 줄로 늘어선 영화관으로 들어가게 된다. 이 영화관에서는 그 주에 영화를 촬영한 모든 사람의 인생 장면이 차례로 펼쳐질 것이다. 망자는 어둠 속에서 영화를 보면서 기억 속으로 들어가게 되는데, 이는 지상에서 관객들이 영화에 빠져 들어가는 상황과 비슷하다. 불이 다시 켜지면 망자들은 모두 사라진다. 어디로 사라졌을까? 그들은 '자신이 선택한 기억과 함께 영원을 보낼 수 있는 곳'으로 사라진 것이다.

추억을 선택하지 않으면 어떻게 될까? 추억을 선택하지 않아 영화를 만들지 못하게 된다면, 시설에서 직원이나 보조 사회복지사로 계속 근무하게 된다. 이렇게 시설에 남은 사람들은 조용히 서류를 정리하고, 삐걱거리는 나무 바닥을 걸레질하고, 브라스 밴드에 들어가 점심시간에 연주 연습을 하는 직원, 즉 안정적인 사후 세계 '공무원'이 된다.

Fort Morgan

마지막 단계

포트 모건

〈카우보이의 노래〉

아일랜드의 쾨스타보어Cóiste Bodhar(저승사자) 전설에 등장하는 마차에서 에밀리 디킨슨emily Dickinson의 시 「내가 죽음을 위해 멈출 수 없었기 때문에Because I could not stop for Death」에 등장하는 해질녘의 마차까지, 서양 문화에서 마차는 죽음을 맞이한다는 생각과 밀접한 연관을 가진다. 하지만 코언 형제가 감독한 2018년 서부영화 〈카우보이의 노래The Ballad of Buster Scruggs〉 연작의 마지막 편인 〈죽을 자만 남으리The Mortal Remains〉에 등장하는 죽음의 마차는 대여섯 명이 편안하게 앉을 수 있는 넓은 서부시대 역마차라는 점에서 훨씬 더 효율적으로 보인다. 하지만 이 마차에 탄 사람들은 자신이 죽었다는 것을 모르는 것 같다.

언젠가 당신이 이 역마차를 타고 포트 모건Fort Morgan으로 가게 된다면 그 안에는 별별 사람들이 다 타고 있을 것이다. 죽음이란 바로 그런 것이다. 이 영화에서 두 명의 현상금 사냥꾼은 이 역마차에서 백발의 사냥꾼, 쉴 새 없이 떠들어대는 프랑스 도박꾼, 성인 대상 하계대학 강사인 남편과 재회하기 위해 여행하는 독실한 기독교인의 맞은편에 앉게 된다. 맞은편에 앉은 이 세 사람은 사랑, 삶, 죄의 본질에 대해 논쟁을 벌인다. 이들은 아일랜드의 구슬픈 죽음의 발라드를 부르고, 유령 이야기를 들려주고, 현상금 사냥꾼들을 이들의 거친 대화를 묘사한다. 역마차 지붕에 실려 포트 모건으로 운반되고 있는 '짐'은 나중에 이 현상금 사냥꾼들이 죽인 소포Thorp라는 사람의 시신으로 밝혀진다. 이 마지막 여정에 동승한 사람 중 중 일부는 죽은 사람이 아니라 이 두 현상금 사냥꾼 같은 '죽음의 신' 또는 '영혼을 거두는 자'일지도 모른다.

여행하는 동안 어둠이 내리고 달이 떠오르지만, 챙이 넓은 모자로 얼굴을 가린 마부는 결코 말을 멈추지 않는다(현상금 사냥꾼 중 한 명은 마부의 이런 행동이 '정책'에 따른 것이라고 설명한다). 그날 밤 늦게, 이들은 마침내 칙칙한 판자 건물들이 모여 있는 작은 요새인 포트 모건에 도착한다. 이들이 내린 곳은 짙은 녹색의 빅토리아풍 건물로 희미한 가스등이 달린 포트 모건 호텔이다. 이 호텔에서 계단을 올라갈 때는 잠시 멈춰서 이 중문 꼭대기에 있는 두 개의 상징, 즉 왼쪽에 그려진 천상의 천사와 오른쪽에 그려진 악마의 염소머리를 감상해보자. 호텔 로비는 무거워 보이고 벨벳으로 장식된 가구와 칙칙해 보이는 램프 몇 개로 어둡게 꾸며져 있다. 프런트데스크는 보이지 않고, 로비 뒤편으로는 은은한 조명 아래에서 위로 이어지는 계단만 있다. 지금 이 시점에서 이 호텔에서의 숙박을 재고하고 있다면 너무 늦은 것이다. 역마차는 이미 호텔에서 멀어진 지 오래이기 때문이다.

Hotel Hades | 마이 블루스 헤븐

호텔 하데스

〈하늘의 오두막〉

현대의 영화들은 다양한 연구에 기초한 다양한 사후 세계를 그리고 있다. 하지만 과거 미국의 영화 관객들은 이런 다양한 사후 세계를 별로 선호하지 않았다. 매우 인종차별적이었기 때문이다.

할리우드 초창기의 영화사들은 당시 떠오르고 있던 재즈나 블루스 같은 새로운 장르의 시류에 편승하려고 했고, 흑인만 출연하는 뮤지컬 영화를 여섯 편이나 제작하기에 이르렀다. 물론 뮤지컬에 나오는 곡들은 항상 백인 작곡가가 썼다. 이 백인 작곡자들은 모두 자신이 좋아하는 '흑인 음악'을 존중하는 마음으로 작곡했고, 그 결과로 영화사들은 할리우드의 재능 있는 흑인 연기자들에게 좋은 배역을 맡겼다. 하지만 당시에 만들어진 이런 뮤지컬 영화들을 즐기기 위해서는 흑인 사투리(심지어는 당시의 흑인 관객들도 알아듣기 힘들었던)를 알아들을 수 있어야 했고, 흑인에 대한 고정관념을 버려야 했다.

1943년에 개봉한 영화 〈하늘의 오두막Cabin In The Sky〉도 이런 영화 중 하나다. 이 영화는 당시에 '로체스터Rochester'라는 이름으로 활동하던 유명한 코미디언 에디 앤더슨Eddie Anderson이 '리틀 조Little Joe'라는 이름의 배역을 맡은 영화다. 리틀 조는 정직하고 바르게 살기 위해 노력하지만 자꾸 엇나가게 되는 사랑스러운 남편이다. 영화에서 에델 워터스Edel Waters가 연기한 그의 아내 페투니아는 일요일마다 남편을 교회에 데려가지만, 남편이 언제 주사위 게임을 하러 뒷문으로 도망칠지 모른다는 불안감에 사로잡혀 있다. 결국 리틀 조는 돈을 빚진 거물 도박꾼에게 총을 맞고 천국과 지옥 사이에 갇히게 된다(이 영화에서는 당시의 흑인 관객들이 상상할 것이라고 백인 작가들이 생각한 천국과 지옥의 모습에 기초해 이런 공간이 설정됐을 것이다).

이 영화에서 지옥은 '하데스 호텔Hotel Hades'이라는 곳이다. 이곳은 호텔 직원 유니폼을 입고 뿔 모양으로 머리카락을 감아올린 악마들이 시가를 피우면서 근무하는 곳이다. 갈퀴를 휘두르는 루시퍼 주니어Lucifer Jr가 호텔의 '아이디어부Idea Department'를 운영하며, 이 부서의 직원들은 두꺼운 수건으로 만든 흰색 가운을 입고 에어컨이 설치된 사무실에서 일한다. 이 직원들은 지하 보일러실에서 석탄을 삽질하는 직원보다 훨씬 편할 것이다. 하지만 루이 암스트롱Loius Armstrong을 포함한 아이디어부 직원들은 성경에 나오는 파라오처럼 집파리 같은 성가신 것들에 오랫동안 시달리고 있다. 한편 루시퍼 주니어는 석면 전차를 타고 지옥으로 올 죄인이 한 명이라도 줄어들면 보이지 않는 존재인 그의 '아빠'의 심기가 불편해까 봐 노심초사하고 있다.

우리도 '주님'을 볼 수 없는 것은 마찬가지지만, 그분의 위엄 있는 천사 군대가 머리띠와 견장으로 장식한 흰색 군복을 입은 것은 볼 수 있다. 그들은 생각을 읽고, 기적적인 도움을 주고, 순풍이 불면 몇 분 만에 천국으로 갔다가 돌아올 수 있다.

지옥에서 열심히 살다 성가대원이 될 자격을 얻으면 끝없이 이어지는 계단을 통해 위로 올라갈 수도 있다. 그렇게 천국으로 올라가다 기둥에 기대 있는 벌거벗은 천사들을 보게 될 것이다. 이 천사들은 르네상스 시대의 그림에 나오는 천사들과 똑같이 생겼다. 단지, 피부색이 검을 뿐이다. 1943년에 백인들이 상상한 흑인들의 천국 모습이 이랬다니 놀라지 않을 수 없다.

리틀 조는 천국의 진주 문에 들어가기 직전에 다시 살아났고, 이 모든 것이 꿈이라는 것을 알게 된다(자신이 본 주님의 장군이 동네 교회 목사와 똑같이 생겼고, 루시퍼 주니어가 툭하면 침을 뱉는 도박꾼 친구 루시우스와 똑같이 생겼다는 것을 알게 됐기 때문이다).

따라서 천국에서 무슨 일이 벌어지는지에 대한 유일한 힌트는 영화

초반에 페투니아가 조에게 불러주는 주제곡인 '하늘의 오두막'에서만 얻을 수 있다. 페투니아는 이 노래를 부르면서 '쟁기질할 하늘색 땅이 수천 제곱미터 정도 되는' 천상의 농장을 상상한다. 백인 영화제작자가 천국에서도 흑인이 하찮은 노동자일 것이라고 상상한 것은 별로 유쾌한 일이 아니었기 때문에, 노래의 일부가 페투니아가 오두막에서 '노래하고 기도하는' 내용으로 바뀌기는 했다. 이 영화의 브로웨이 뮤지컬 버전에서는 페투니아가 천국에서 '매일 프라이드치킨을 먹겠다'라고 다짐하는 장면이 추가되기도 했다. 프라이드치킨이 맛있긴 하겠지만 그 정도 가지고 흑인의 인권이 신장됐다고 보기는 어려울 것 같다.

Iowa

그들이 온다

아이오와

〈꿈의 구장〉

당신이 20세기 초에 사망한 프로야구 선수라면 갈 수 있는 사후 세계가 있다. 1989년 개봉한 영화 〈꿈의 구장Field of Dreams〉에 나오는 아주 특별한 야구장이 그곳이다.

옥수수밭을 헤치고 나가면 아이오와주 더뷰크 카운티에 실제로 있는 이 야구장의 잘 다듬어진 잔디를 밟을 수 있다. 이곳에서는 생전에 입었던 유니폼과 글러브도 받을 수 있다. 세인트루이스 브라운 스타킹스St. Louis Brown Stockings(1875년부터 1877년까지 존재했던 야구 구단)에 소속돼 활동하다 오래전에 세상을 떠난 선수라고 해도 이 야구장에서는 전성기 시절의 몸매를 가지게 되기 때문에 유니폼이 딱 맞을 것이다. 이 야구장에 커다란 조명탑들이 들어선 것을 보고 놀랄 필요는 없다. 당신이 옥수수 연옥에 있는 동안 많은 일이 일어났으니 말이다. 지금은 메이저리그에서도 야간경기를 하는 시대다.

이곳은 타격 연습을 하면서 수십 년 동안 다시 뛸 기회를 기다려온 과거의 올스타들과 함께 경기를 벌일 수 있는 곳이다. 또한 이 야구장에서는 오랜 라이벌이나 까다로웠던 심판이 저승에서 나타나 경기에 참가할 수도 있다. 벤치에서 대기하는 선수들이 많기 때문에, 경기에 참가하려면 오랫동안 기다려야 할 수도 있다. 만약 당신이 생전에 비열하게 플레이를 했던 선수였다면 기회가 주어지지 않을 수도 있다.

산 사람들 모두가 당신이 이 야구장에서 뛰는 모습을 볼 수 있는 것은 아니다. 모든 사람이 야구의 마법, 즉 '잔디의 스릴'을 믿는 것은 아니기 때문이다. 하지만 그래도 상당히 많은 사람들이 이 꿈의 구장에서 열리는 경기를 볼 수 있을 것이다. 관람석은 돌아온 영웅들의 플레이를 다시 보기 위해 몰려든 사람들로 가득 찰 것이다. 영화에서 제임스 얼 존스James Earl Jones가 말했듯이 이 야구장에서는 '마치 마법의 물에 몸을 담근 것 같은' 행복한 오후를 보낼 수 있을 것이다.

주의해야 할 점

살아있는 사람들과 너무 많이 어울리지는 말아야 한다. 산 사람들은 야구장 바깥으로 나갈 수 있지만, 당신은 그럴 수 없기 때문이다. 만약 경기장을 벗어나게 되면 젊은 몸과 선수 자격을 모두 잃게 된다. 이 경기장을 벗어나 옥수수밭으로 돌아가는 순간 당신의 몸은 사라지고, 다시는 경기장으로 돌아올 수 없게 된다.

드물게는 메이저리그 선수가 아닌 평범한 야구팬도 팀에 합류할 수 있다. 옥수수밭을 갈아 운동장을 만든 아이오와주의 농부 레이 킨셀라Ray Kinsella는 영화의 마지막 부분에서 자신이 아버지와 함께 캐치볼을 하기를 원했다는 사실을 떠올리면서 감정이 복받치는 모습을 보는데, 그 순간 영화 관객들은 팝콘을 먹으며 펑펑 울게 된다.

"내게 이 야구장은 꿈이 이뤄지는 곳인 것 같아. 여기가 천국이 아닐까?" 아들의 옥수수밭을 둘러보던 아버지가 말한다. "여기가 천국일까?"

"여기는 아이오와예요." 아들이 답한다.

"나는 여기가 꼭 천국 같아." 아버지가 말한다.

Judgment City

인생의 하이라이트

심판의 도시

〈영혼의 사랑〉

최후의 심판이 사실 최후가 아니라면 어떨까? 합격할 때까지 계속 다시 시험을 치를 수 있다면 어떨까? 배우 앨버트 브룩스Albert Brooks가 감독과 주연을 맡은 1991년 영화 〈영혼의 사랑Defending Your Life〉에서, 사후 세계는 5일 동안 심판의 도시Judgment City에 임시로 머무는 장면으로 시작된다. 이 심판의 도시에서는 죽은 영혼이 지구로 돌아가야 하는지, 계속 '앞으로' 나아갈 수 있는지가 심판을 통해 결정된다.

이 설정에서 당신이 망자라면 사망 후에 병원 가운을 입고 휠체어에 앉아 있게 될 것이다. 당신이 탄 휠체어는 병원 직원들에 의해 경사로를 따라 아래로 밀려 흰색 전차들이 있는 곳으로 옮겨지게 될 것이다. 사후 세계로의 여행으로 인해 약간 멍한 상태일 테니 눈이 멍해지거나 팔을 들지 못해도 놀라선 안 된다. 친절한 병원 직원들이 전차에 당신을 태워 호텔로 데려다 줄 것이다.

심판의 도시는 아마도 친숙한 풍경일 것이다. 이곳은 지상의 삶을 떠올리게 해 사후 세계의 삶으로 스트레스 없이 전환할 수 있도록 설계된 곳이기 때문이다. 이 영화의 주인공은 미국 서부의 대도시 로스앤젤레스에 있는 광고회사 임원이었기 때문에 그에게 심판의 도시는 은퇴자들이 주로 사는 중소 도시 정도로 보인다. 물론 이곳에 도착하는 사람들은 대부분 노인이다(사망한 어린이들은 심판이 전혀 필요 없고, 소란스러운 십대 사망자들은 다른 곳으로 간다). 또한 이곳에서는 골프장, 승마장, 볼링장, 스테이크하우스, 코미디 클럽 같은 곳을 홍보하는 광고판도 볼 수 있다. 홀로그램으로 구현된 배우 셜리 맥클레인Shirley MacLaine의 과거 모습을 엿볼 수 있는 '전생 파빌리온Past Lives Pavillion'도 놓치지 말고 구경하길 바란다.

호텔 방으로 돌아 사후 세계 드라마, 토크쇼, 게임 쇼, 날씨 뉴스 등을 방영하는 다섯 개의 TV 채널을 즐길 수 있다(심판의 도시는 항상 23℃를 유지하며, 항상 완벽하게 맑다). 룸서비스를 주문해 보는 건 어떨까? 이곳에서는 원하는 음식을 마음껏 먹으면서도 살이 찌지 않을 수 있다.

현지 복장

호텔 객실의 옷장에는 투파(tupa)라고 불리는 똑같은 흰색 카프탄(caftan, 소매가 길고 품이 넉넉한 옷)이 가득하다. 누구에게나 잘 맞기 때문에 이곳에서는 무엇을 입을지 걱정할 필요가 전혀 없다.

하지만 심판의 도시는 휴식을 위한 도시만은 아니다. 이곳에 도착한 첫날에는 전차를 타고 시내로 나가 '디펜더스 서클Defenders Circle'의 변호사를 만나야 한다. 이 변호사는 심판에서 여러분이 우주의 시민이 되기 위한 '완전한 전진'을 할 자격이 있다고 주장할 법률 전문가다. 심판은 지상에서의 삶이 끝날 때마다 열린다. 지상에서 충분히 성장했으며 두려움을 극복했다는 판정을 받은 사람들은 더 흥미로운 목적지로 나아갈 수 있게 된다.

이 사후 세계는 '거주자'라고 불리는 존재들에 의해 관리된다. 이들은 우리처럼 전생에는 사람이었지만, 사후 세계에서는 우리보다 훨씬 더 많은 양의 정신을 사용하기 때문에 우리를 '리틀 브레인Little Brain'이라고 부른다. 이들은 고도로 발달한 존재로, 식욕을 돋우는 갈색 덩어리를 음식으로 먹고 이진수를 이용해 서로 소통한다.

심판은 '심판 센터'라고 불리는 대형 오피스 빌딩에서 진행되며, 변호인과 검사가 번갈아 가며 당신의 삶의 장면을 재생할 것이다. 회상 장면은 매우 생생한 화면으로 나타나기 때문에 보다 보면 과거로 빨려 들어가는 느낌이 들 것이다. 나흘간의 변론이 끝나면 두 명으로 구성된 재판부가 30분 이내에 판결을 내리고, 여러분은 앞으로의 행보를 알 수 있게 된다.

심판이 끝나고 심판의 도시에 있는 환승역으로 돌아오면 전차를 타고 절벽에 뚫린 여덟 개의 터널 중 하나로 향하게 될 것이다. 오른쪽에 있는 두 개의 터널은 '앞으로' 이어지며, 왼쪽에 있는 여섯 개의 터널을 지나면 지상에서 다시 태어나게 된다. 죽을 때마다 계속 이곳에 와서 리틀 브레인이라는 이름을 불린다고 해도 크게 걱정할 필요는 없다. 거의 100번이나 심판의 도시로 돌아와야 제대로 된 길을 찾아 '앞으로' 나아갈 수 있는 사람들도 있으니 말이다.

The Land of the Dead

"지금은 작별 인사를 해야 하지만, 나를 기억해줘요. 울지 말아요."
_ 헥토르 리베라Héctor Rivera

망자의 땅

〈코코〉

오랫동안 픽사Pixar는 아이들의 호기심을 자극하는 것이 아니라 감성적인 부모를 만족시키기 위해 애니메이션 영화를 제작해 왔다. 어린이들은 오래된 장난감, 외로운 로봇, 과잉보호하는 광대 물고기 아빠, 슬픔에 잠긴 홀아비, 중년의 위기에 처한 전직 슈퍼 히어로, 66번 국도를 소재로 한 영화는 보고 싶어 하지 않는다. 픽사가 오랫동안 만들어왔던 애니메이션들은 모두 부모를 타깃으로 한 것이었고, 부모 세대의 향수를 자극하기 위한 것이었다. 하지만 2017년, 픽사는 생각을 바꿔 어린이들이 좋아할 만한 애니메이션을 내놓았다. 망자들의 이야기인 〈코코Coco〉가 바로 그 작품이다.

〈코코〉는 멕시코의 한 작은 마을에서 '죽은 자들의 날Día de los Muertos'에 일어나는 일들을 묘사하는 장면으로 시작된다. 산 자들이 조상을 기리는 동안, 주인공인 소년 미겔Miguel은 예상치 못한 일련의 사건으로 인해 '죽은 자들의 땅'에 떨어지고, 그곳에서 조상들이 이 특별한 날 이승을 방문하기 위해 일 년 내내 간절히 기다린다는 사실을 알게 된다.

죽은 자들의 땅은 알록달록한 색깔의 대도시로, 집들이 아찔한 높이까지 나선형으로 쌓여 있으며 열주, 전차 트랙, 곤돌라로 연결돼 있다. 이 집들의 그림자가 드리워진 미로 같은 길들은 조약돌로 포장이 돼 있으며, 길을 걷다 지치면 아치형 통로에서 잠시 쉬거나 술집에 들어가 휴식을 취할 수도 있다.

이곳에서 여러분과 이곳의 동료 영혼들은 해골의 모습을 하고 있지만, 무서운 해골이 아니라 재미있는 모양의 해골이다. 해골이지만 눈도 있으며, 가발을 쓸 수도 있다. 두개골은 살아 있을 때처럼 뺨과 턱의 살이 씰룩거리는 모양을 흉내 낼 수도 있다. 또한 각각의 뼈를 개별적으로 제어할 수 있기 때문에 뼈들이 서로 떨어져도 다시 조립할 수 있고, 머리나 팔을 몸에서 분리해 임무를 수행할 수도 있다.

역사를 좋아하는 사람들을 위한 정보

죽은 자들의 땅은 급증하는 사후 세계 인구를 수용하기 위해 수 세기에 걸쳐 계속 확장돼 왔다. 따라서 도시를 돌아다니는 것만으로도 흥미로운 고고학 탐험이 될 수 있다. 이 도시의 낮은 층에는 고대의 석조 피라미드들이 있으며, 시간이 지남에 따라 새로운 이민자들이 이곳에 도착하면서 이 낮은 층 위에 현대식 건물들을 짓기 시작했다.

반드시 보아야 할 것들

선라이즈 스펙태큘러Sunrise Spectacular 쇼 : 죽은 자들의 날에 가장 인기 있는 티켓은 투우장과 비슷하게 생긴 중앙 경기장에서 열리는 선라이즈 스펙태큘러 쇼 입장권이다. 일찍 도착해 옥수수 빵을 먹으면서 해골 모양의 불꽃놀이를 구경해보자.

예술 지구 : 벽돌 창고를 개조한 작업실들이 가득 들어선 이 예술 지구에서는 좋아하는 예술가들이 작업하는 모습을 엿볼 수 있다. 고인이 된 프리다 칼로Frida Kahlo도 이곳의 작업실에서 작품을 준비했는데, 매번 전보다 더 거친 작품을 선보이곤 한다. 이곳에서는 그녀가 현재 작업 중인 10미터 높이의 파파야 그림도 반드시 보아야 한다.

알레브리헤alebrije : 알레브리헤는 알록달록한 모양의 동물 형상을 한 존재이며, 멕시코 전통 미술 작품에 나오는 환상의 동물이다. 나만의 알레브리헤는 작은 딱정벌레나 나비도 될 수 있고, 여우가 될 수도 있으며, 날개 달린 뱀, 개구리 토끼, 숫양의 뿔을 가진 거대한 재규어 독수리 같은 이국적인 잡종일 수도 있다. 알레브리헤는 일종의 안내 정령으로, 불을 뿜거나 발자국을 추적하는 등 유용하고 예상치 못한 힘을 가지고 있다. 하지만 사방에 똥을 싸니 밟지 않도록 조심해야 한다.

머무를 곳

난간마다 조명이 달려 있고 돌담의 움푹 들어간 곳에 촛불이 켜져 있는, 붐비지 않고 비교적 안전한 중심가에 머무는 것이 가장 좋다. 음침한 판잣집들이 모여 있는 도시 외곽의 물가로는 내려가지 않는 것이 좋다. 그곳에는 '잊힌 영혼들'이 살고 있기 때문이다.

죽은 자들의 땅은 살아있는 자들의 기억에 의해 만들어지고 유지되는 곳이다. 후손들이 당신을 기억하는 한, 당신은 활기찬 사후 세계를 즐길 수 있다. 하지만 후손들이 당신을 잊으면 당신의 오래된 뼈는 약해지다가 마침내 주황색으로 빛나면서 희미해진다. 이렇게 '최종적인 죽음'을 맞게 되면 당신의 영혼은 구름처럼 어딘가로 이동하게 된다. 어디로 가는지는 아무도 모른다.

교통편 정보

도시의 거대한 대중교통 허브인 '마리골드 그랜드 센트럴 역'에서는 시내 어디로든 갈 수 있다. 주철과 스테인드글라스로 만든 아르누보 양식의 걸작인 이 역은 그 자체로 하나의 훌륭한 건축물이기도 하다. 하지만 살아 있는 친척을 방문하려면 이산가족 상봉 센터에서 운영하는 까다로운 국경 통과 절차를 통과해야 한다. 안면 인식 시스템을 통과한 가족이 당신의 사진을 제사상에 놓은 것이 확인되면, 구름 위로 아치형 금잔화 꽃잎이 펼쳐진 거대한 둑길을 건너 이승으로 갈 수 있다. 하지만 반드시 동이 트기 전에 돌아와야 한다. 만약 후손이 당신을 기억하지 못한다면 건널목에서 멈추거나 다리의 주황색 꽃잎 속으로 가라앉게 될 것이다. 이곳은 아이를 낳지 않은 망자들에게는 별로 좋은 사후 세계는 아닌 것 같다.

먹고 마시기

플라자 데 라 크루즈Plaza de la Cruz : 멕시코의 전설적인 가수 겸 배우 에르네스토 데 라 크루즈Ernesto de la Cruz의 이름을 딴 이 번화한 광장은 낮에는 길거리 음식 노점상들이 줄지어 있고 밤에는 흥겨운 사람들로 가득하다. 죽은 자들의 날에 이 광장에 갈 수 있다면 자리를 잡고 매년 열리는 장기자랑 쇼와 밴드 공연을 느긋하게 감상할 수 있다.

에르네스토의 펜트하우스 : 만약 초대를 받을 수 있다면 케이블카를 타고 에르네스토의 고층 건물 맨 위쪽 펜트하우스로 올라가 기타 모양의 수영장을 구경해보자. 에르네스토의 팬들이 가져온 기타, 빵, 술 같은 것들이 아찔한 높이까지 쌓여 있는 것을 볼 수 있을 것이다. 하지만 배불리 먹은 에르네스토가 본색을 드러내기 전에 자리를 피해야 한다. 에르네스토는 사실 사악한 사람이기 때문이다.

The Regret

완벽한 사람은 없다

후회

〈디스커버리〉

인생에서 가장 후회되는 한 가지를 고칠 수 있다면 어떨까? 가장 큰 선물이 아닐까? 꼭 그렇지는 않을 것 같다. 2017년 개봉한 공상과학 영화 〈디스커버리Discovery〉에서 로버트 레드포드Robert Redford는 사후 세계의 존재를 증명하는 데 성공한 과학자 토머스 하버Thomas Harbor 박사를 연기한다. 즉, 그는 사후에 몸에서 나오는 '아원자subatomic 수준'의 뇌파를 감지할 수 있는 기계를 발명했다(무슨 말인지 잘 이해가 안 될 것이다. 사실, 나도 마찬가지다). 그는 사람이 죽은 뒤에 어디로 가는지는 설명하지 않지만, 영화에서 그건 중요해 보이지 않는다. 그의 발견은 불치병 환자부터 단순한 호기심을 가진 사람에 이르기까지

400만 명 정도의 사람들이 '그곳'이 어디든 '그곳에 가기 위해' 스스로 목숨을 끊는 전 세계적인 자살 물결로 이어진다.

결국 하버는 자신이 만든 기계를 미세 조정해 사람들이 사후 세계로 갈 때 어떤 것을 보는지 알아낼 수 있게 된다(영화 〈플랫라이너〉를 보고 영감을 받은 것일지도 모르겠다). 깜박거리고 흔들리는 흑백 영상을 통해 죽은 자들이 가는 '새로운 존재의 차원new plane of existence'이 어떤 곳인지 직접 관찰할 수 있게 된 것이었다. 이 영상은 모두 비교적 최근의 지구를 배경으로 하고 있지만, 실제 지구와는 몇 가지 면에서 다르다.

하버의 연구에 따르면, 죽은 뒤에 사람은 인생에서 가장 후회되는 과거의 어떤 순간을 떠올리게 된다. 이때 떠올리는 장면에 등장하는 자신의 모습이나 주변 환경은 실제와 조금 다를 수도 있다(예를 들어, 생전에는 없던 문신이 자신의 몸에 새겨진 모습을 보는 사람도 있다). 이는 자신에 대한 변화된 현재의 개념을 반영하는 것이다. 하지만 대부분의 경우, 사후 세계는 한 번 잘못한 일을 바로잡을 수 있는 기회의 공간이다. 이 영화에 등장하는 세 인물들이 사후 세계에서 후회하는 것들은 모두 누군가의 죽음을 막지 못했거나 사랑하는 사람이 죽어가는데 그 사람을 실망시킨 일처럼 죽음과 관계되는 것들이다. 파티에 옷을 잘못 입고 갔다거나, 트위터에 잘못 글자를 입력한 것 같은 사소한 일을 후회하는 사람들도 있겠지만, 이 영화는 차가운 색조의 애잔한 인디 드라마여서 재미있는 후회는 등장하지 않는다. 어쨌든 가장 큰 실수를 수정했다면, 이제 어딘지는 모르지만 최종 목적지로 이동할 준비가 된 것이다.

이런 종류의 구원은 이상적으로 보일 수도 있겠지만, 꼭 그렇지만은 않은 것 같다. 이런 사후 세계에서는 생전에 자신이 한 모든 일을 다 기억해낼 수 없기 때문이다. 어떤 사람이나 상황이 익숙해 보일 때 순간적으로 기시감이 들 수는 있지만, 그게 다다. 과거를 바꾸려는 시도에 실패하면 시간이 다시 되돌려지고, 다시 기회가 주어진다. 시도가 계속 실패하면 기회도 계속 주어진다. 다시 말해, 이 사후 세계는 생전에 무엇을 성취했든, 삶을 얼마나 사랑했든, 최악의 순간에 집착하면서 어쩌면 영원히 후회를 반복해야 하는 세계로 보인다. 영화 〈디스커버리〉는 이런 사후의 천국을 다룬 영화가 아니라 지옥을 다룬 영화다.

Saturn

죽음 뒤의 새로운 일상

토성

〈비틀주스〉

죽은 자들이 다른 곳으로 이동하지 않고 마지막 지상 주소지에 머물러 있을 수 있다는 생각은 고대 그리스 철학자 아테노도로스Athenodorus가 처음 한 것으로 알려진다. 하지만 이런 생각들의 대부분은 망자가 한 곳에 머물기를 원하지 않으며, 망자의 불행한 영혼을 '해방'시켜야 한다는 생각에 기초하고 있다. 팀 버튼Tim Burton의 1988년 영화 〈비틀주스Beetlejuice〉는 영혼의 해방에 대한 이런 생각보다 훨씬 더 현실적이다. 이 영화의 우주관은 두 가지 가정을 바탕으로 한다. 첫째, 죽은 자는 지상의 옛집에 머무는 것이 더 행복하다는 것과 둘째, 산 자와 죽은 자의 목표는 평화로운 공존이어야 한다는 것이다.

이 영화는 지나 데이비스Geena Davis와 알렉 볼드윈Alec Baldwin이 연기한 멋진 부부가 우연히 교통사고로 사망한 후 자신들이 살던 코네티컷주 시골집으로 돌아온 장면으로 시작된다. 〈비틀주스〉의 사후 세계에서는 망자들이 죽음을 당했을 때의 끔찍한 기억이나 집에 어떻게 돌아왔는지에 대한 기억이 전혀 없이 집의 현관문을 들어서게 된다. 망자는 처음에는 모든 것이 정상적이라고 생각하지만, 점차 자신이 더 이상 육체적 형태를 유지하고 있지 않다는 것을 깨닫게 된다. 망자는 추위를 느껴 불을 때지만 따뜻함을 느끼지도 불에 데지도 않는다는 것도 알게 된다. 또한 거울에도 자신의 모습이 비치지 않으며, 자신도 모르게 공중에 떠 있다는 것도 알게 된다.

언어 배우기

이 사후 세계에서 망자는 더 이상 실제 육체가 없기 때문에 이제 망자의 육체적 자아는 '현시(顯示, manifestation)'라고 불러야 한다.

이 사후 세계가 현실과 가장 크게 다른 점은 외모를 마음대로 바꿀 수 있다는 것이다. 망자는 자신의 얼굴을 끔찍한 가면 모양으로 바꾸거나, 손가락 끝에서 눈이 튀어나오게 하거나, 자신의 머리를 자를 수도 있다. 망자는 이 능력을 이용해 자신이 살던 집에 새로 입주하는 사람들에게 무서운 모습을 연출하고 싶을 수도 있지만, 효과는 장담할 수 없다. 산 사람들이 망자를 볼 가능성이 거의 없으며, 설령 본다고 해도 겁을 내기보다는 오히려 흥미를 느낄 수도 있다.

망자가 살던 집으로 이사 온 사람들은 망자들 때문에 다른 집으로 이사 가지는 않을 것이고, 망자도 그 집에서 계속 머무르려고 할 것이다. 더구나 망자에게는 '기능적 한계functional perimeter'가 있기 때문에 살던 집에서 나가기도 힘들다. 집 밖으로 한 발짝만 나가면 황록색 모래와 붉은 산호 모양의 기괴한 암석으로 뒤덮인 황무지로 이동하게 될 것이다. 이 황무지에서는 두 개의 턱을 가진 거대하고 끔찍한 모래벌레가 모래 위를 미끄러지듯 지나갈 것이다. 죽은 자들은 이곳을 토성이라고 부르지만, 우리가 알다시피 진짜 토성은 모래벌레는커녕 표면조차 없는 거대한 가스 행성이다. 어쩌면 이곳은 토성의 위성 중 하나이거나 우리 차원에 속하지 않는 곳일지도 모른다. 하늘에 떠 있는 낯선 행성의 모습은 유혹적일 수 있지만, 너무 그 행성에서 머뭇거려선 안 된다. 토성에서 1초가 지날 때마다 지구에서는 시간이 1초씩 과거로 가기 때문이다.

이런 새로운 상황에 좌절감을 느낀다면 '최근 사망자를 위한 핸드북'을 참조할 수 있다. 물론 이 책은 정리가 제대로 되어 있지 않고, 전자제품 설명서처럼 가독성이 떨어지긴 하지만, 유용한 정보가 많이 들어 있다. 예를 들어, 이 책을 읽으면 사후 세계의 사회복지사가 있다는 사실을 알 수 있다. 하지만 사후 세계 사회복지사는 100년에 걸쳐 세 번만 가능하므로 너무 빨리 이용해서는 안 된다. 사후 세계의 사회복지사는 기괴한 모습의 영혼들이 가득 찬 대기실 옆 사무실에 과로에 시달리는 공무원이다(사후 세계의 이 어두운 대기실에서는 끔찍한 흉터와 절단 부위를 가진 영혼들을 수없이 볼 수 있다). 때로는 이 대기실에 차례를 기다리는 망자들이 몇백 만이 넘기도 한다. 하지만 아무리 이 사후 세계에서의 생활이 힘들어도 시스템에서 벗어나 무리한 시도를 해서는 안 된다. '비틀주스Betelgeuse'*라는 프리랜서 '바이오 엑소시스트'의 꾐에 넘어가면 안 된다는 뜻이다. 천박하고 음산한 비틀주스는 1980년대 영화 〈스카페이스Scarface〉에서 알 파치노Al Pacino가 연기한 악당을 능가하는 존재다.

이 사후 세계에서 망자에게 가장 중요한 것은 산 사람들 사이에 자리를 잡고 살 수 있는 능력이다. 그러기 위해서는 정교한 능력을 가져야 하며 때로는 솔깃한 제안을 거부할 수도 있어야 한다. 예를 들어 정교한 칼립소 연주로 중요한 디너 파티를 방해하면서 산 사람들을 너무 흥분시키면, 산 사람들이 퇴마사를 불러 망자를 내쫓을 수도 있다. 퇴마를 당한 망자는 비참한 망령이 되어 잃어버린 영혼의 방에 영원히 갇히게 된다. 당신이 망자라면 그렇게 되고 싶지는 않을 것이다. 차라리 그냥 다락방에 머물면서 자신의 집으로 이사 온 사람들을 최대한 피하고 그들의 자

* 영화 제목과 발음은 같지만 표기가 다르다.

녀 중 한 명이 유령 숭배자가 되길 원하는 게 가장 속 편한 일일지도 모른다.

The Sheet | 연인들

시트

〈고스트 스토리〉

〈비틀주스〉는 디즈니랜드 유령의 집 전통을 이어받아 유령이 사는 집을 어둡고 무서운 장소가 아닌, 죽은 자들을 신나고 유쾌한 놀이터로 그려냈다. 하지만 모든 유령이 〈비틀주스〉에서처럼 지낸다고 생각하면 곤란하다. 당신이 좋아하는 장소에 대한 애착이 너무 커서 죽은 후에도 그곳에 계속 머물고 싶다는 생각이 든다면, 2017년 인디영화 〈고스트 스토리〉를 보고 경각심을 느껴보자.

이 영화에서 케이시 애플렉Casey Affleck이 연기한 뮤지션은 갑작스러운 교통사고로 아내(루니 마라Rooney Mara 분)을 남겨두고 세상을 떠나게 된다. 그는 아내가 이사를 가자고 했을 때 감정이 격해져 말을 할 수 없을 정도로 아내와 함께 살던 작은 임대주택을 좋아한 사람이었다. 죽은 뒤 그의 영혼은 영안실에서 일어나 흰 시트를 뒤집어 쓴 채 아내를 따라 집으로 돌아간다.

이 영화에서 영혼은 죽는 순간부터 영혼은 눈구멍이 뚫린 시트를 뒤집어쓰고 사후 세계에서 지내게 된다. 아무도 이 영혼을 볼 수는 없다(아주 가끔 아이들이 보긴 한다). 감정이 격해지는 순간에는 물건을 만지고 움직일 수도 있지만, 시트를 뒤집어쓴 상태이기 때문에 마음대로 움직이기는 쉽지 않을 것이다.

또한 이 영혼은 살던 집 밖으로 나갈 수도 없다. 이 사후 세계에서는 영원히 이 상태에 머물러야 한다. 방 안에서 움직이지 않고 서서 사랑하는 사람들이 슬퍼하고, 떠나는 모습을 지켜보는 시간은 극도로 고통스러운 시간일 것이다. 마치 주인이 집으로 돌아오기를 기다리는 개처럼 끝없이 창밖을 보고 있어야 할 것이다. 창밖으로 가끔 보이는 이웃집의 영혼들을 제외하곤 대화 상대도 없을 것이다. 전구를 깜박이게 하거나 책이 선반에서 떨어지게 만들어 산 사람들에게 영향을 미치는 일도 곧 시들해질 것이다.

이렇게 침묵을 지키면서 몇 주, 몇 달의 시간이 흐르게 될 것이다. 그러다 어느 순간 집에 살던 사랑하는 사람이 이사를 가게 되지만, 영혼은 여전히 그 공간에 대한 애착이 너무 커서 떠나지 못하게 될 것이다. 영혼은 사랑하는 사람과 그곳에서 보낸 시간을 추억하기 위해 반복적인 작업에 몰두하거나 심지어는 그곳에서 무엇을 하고 있는지 아예 잊어버릴 수도 있다. 집이 허물어지면 영혼은 잔해 속에 서게 된다. 새 건물이 그 자리를 대신하면 그 건물의 복도를 돌아다니게 될 것이다.

옛 보금자리를 고수하기로 한 결정이 후회되더라도 그냥 떠날 수는 없다. 집의 높은 곳에서 뛰어내리는 등의 방법으로 탈출을 시도할 수는 있지만, 한번 죽은 자가 다시 죽을 수는 없다. 시간이 흘러도 여전히 같은 자리를 벗어나지 못하는 영혼은 자신이 살았던 집이 허물어져도 그 자리에 집에 지어지는 한 계속 그 자리에 머물러야 한다. 집에서 떠날 수 있는 유일한 방법은 마음을 내려놓는 것밖에는 없다. 기다리는 것은 부질없다는 것, 사랑하는 사람이 집으로 돌아오지 않는다는 것, 다시는 사랑하는 사람과 같이 지냈던 시간으로 돌아갈 수 없다는 것을 내면적으로 깨달아야 한다. 그렇게 할 수 있다면 마침내 시트가 벗겨지고 오랜 기다림이 끝날 것이다.

죽은 뒤에 오래된 텔레비전 화면처럼 공중에 하얀 사각형이 열린 것이 보인다면 그 안으로 들어가 보자. 지금 살고 있는 아파트가 아무리 마음에 들어도 이제 이사를 가야 할 때다.

Stairway to Heaven

무채색의 천국

천국으로 가는 계단

〈생사의 문제〉

영화에서는 현실은 칙칙한 흑백 장면으로, 환상의 세계는 화려한 컬러 장면으로 묘사되곤 한다. 더글라스 서크Douglas Sirk의 멜로 영화나 〈오즈의 마법사〉 같은 영화가 전형적인 예다. 하지만 〈생사의 문제〉 연작에서는 환상의 세계인 사후 세계가 흑백의 두 무채색으로 묘사된다.

이 기이하고 놀라운 영화는 1941년부터 1951년까지 마이클 파월Michael Powell과 에머릭 프레스버거Emeric Pressburger가 각본을 쓰고 감독한 영화로, 영국 해협 상공에서 낙하산도 없이 불타는 비행기로부터 탈출한 영국 공군 파일럿 피터 카터Peter Carter의 이야기다. 주인공 카터는 비행기에서 뛰어내렸지만 기적적으로 목숨을 건지게 되고, 비행기에서 마지막 교신을 주고받은 미국 무전 대원과 사랑에 빠지게 된다. 하지만 한 가지 문제가 있다. 지상이 아닌 다른 세계, 즉 저승에서 비상이 걸렸기 때문이다. 원래 카터는 비행기 추락 사고로 죽을 운명이었지만, 이제 그의 목숨은 진정한 사랑과 우주의 영원한 법칙이라는 두 가지 강력한 힘 사이의 균형에 달려 있다. 흑백으로 촬영된 저승은 천국이라는 이름으로 불리지 않지만, 하늘이 천상의 빛으로 반짝이고 죽은 자에게 날개를 달아주는 진줏빛 세계다. 이 영화의 포스터에는 '이 세계가 우리가 알고 있는 세계나 미지의 세계와 닮아있다면 그건 순전히 우연이다'라는 문구가 새겨져 있다.

이 영화는 천국이 아닌 이 세계에 대해 합리적으로 설명하기 위해 노력한다. 영화에서 의사들은 주인공에게 뇌의 '혈관 수막 유착'으로 환각과 발작이 일어나고 있다고 말한다. 살기 위한 주인공이 힘겨운 싸움은 현실에서 일어나는 일이지만, 그 싸움의 구체적인 부분들은 주인공의 상상한 것일 수도 있다.

상상의 산물이든 아니든, 이 영원한 세계는 우주로 이어지는 긴 대리석 계단을 통해 도달할 수 있다. 이 계단을 오르면서 주인공은 카이사르, 셰익스피어, 플라톤, 무함마드, 링컨, 솔로몬, 쇼팽 같은 위인들의 조각상을 보게 된다. 계단을 모두 오른 사람들은 '훈련 센터'에 등록을 해야 하며, 그 뒤에는 선반에서 날개를 집어 들고 바늘이 세 개인 이상한 시계가 위에 걸린 유리문을 통과해 '교육국'으로 들어가야 한다.

현지 식사

제2차세계대전 당시 번잡한 항공 승무원 구역에는 다양한 국적의 조종사들이 끊임없이 몰려들었고, 영화 속 미국 공군 조종사들은 체크인할 때 콜라 자판기를 보고 흥분한다(영화는 추축국 공군 조종사도 이곳에 있었는지는 밝히지 않는다).

절차가 복잡하게 느껴지더라도 걱정할 필요 없다. 이 사후 세계는 질서가 확실하게 유지되는 곳이라 그런 것이다. 대기실 1킬로미터 아래에 있는 넓은 기록실에서는 새로 도착하는 모든 사람에게 번호를 부여하고 모든 사람이 목적지에 도착할 수 있도록 한다. 피터 카터의 경우처럼 수호천사(또는 '안내자')가 픽업 시간을 놓쳤을 수도 있고, 기록이 일치하지 않을 수도 있다. 그런 경우에는 문제를 해결하기 위해 재판을 신청할 수 있다. 재판은 절벽을 등지고 만들어진 거대한 원형극장에서 열린다. 위에서 보면 재판관들의 좌석은 마치 나선형 은하의 중심에 있는 것처럼 보인다.

〈생사의 문제〉에서 우리가 보는 죽은 영혼들은 자신들이 살던 시대에 지상에서 입던 옷을 입고 있기 때문에, 일종의 코스프레 행사처럼 보인다. 피터 카터의 수호천사는 프랑스 대혁명 당시 단두대에서 죽은 18세기 귀족인 '안내자 71번'이다. 이 수호천사는 지상에 내려와 사람들을 보면서 그들의 삶의 화려한 색채에 놀란다. 그는 빨간 장미를 보면서 이렇게 말한다. "이런 색깔을 너무 보고 싶었습니다."

The Stars | 날개 없는 천사도 있다

별

〈멋진 인생〉

뉴욕 베드포드폴스 상공에 위치한 이 우울한 천국에는 죽어서 천사가 된 지 200년이 넘었지만, 여전히 날개를 달지 못한 'AS2 angel second class(2등급 천사)'라는 천사가 있다. 이 천사들은 깐깐한 상급 천사들의 눈치도 보아야 할 뿐만 아니라 지상에서 살아있는 사람들의 변덕에도 휘둘리는 존재들이다.

프랭크 카프라Frank Capra의 1946년 홀리데이 클래식 영화 〈멋진 인생It's a Wonderful Life〉에서 조지 베일리George Bailey라는 남자는 의미 없는 고단함, 실망, 희생의 삶 끝에 사업 실패를 겪고 다리에서 몸을 던지기로 결심한다. 그의 무능한 사업 파트너인 빌리 삼촌이 회사 자금 8,000달러를 유용했기 때문이다. 이 영화는 파산한 사업가가 술에 취해 크리스마스이브에 자살을 결심하는 장면으로 시작하는 특이한 영화다.

하지만 조지가 몸을 던지려는 순간 그의 수호천사 클래런스 오드바디Clarence Odbody(1653년생으로 생전에 시계 제작자였다)가 때마침 조셉과 프랭클린이라는 수다쟁이 선배 천사 두 명과 함께 나타난다. 조지가 간 천국에서 조셉과 프랭클린은 장엄한 나선형 은하의 모습으로 변하지만, 클래런스는 아주 작은 별의 모습으로 변한다.

천국의 유명 인사들

이곳에는 '프랭클린'이라고만 불리는 인물이 있는데, 영화 대본 초안에 '벤저민 프랭클린'으로 표기된 이 인물은 천국에서도 여전히 발명에 몰두하고 있다.

이 천국에서는 시공간을 넘나드는 광범위한 힘을 누릴 수 있다. 클래런스는 조지 베일리에게 그가 존재하지 않는 평행우주를 보여주면서 그가 살아온 삶이 의미 있는 삶이었다고 말한다. 그곳에서 조지의 마을은 판자촌이며, 그의 친구 중 한 명은 매춘부가 돼 있다. 클래런스는 빼돌린 8,000달러로 빌리 삼촌이 무엇을 했는지에 대해 조지에게 말해주지 않는데, 그 이유는 알 수가 없다. 그 이야기까지 하면 영화가 너무 복잡해질지도 몰라 감독이 그렇게 한 것 같다.

이 천국에서는 수호천사도 지상에서 하던 일을 하면서 즐겁게 지낼 수 있다. 마크 트웨인은 이곳에서 글을 쓰고 있으며, 클래런스는 마크 트웨인의 책이 출판되기 한 세기 전에 사망했음에도 불구하고 『톰 소여의 모험』 책을 가지고 있다. 수호천사들은 심지어 죽었을 때 입었던 옷을 그대로 입고 있다(죽을 때 벌거벗고 있지 않도록 주의해야 한다). 하지만 돈과 술은 모두 금지돼 있다.

이 천국에서는 높은 지위에 있는 천사들만 날 수 있다. 날개는 공로가 있는 경우에만 부여되며, 클래런스는 조지의 자살을 막기 전에도 수많은 자살을 막았는데도 아직도 날개를 받지 못했다. 하지만 클래런스는 영화 마지막에 마침내 날개를 얻는다. 천사가 날개를 얻을 때 지상에서는 종소리가 울린다. 지상에서 종소리가 많이 나는 것을 보면 이 천국에서는 매일 수십만 명의 천사가 날개를 얻게 되는 것 같다.

Suicideland | 비정한 세상, 이제 안녕

자살자들의 땅

〈리스트커터스: 러브 스토리〉

단테는 자살한 사람들이 사후 세계의 숲에서 나무줄기에 갇혀 영원히 고문을 당한다고 상상했다. 하지만 2006년에 개봉한 인디 영화 〈리스트커터스: 러브 스토리Wristcutters: A Love Story〉는 자살한 사람들의 사후 세계를 일상적인 세계로 묘사한다. 즉, 이 영화에서 자살자들의 사후 세계는 거의 모든 것이 현실 세계와 같다. 단지 조금 더 나쁠 뿐이다.

물론 자살이 정답은 아니지만, 이런 식으로 사후 세계에 들어가면 자해로 인한 죽음의 상처를 영원히 안고 살게 된다. 예를 들어, 이곳에서는 손목 흉터와 눈에 보이는 머리 상처가 있는 영혼들이 드물지 않다. 익사

자살자는 트림을 많이 하는 경향이 있고, 가스 흡입 자살자는 얼굴이 푸르스름한 색조를 띠는 경우가 많다. 이곳에서는 자살한 사람이 어떤 방법으로 자살했는지 추측하는 것이 인기 있는 놀이 중 하나다.

이곳은 사막과 메마르고 거친 산으로 둘러싸인 낡은 도시다. 실제로는 50대의 자살률이 가장 높지만, 이 영화에서 등장하는 자살자는 주로 20대다. 이곳에서의 이들의 일상은 소파에 앉아서 빈둥거리거나, 형편없는 일을 하면서 고생을 하거나, 싸구려 맥주를 마시거나, 오래된 자동차를 타고 다니던 젊은 자살자들의 삶의 연장이다.

이곳은 이승과 몇 가지 면에서 매우 다르기 때문에 처음 몇 달은 적응하기 어려울 수 있다. 예를 들어, 이곳의 밤하늘에는 별이 없고, 아무도 웃거나 유머러스한 대화를 주고받지 않는다. 이런 우울한 분위기가 자살자들에 대한 처벌 차원에서 조성되는 것은 아니다. 이런 분위기는 삶이 너무 나빠진 사람들에 의해 조직되고 채워진 사회의 자연스러운 분위기일 뿐이다. 영화 속 한 인물은 이렇게 말한다. "살면서 조금이라도 희망이 있었다면 애초에 우리는 이곳에 오지 않았을 것이다."

이곳은 칙칙한 연옥 같은 곳이긴 하지만 볼거리가 아주 없는 것은 아니다. '넬러 캠프Kneller's Camp'라고 불리는 기찻길 옆 판자촌에 들러 작은 기적이 일어날 수 있다는 것을 목격할 수 있기 때문이다(여기서 작은 기적은 잠깐 동안의 공중부양, 사물의 색깔을 변하게 만드는 일 같은 사소한 기적을 말한다). 이 판자촌 근처에는 두 번째 자살로 이 세계를 탈출하려고 하는 사이비 종교 지도자 '메시아 왕'의 성채 같은 저택이 있으니 둘러보는 것도 괜찮을 것 같다.

반드시 피해야 할 것들

도시에서 멀어질수록 문명의 흔적이 더 빠르게 사라지므로 너무 멀리 여행하는 것은 다시 한번 생각해봐야 한다. 도시 밖 황무지에는 녹슨 금속, 타이어, 오래된 선적 컨테이너 등 쓰레기가 가득하다. 자동차에는 번호판이 없고, 상점에 달린 간판의 글씨는 직접 손으로 쓴 것이다. 이곳에 경찰은 따로 없지만, 어떤 사람들은 중고 상점에서 재료를 모아 제복을 만들어 입고 다니면서 경찰 행세를 한다.

이곳에는 'PIC People in Charge(권력자)'라는, 정체를 알 수 없는 사람들이 있다. 이들은 검은색 모자에 흰색 복장을 착용하고 있으며, 아주 가끔 밴이나 낙하산을 타고 긴급 출동을 하기도 한다(이 요원들은 현지인들 사이에 숨어 잠복근무를 하기도 한다). PIC는 알파벳순으로 정리된 서류에 자살자들에 대한 정보를 보관하고 있으며, 아주 드물게 지상으로 돌아갈 수 있는 비자를 자살자들에 발급하기도 하지만, 너무 큰 기대를 하지 않는 것이 좋다. 비자를 받는 것은 하늘에서 별을 따는 것만큼 어렵기 때문이다.

5

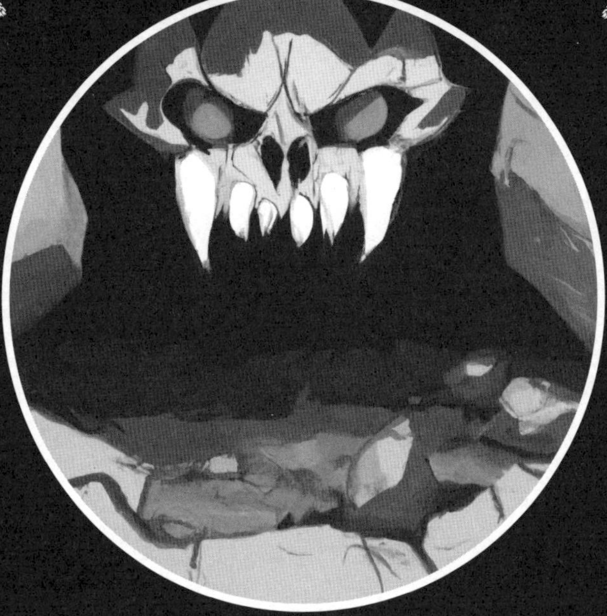

텔레비전

TELEVISION

* 이미지 출처: 셔터스톡 AI 생성기

The Bad Place

"재미는 없지만, 나름 괜찮아."
_ 엘리너 셸스트롭Eleanor Shellstrop *

나쁜 곳

〈굿 플레이스〉

어떤 종교도 사후 세계를 정확하게 묘사하지는 않는다. 대략 5% 정도는 각 종교의 묘사가 맞는 것 같다. 하지만 드라마 〈굿 플레이스Good Place〉의 등장인물 중 한 명인 더그 포셋Doug Focett은 1972년 10월 앨버타주 캘거리에서 야생 버섯을 먹고 환각을 경험한 후 우리가 죽으면 어떤 일이 일어날지 정확하게 예측했다.

이 드라마에서 우주에서 다음의 존재 단계로 넘어간 사람은 '굿 플레

* 〈굿 플레이스〉의 주인공으로, 살아온 삶과 달리 굿 플레이스에 가게 된다(편집자 주).

이스Good Place' 또는 '배드 플레이스Bad Place' 중 한 곳으로 가게 된다. 이 두 곳에서 각각 망자들은 9차원 불멸의 존재들인 322명의 주민으로 구성된 '구역'에 배정을 받아 영원한 행복을 누리거나 영원한 고문을 당하게 된다. 당신의 운명은 인생에서 당신이 한 행동의 총합에 의해 결정된다. 여러분이 지상에서 모든 행동은 윤리적으로 긍정적 또는 부정적 가치를 가진다. 연로한 부모님의 프린터 설치를 돕거나 할로윈에 아이들에게 사탕을 주면 점수가 올라간다. 반면, 특정 야구팀을 응원하거나 여성에게 웃으라고 강요하면 점수가 내려간다.

따라서 인생은 거대한 비디오게임이며, 최고 점수(예를 들어, 100만 점 정도)를 받은 사람만이 굿 플레이스에 갈 수 있다. 안타깝게도 적당주의의 만연으로 진짜 선한 일을 하는 것이 너무 어려워져서 15세기 후반 이후에는 굿 플레이스에 갈 수 없었다. 이런 점수 시스템하에서는 배드 플레이스에 버려진 300억 명의 인간 중 한 명이 될 가능성이 매우 높다. 정말 이상한 시스템이다.

볼 만한 것들

악마들 : 이 존재들을 악마라고 부르는 것은 약간 차별적일 수도 있지만, 배드 플레이스의 용암 괴물, 독뱀, 2킬로미터 크기의 불 오징어는 일반적으로 악마라고 부른다. 사실 애벌레, 굼벵이 괴물, 겁에 질린 소녀,

10대 소년, 거대한 혀 덩어리, 소셜미디어 CEO로도 변하는 이 악마들은 언제 어떻게 다른 모습으로 변할지 예측할 수 없으며, 본 모습이 무엇인지도 알 수가 없다. 그 이유는 배드 플레이스의 인간문제국Bureau of Human Affairs이 더 효율적인 고문을 가하기 위해 악마에게 사람의 몸, 즉 '스킨슈트skinsuit'를 입히는 경우가 많기 때문이다. 그 결과, 고문자는 처음에는 평범한 인간으로 보일 수 있다. 이들은 그림이 그려진 티셔츠를 입은 촌스러운 얼간이의 모습을 하고 있기도 하며, 영화 〈청혼The Bachelor〉, 팝 그룹 '레드핫칠리페퍼스Red Hot Chili Peppers', 셀카봉, 하와이안 피자를 좋아한다. 이들은 영화 〈트랜스포머Transformers〉에서 나오는 것과 같은 이상한 냄새가 나는 '액스 바디 스프레이Axe body spray'를 뿌리고 다니면서 리처드 막스Richard Marx, 록 그룹 '퍼들 오브 머드Puddle of Mudd'의 음악과 캐럴 듣기를 좋아한다. 또한 이들은 돼지 오줌을 마시고, 시간을 마치 코카인처럼 들이마시는 끔찍한 존재들이다.

끝없는 고문 : 〈굿 플레이스〉에 등장하는 고문은 감전시키기, 토막 내기, 독 구덩이에 빠뜨리기, 손톱 뽑기, 몸통을 비틀어 반으로 자르기, 남성 성기를 작게 만들기, 날아다니는 피라냐에게 물리게 하기, 대학 연극 무대에 강제로 서게 하기, 거미로 변하는 음식 먹게 하기, 머리가 네 개 달린 날아다니는 곰에게 괴롭힘 당하기, 전기톱을 든 곰에게 시달리기, 용암을 먹는 벌에게 쏘이게 하기, 이빨 달린 벌에게 물리게 하기, 치과에

서 전동드릴로 이빨을 뚫리게 하기, 번개에 맞아 살이 뜯어지게 하기, 사나흘 동안 계속 벼룩에 시달리게 하기, 거대한 엉덩이를 가진 개미가 살을 파먹게 하기, 전갈이 가득한 카누에 태우기, 전갈로 만든 기저귀 차게 하기, 이케아에서 주말 보내게 하기, 눈을 코르크 마개로 막기, 경기장에서 머리 두들겨 맞게 하기, 바나나 껍질 벗기듯이 팔의 피부 벗기기, 몸이 찢겨 나온 고름을 악마가 빨아먹게 하기, 악마가 목구멍으로 손을 넣어 엉덩이를 안쪽에서 잡아서 뒤집기, 어린이 댄스 발표회에 강제로 가게 하기 등이다.

재닛Janet : 재닛은 인간의 형상을 한 '지식의 그릇'으로, 필요할 때마다 어디선가 '뿅' 하고 나타나는 이웃이다. 재닛은 굿 플레이스에서는 언제든지 원하는 답변이나 아이템을 제공할 수 있는 유쾌한 조력자이지만, 배드 플레이스에서는 가죽 옷을 입고 휴대폰을 보면서 계속 욕을 하고 방귀를 뀐다.

기타 꼭 해야 할 일

배드 플레이스 본부 : 배드 플레이스의 행정 센터에 갈 기회가 있다면, 인간이 저지른 수많은 어리석은 행위와 그로 인한 고문을 기념하는 '인간의 비애 박물관'에 꼭 들러보자. 이 박물관에서 가장 볼 만한 곳은 배드 플레이스에서 가장 덜 충격적인 '저급한 쓰레기들의 전당'이다. 이곳은 성기 사진 보내기, 개방형 사무실에서 치실 사용하기 같은 사소한 악행들을 처음 생각해낸 사람들을 기념하는 곳이다.

숙박시설

중간 장소 Medium Place : 굿 플레이스로 갈 수 없다면 굿 플레이스와 배드 플레이스 사이의 광활한 사막에 위치한 외딴 목장, '민디 세인트 클레어스Mindy St. Claire's 목장'이 최고의 사후 세계 숙박 옵션이 될 수 있다. 민디는 1980년대에 약에 취해 있던 기업 변호사였는데, 죽던 날 세계 최대 규모의 구호 단체를 설립하는 등 엄청난 선행을 베풀었다. 이렇게 특이한 도덕적 행위 때문에 민디는 굿 플레이스도 배드 플레이스도 아닌 중간 장소에 배정됐다. 중간 장소에서는 좋아하는 맥주를 마실 수 있지만, 그 맥주는 따뜻한 맥주다. 이곳에서는 노래도 들을 수 있지만, 아주 흔한 노래밖에 들을 수 없다. 책들은 문고본으로 물때가 묻어 있고, 밤에는 비디오테이프로 〈캐논볼〉 같은 영화를 보며 휴식을 취할 수 있다. 이곳은 영원히 지루하고 평범하게 살아야 하는 곳이다. 하지만 적어도 전기톱을 든 곰은 없으니 다행이다.

이웃집 12358W : 얼마 전, 마이클이라는 배드 플레이스의 '건축가'가 새로운 종류의 고문을 시험하기로 결정했다. 마이클은 굿 플레이스의 재닛 중 한 명을 납치해 그림 같은 산기슭에 고풍스러운 호숫가 마을을 만들게 했다. 이 마을은 굿 플레이스의 마을을 그대로 재현한 것이다. 마이클은 여기에 네 명의 인간을 심은 뒤, 318명의 변장한 악마들로 이 마을을 둘러싸게 만든 다음 그 네 명의 인간이 서로를 고문할 수 있는 완벽한 조건을 만들려고 했다. 하지만 이 인간들은 결점이 있었음에도 불구하고 인격적으로 성장하고 서로를 개선하기 시작하면서 일이 틀어지기 시작했다. 아무리 마을을 '재부팅'해도 인간들은 계속 속임수를 알아냈고, 결국 이 인간들은 마이클과 그의 부하들을 설득해 이런 고문이 비윤리적이라는 것을 인정하게 만들었다.

교통편

배드 플레이스에서는 '천상 횡단 열차'라고 불리는 매력적인(하지만 무더운 날씨에는 답답할 수 있는) 증기기관차를 타고 여행할 수 있다. 망자들은 이 증기기관차를 타고 마을 사이를 오갈 수도 있고, 황무지를 지나 몇 킬로미터를 더 가면 기차의 종점 근처의 '배드 플레이스 본부'를 둘러볼 수도 있다. 하지만 배드 플레이스를 벗어나려면 '관문'을 통과해야 한다. 이 관문은 커다란 은행 금고문 모양의 문으로, 이 문을 통과하면 여러 영역을 오가는 아찔한 경험을 할 수 있다(문을 통과하려면 엄지손가락

로고가 새겨진 배드 플레이스 공식 옷깃 핀이 필요하다).

유용한 여행 정보

사후 세계의 중앙 허브에는 지상으로 돌아가는 문이 있지만, '문지기 제프(Jeff the Doorman)'가 그 문을 지키고 있다. 열쇠는 빅뱅 때 방출된 원자로 만들어졌다. 제프는 개구리를 좋아하기 때문에, 그에게 개구리 모양의 선물을 주면서 환심을 사면 열쇠를 사용하게 해줄 수도 있다.

먹고 마시기

코르크 마개로 눈을 막거나 성기를 작게 줄이는 고문을 제외하면 배드 플레이스의 모든 고문은 시간이 지나면 진부하고 실망스럽게 느껴질 것이다. 배드 플레이스에서는 영화 〈캐리비안의 해적〉이 계속 상영되고, 파티에서는 아칸소주의 베이글이나 병원 자판기의 달걀 샐러드 등 문제 많은 요리가 제공된다. 따라서 배드 플레이스의 인간들은 주로 냉동 요구르트와 같은 실망스러운 메뉴를 제공하는 우스꽝스러운 이름의 식당에서 고문을 당한다. 여기서는 끝없이 냉동 요구르트를 먹어야 한다.

당일 여행지 정보

중립 구역 : 중립 구역에서는 회계 사무나 재닛 보관 같은 두 사후 세계의 관리 기능이 실행되는 곳이다. 이곳의 가장 큰 매력은 '사후 세계의 심판관'을 만날 수 있다는 것이다. 그녀는 우주만큼이나 오래된 강력한 불멸의 존재로, 사실 그녀의 이름은 '하이드로젠Hydrogen'의 줄임말인 '젠'이다. 이 이름이 붙은 것은 그녀가 탄생했을 때 존재하던 유일한 물질이 수소였기 때문이다. 심판관은 나무와 화강암으로 장식된 방에서 인간 영혼의 운명과 관련된 사건을 판결한다. 또한 이 심판관은 부리토를 먹으면서 TV를 보는 것을 좋아한다.

아이홉IHOP : 아이홉이라는 이름은 '차원간의 팬케이크 구멍Interdimensional Hole of Pancakes'의 약자다. 아이홉은 중립 구역에 있으며, 시공간의 10차원 교차로 역할을 한다. 아이홉 안은 크기와 방향이 계속 바뀌는 파란색 원반이 떠다니는, 혼란스러운 바다로 느껴질 것이다. 아이홉 안에서는 가능하면 니드나겔Niednagel(녹색으로 빛나는 민달팽이)과 타임 나이프Time Knife를 피해야 한다.

재닛의 공허Janet's Void : 운이 좋은 여행자라면 각각의 재닛이 '사는' 공간을 둘러볼 수 있다. 이곳은 시간 바깥의 하위 차원, 즉 의식과 물질의 접점에 있는 자유 구역이다. 선한 재닛은 텅 빈 흰색 공허를, 중립적인 재닛은 베이지색 공허를 가지고 있다. 하지만 배드 플레이스에서 재닛의 공허를 엿본다면, 그곳은 쓰레기와 불타는 타이어로 가득 찬 곳이라는 걸 알게 될 것이다.

굿 플레이스 : 마이클과 그의 인간 피험자들에게 유리한 사후 세계 심판관의 판결 덕분에 최근 사후 세계의 포인트 시스템이 개편됐다. 배드 플레이스는 고문을 폐지했고, 굿 플레이스와 배드 플레이스 설계자들이 설계한 일련의 테스트를 통해 망자들이 생전에 가졌던 자신의 단점을 파악하고 고칠 수 있도록 시스템이 개선됐다. 망자는 이 테스트를 계속 받으면서 '재부팅'되며, 이 테스트는 부드러운 차임벨 소리가 들리면서 굿 플레이스로 갈 수 있다는 신호가 표시될 때까지 계속된다. 이 신호가 표시되는 날 망자는 대학 캠퍼스나 호화스러운 은퇴자 호텔처럼 보이는 '환영 센터'로 갈 수 있게 된다. 굿 플레이스에서는 항상 좋은 냄새가 나고, 원하는 물건이 즉시 나타나며(50세 이상의 남성들은 대부분 스스로 연주되는 마법의 기타를 원한다) 오줌이 몸에서 나오자마자 증발하고, 반짝이는 녹색 문을 통과해 현실이든 상상이든 원하는 시간이나 장소로 갈 수 있는 등 끝없는 보상이 주어진다. 또한 이곳에서는 '열두 살 때 가졌던 에너지', '할머니의 포옹', '드라마 〈트윈 픽스Twin Peaks〉를 이해할 수 있는 능력'을 경험하게 해주는 요리들이 준비돼 있다. 이곳에서는 수

천 년 동안도 머물 수 있다. 하지만 이곳의 망자들은 완벽함도 시간이 지나면 시들해질 수 있다는 것을 깨닫고 여행의 결말을 원하게 될 것이다. 그런 날이 오면 꼬불꼬불한 나뭇가지가 아치형으로 이어진 아름다운 숲으로 하이킹을 나가 마지막 평화를 얻을 수 있다. 이 숲에서 고요함을 느끼며 앉아서 기다렸다 마지막 문을 통과하면 된다.

시간 개념

이 사후 세계에서 일정을 잡을 때는 시간이 지구에서처럼 선형적으로 흐르지 않는다는 것에 주의해야 한다. 이곳에서의 시간은 필기체 글씨처럼 꾸불꾸불 흐르면서 계속 반복된다.

The Black Lodge

한번 놀아볼까?

블랙 롯지

〈트윈 피크〉

대부분의 사람들은 사후 세계에서는 인생의 모든 수수께끼와 불확실성에 대해 확실히 알게 될 것이라고 생각한다. 하지만 괴짜 작가이자 감독인 데이비드 린치David Lynch가 상상하는 사후 세계는 그것과는 매우 거리가 멀다. 그가 영화와 드라마에서 묘사하는 사후 세계는 어떤 일이 일어날지 전혀 모르는 상황을 즐기는 사람들의 사후 세계다.

린치와 그의 공동 작업자 마크 프로스트Mark Frost가 만든 드라마 〈트윈 픽스Twin Peaks〉는 1990년 처음 방영되자마자 전 세계를 강타했다. 워싱턴주의 작은 마을을 배경으로 한 이 드라마는 대중적인 TV 연속극과 고차원의 초현실주의가 혼합된, 이전까지 황금시간대에는 볼 수 없었던 작품이었다. 이 드라마는 핵심 미스터리(누가 로라 파머를 죽였을까?)가 풀리기 훨씬 전부터 시작했지만, 그 후 이 드라마의 프리퀄prequel(전편보다 시간상으로 앞선 이야기를 보여주는 속편) 격인 영화가 개봉하고, 드라마와 관련된 책이 출판되고, 2017년에는 TV에서 리메이크 버전이 방영되면서 인기가 계속 이어졌다.

NBC에서 방영된 두 번째 시즌에서 '블랙 롯지Black Lodge'와 '화이트 롯지White Lodge'라는 영역 개념이 등장하면서 이 드라마는 전설적인 드라마가 되기 위한 입지를 굳히기 시작했다. 워싱턴주 북동부 원주민 부족의 전설에 따르면(물론, 실제 전설은 아니다) 이 두 곳은 인간의 영혼이 완벽을 향한 여정에서 통과하는 곳이다. 화이트 롯지는 하늘에서 꿀이 쏟아지고 사슴들이 행복하게 노니는 선과 사랑의 공간이다. 하지만 화이트 롯지의 그림자 같은 존재인 블랙 롯지는 어둠과 악몽의 공간이다. 화이트 롯지의 주민들은 인류의 자비로운 조력자였지만, 블랙 롯지에는 공포와 폭력을 일삼는 분노에 찬 악령들이 살고 있다. 블랙 롯지에서 여행자는 자신의 가장 어두운 충동이 의인화된 '문턱 거주자Dweller on the Threshold'를 만나게 될 것이다. 용기를 가지고 이 도플갱어와 맞서야만 영혼이 앞으로 나아갈 수 있다.

블랙 롯지로 들어가려면 일종의 '대기실'을 거쳐야 한다. 살아있는 사람들은 꿈속에서 블랙 롯지를 엿볼 수도 있고, 글래스톤베리 숲의 플라타너스 뒤에 있는 신비로운 관문을 통과해 블랙 롯지에 들어갈 수도 있다. 블랙 롯지는 벽 대신 빨간 벨벳 커튼과 독특한 지그재그 문양의 바닥이 있는 기묘하고 변화무쌍한 공간이다. 방과 통로는 안락의자, 램프, 고대 그리스풍 조각상들로 장식돼 있다. 커튼 뒤로는 이상한 그림자가 지나다닌다. 바닥 아래에는 물이 있고 커튼 너머에는 끝없이 검은 공허함이 기다리고 있다.

기념품 쇼핑

대기실 테이블 위에 놓여진, 금색과 초록색이 섞인 반지를 찾아보자. 이 반지는 두 세계를 넘나들 수 있는 강력한 부적이다.

블랙 롯지에서는 시간이 거의 의미가 없다. 이곳에서는 여러분보다 훨씬 이전이나 이후에 블랙 롯지에 들어온 다른 영혼들을 만날 수 있으며, 여러분이 듣는 목소리는 헤비메탈 음악에서 들을 수 있는 '사탄의 메시지'처럼 이상하고 왜곡돼 들릴 것이다. 이곳에서는 '소방관Fireman'이라고 불리는 험상궂은 거인, '팔Arm'이라고 불리는 춤추는 작은 남자 같은 정령들이 당신에게 말을 걸 것이다. 이들은 올빼미와 껌에 관한 수수께끼를 푸는 데 써먹을 수 있는, 유용한 정보를 알려줄 수도 있다. 하지만 불투명한 하얀 눈이 빛나는 악랄한 쌍둥이 도플갱어는 조심해야 한다.

특히 블랙 롯지의 문턱을 지키는 두 문지기는 반드시 격퇴해야 한다. 이들과의 싸움에서 지면 당신의 영혼이 완전히 사라지기 때문이다. 또한 이 싸움에서 지면 산 사람들도 위험에 빠질 수 있다. 블랙 롯지의 정령들은 당신의 유기물질 구름에 황금빛 구슬 모양의 씨앗을 심어 당신의 기억을 가지고 세상으로 돌아다니는 속이 빈 복제품인 '툴파tulpa'를 만들 수도 있다. 이 툴파는 당신의 몸에 빙의해 지상에서 끔찍한 범죄를 저지를 수도 있다. 이 모든 것은 꽤나 신경 쓰이는 일들이다. 하지만 긍정적으로 생각해보면, 이런 사후 세계에서는 마음대로 좋아하는 껌을 씹고 뱉을 수 있다는 게 장점일 수도 있겠다.

The Flash-Sideways World

타불라 라사

플래시 사이드웨이

〈로스트〉

ABC 방송에서 〈로스트Lost〉가 처음 방영되던 2004년, 시청자들은 몇 시간 만에 이 드라마의 미스터리를 설명하기 위해 자신만의 이론을 만들어내기 시작했다. 오셔닉 815(주인공들이 탔던 비행기)는 왜 태평양의 미지의 섬에 추락했을까? 열대 지방에 북극곰이 나타난 이유는? 검은 연기의 괴물의 정체는 무엇일까? 하지만 J. J. 에이브럼스J. J. Abrams와 그의 공동 제작자들이 던진 수수께끼를 즐기던 시청자들은 결국 드라마가 그에 대한 답을 제공하지 않는다는 것을 깨닫고 실망하기 시작했다. 그럼에도 불구하고 이 드라마는 6년 동안이나 계속됐다.

초기부터 많은 시청자들은 오셔닉 815호의 생존자들이 실제로는 죽은 사람들이며, 그들이 지내고 있는 섬이 연옥 같은 곳이라는 생각을 했다. 하지만 로스트 제작자들은 인터뷰를 통해 이 가설을 빠르게 반박하면서, 이 신비한 섬은 지자기geomagnetic 효과에 의해 선한 자와 악한 자 모두에게 신비한 힘이 행사되는 곳이지만, 확실하게 현실 세계에 존재하는 섬이라는 것을 분명하게 밝혔다.

그렇게 시간이 흘렀고, 2010년에 방영된 〈로스트〉의 마지막 시즌에서는 이 드라마의 특징인 플래시백flashback(등장인물이 어떻게 이 섬에 오게 됐는지 설명하는 장면)과 플래시포워드flashforward(등장인물이 이 섬에서 구조된 뒤 어떻게 살게 됐는지 보여주는 장면)가, 플래시백과 플래시포워드가 시작될 때 나는 이 드라마 특유의 효과음으로 시작되는 '중간 장면interlude'으로 대체됐다. 로스트 팬들은 이 장면들을 '플래시 사이드웨이flash-sideway'라고 부른다. 마지막 시즌은 주인공들이 섬에서 보낸 마지막 날들과 오셔닉 815가 추락하지 않은 대체 타임라인 사이를 오가며 전개된다. 이 대체 타임라인에서는 운명의 비행기에 탑승한 모든 사람이 로스앤젤레스에 무사히 도착해 각자의 삶을 살게 된다.

〈로스트〉에서는 '플래시 사이드웨이' 장면이 핵폭발 이후의 현실일 수도 있음을 은근히 암시하기도 했지만, 결국 최종회에서 플래시 사이드웨이로 묘사된 세계가 사후 세계의 연옥이라는 것이 밝혀졌다. 조난자들이 섬에서 보낸 시간은 그들에게 매우 중요했기 때문에 마지막 회에서 그들의 모두 다시 만나게 된다.

물론 이 이야기는 전혀 말이 되지 않았고, 시청자들의 반응도 싸늘했다. 하지만 이 마지막 장면이 사후 세계에 대한 흥미로운 관점을 보여주는 것만은 사실이다. 이런 연옥에서는 여러분과 사랑하는 사람들의 영혼이 어떻게든 정신적으로 협력해 기억을 지우고, 지상에서 지낸 사랑하는 사람과 지낸 시간을 추억하고 그 추억을 다른 영혼들과 공유할 수 있으니 말이다.

하지만 당신이 이런 연옥에 가게 된다고 해서 그 연옥에서 잘못된 인생을 한순간에 바로잡을 수 있을 거라고 생각해서는 안 된다. 이 연옥은 꿈속의 공간과 비슷하기 때문에 배경, 가족 또는 직업이 크게 바뀔 수도 있다. 〈로스트〉에서 플래시 사이드웨이로 묘사된 연옥에서는 잭과 줄리엣이 결혼했고, 진과 선이 부부가 아니라 서로의 불륜 상대이며, 소여는 경찰이다. 또한 이 연옥에서는 오래된 적이 친구가 되기도 한다. 로크가 아버지를 사랑하게 되고, 데스몬드가 장인인 위드모어를 위해 일한다. 이 연옥에서 시간은 선형적이지 않으므로, 영혼은 자신보다 훨씬 먼저 죽은 영혼이나 나중에 죽게 될 영혼과도 어울리게 될 것이다. 이 연옥에서는 실제로 존재하지 않았던 사람들의 영혼도 볼 수 있다. 하지만 여러분의 마음과 환상의 '몸'은 연옥에서의 상황이 실제 상황이 아니라는 것을 어느 정도는 알고 있다. 〈로스트〉에서는 등장인물이 문득 기시감을 느끼는 장면으로 이런 상황을 묘사한다. 플래시 사이드웨이 장면에서 멀쩡하던 잭의 목에서 피가 나는 것도 같은 맥락이다(현실에서 잭은 목에 총을 맞아 사망했다).

영혼은 자신이 어디에 있는지 깨달을 때까지 이 연옥에 머물게 된다. 이런 깨달음은 생전에 사랑했던 사람과 함께 있을 때 주로 얻게 된다. 이런 깨달음을 얻는 순간 생전의 모든 추억이 되살아날 것이고, 아직 '넘어가지 못하고' 섬에 갇혀 정글에서 방황하는 영혼이 아니라면, 추억이 되살아나서 다른 영혼들과 함께 다음 단계로 넘어가게 될 것이다.

〈로스트〉의 마지막 회에서 주인공들은 박물관 자선 콘서트에서 모두 만나 근처의 성당으로 향한다. 이 성당의 외관은 확실하게 가톨릭 성당의 모습이지만, 내부는 종교적 보편성을 염두에 두고 꼼꼼하게 꾸며져 있다. 성모 마리아상이 부처상과 비슈누 그림 사이에 놓여있고, 스테인드글라스 창문에는 전 세계의 다양한 종교적 상징이 그려져 있다. 마치 모든 종교의 화합이라는 메시지를 전하고자 하는 것 같다.

잭의 돌아가신 아버지는 "혼자서는 모든 것을 할 수는 없기 때문에 사후 세계는 서로 돕는 세계가 되어야 해. 네게는 그들 모두가 필요했고, 그들은 네가 필요했던 거야. 이제 그들을 기억하면서도 놓아주어야 해"라고 말한다. 그러자 저 너머에서 밝은 빛이 비추고, 추락사고 생존자들은 어디로 가는지 모르지만 모두 함께 앞으로 나아간다. 〈로스트〉는 이렇게 끝난다.

The Great Beyond

맞춤형 사후 세계

저 너머 멀리

〈환상특급〉

방송 제작자이자 작가인 로드 설링Rod Sirling의 TV 시리즈 〈환상특급Twilight Zone〉은 시청자들을 '시각과 청각의 차원뿐 아니라 정신의 차원으로도'으로 안내한 작품이다. 이 드라마는 판타지, 공상과학, 공포, 사회 비평 등을 폭넓게 다룬 작품이기 때문에 드라마 전체를 아우르는 주제가 분명하지 않다는 비판을 받기도 했다. 하지만 〈환상특급〉이 형이상학적인 차원에서 사후 세계를 다루고 있다는 점만은 분명하다. 이 드라마 시리즈의 에피소드 중 최소 12편 이상이 죽음의 미스터리와 그 너머에 있는 것들을 다뤘기 때문이다.

〈환상특급〉의 사후 세계는 불멸의 안식이 개인에게 맞춤화되고, 아이러니한 반전이 있으며, 깔끔한 반전이 숨어있는 세계이며, 이 '상상의 차원'에서 여러분은 모든 것을 제한 없이 상상할 수 있다.

〈환상특급〉의 거의 모든 에피소드에서 죽음은 사후의 새로운 상황을 설명하고 저승으로 데려다주는 개인 맞춤형 사자로 묘사된다. 예를 들어, '히치하이커The Hitch-Hiker' 에피소드에서 죽음은 미국 고속도로의 갓길에서 사는 과묵한 노인의 모습으로 묘사된다. '어둠 속의 공허Nothing in the Dark' 에피소드에서 죽음은 잘생긴 경찰관이다(젊은 시절의 로버트 레드포드Robert Redford가 이 역을 연기했다). '천사들을 위해One for the Angels' 에피소드에서는 순찰이 지연되는 것에 화를 내는 깐깐한 경찰관으로 묘사된다. 어떤 경우든 망자 외에는 이렇게 인간의 형태를 띤 죽음을 볼 수 없다. 죽음은 필요한 경우에는 속임수를 써서라도 망자에게만 자신의 존재를 드러내기 때문이다. '천사들을 위해One for the Angels' 에피소드에 등장하는 죽음은 가정 형편이 어렵거나, 반드시 마쳐야 하는 일이 있거나, 과학이나 정치 분야에서 꼭 해야 할 일이 있는 경우에는 드물지만 망자를 다시 이승으로 보낼 수 있으며, 망자가 죽음을 거부하는 경우에는 다른 영혼을 대신 저승으로 데려가 장부를 채워야 한다고 설명하기도 한다.

드물기는 하지만, 고령의 여행자 일부는 혼자서 저승으로 가지도 한다. '저승으로 가는 배 레이디 앤Passage on the Lady Anne' 에피소드에서는 한 무리의 노인들이 자신들이 신혼여행을 떠났던 것과 같은 폐선 직전의 호화 여객선을 전세로 빌려 저승으로 향한다. 젊은 커플도 실수로 이

배를 예약했지만, 레이디 앤이 안개 속으로 사라지기 전에 북대서양에서 구명보트에 던져져 버려진다.

예고 없이 죽음이 찾아오는 끔찍한 경우에는 적어도 처음에는 자신이 죽었다는 사실조차 깨닫지 못할 수 있다. '트럼펫을 위한 길A Passage for Trumpet' 에피소드에서 망자들은 지상의 도시와 똑같이 만들어진 곳에서 살면서 조용히 오전 9시에서 오후 5시까지 일상을 반복한다. 특히 고집이 세거나 죄책감이 강하다면 이곳에서의 생활이 영원히 지속될 수도 있다. '죽음의 배Death Ship' 에피소드에서는 세 명의 우주비행사가 같은 외계 행성에 계속 불시착하지만, 자신들이 우주의 유령이 되었다는 사실을 받아들이지 못한다. 그리고 '심판의 밤Judgment Night' 에피소드에서는 자신이 영국 상선을 침몰시킨 밤을 계속 되새기던 전직 잠수함 함장이, 화물선에 탑승한 무기력한 승객이 돼 지옥을 경험한다.

하지만 대부분의 에피소드들에서는 악마가 직접 망자를 개인 맞춤형 지옥으로 인도한다. 이 여행 중에 경계를 늦추지 않으면 천국도 아니고 지옥도 아닌 애매한 곳에서 방황하게 될 수도 있다. '방문하기 좋은 곳A Nice Place to Visit' 에피소드에서는 경찰의 총에 맞아 사망한 깡패가 호화로운 아파트에 살면서 미녀를 사귀고 카지노에서 도박을 즐기지만, 그를 그곳으로 안내한 악마는 그가 뭔가를 오해하고 있다고 말한다. 악마는 깡패가 그곳에서 빈둥거리면서 천국에 왔다고 생각하지만 지내다 보면 그곳이 바로 지옥이라는 것을 깨닫게 될 것이라고 설명한다. '사냥The

Hunt' 에피소드에서는 평생 숲속에서 혼자 살던 망자가 천국 문 앞에서 자신의 사냥개를 데리고 들어갈 수 없다는 문지기의 말을 듣고 천국 입성을 거부한다. 하지만 알고 보니 이 문은 개들이 들어갈 수 없는 지옥으로 통하는 문이었고, 이 사람의 사냥개는 지옥의 유황 냄새를 맡고 주인에게 경고하기 위해 짖었던 것이었다.

〈환상특급〉에는 악마뿐만이 아니라 천사도 등장한다. '트럼펫을 위한 길' 에피소드에서 대천사 가브리엘은 트럼펫 연주자 잭 클루그먼Jack Klugman이 연기한 망자에게 두 번째 삶의 기회를 주면서 일반적으로 대부분의 여행자는 평화로운 보상을 받는다고 말한다. 로버트 레드포드가 연기한 죽음Mr. Death은 한 노파에게 죽음은 '충격도 없고, 삼켜지지도 않고, 찢어지지도 않는 것'이라며 "당신이 끝이라고 생각한 것이 시작이었습니다"라고 말한다. '사냥' 에피소드에 등장하는 촌뜨기는 영원히 멧돼지 사냥과 춤을 즐기며, '윌러비에서 멈춤A Stop at Willoughby' 에피소드에서 과로에 시달리던 한 광고 담당 임원은 밴드 공연장, 낚시터, 친절한 이웃, 큰 바퀴와 작은 바퀴가 달린 자전거가 있는 1888년경의 한적한 미국 마을에 도착한다. 〈환상특급〉에서 묘사되는 천국도 지옥과 마찬가지로 개인에게 맞춰진 곳이다.

하지만 〈환상특급〉에서는 삶과 죽음 사이의 장벽이 매우 얇다는 것도 보여준다. 이는 천국에 일단 들어갔다고 해서 영원한 평화가 보장되는 것은 아니라는 것을 암시한다. 예를 들어, '당구 게임A Game of Pool'에서 잭 클루그먼이 연기한 당구 선수는 삶과 죽음의 경계를 넘나든다.

사소한 여행 정보

배우 잭 클루그먼의 이름이 자꾸 나오는 것은 그가 〈환상특급〉 시리즈에서 세 편의 에피소드에 등장했기 때문이다. 배우 글래디스 쿠퍼(Gladys Cooper)도 이 시리즈에서 세 번 각각 다른 인물로 등장했다.

잭 클루그먼이 연기한 등장인물은 이 에피소드에서 팽팽한 당구 게임을 벌여 조너선 윈터스Jonathan Winters가 연기한 당구 챔피언을 물리친다. 하지만 윈터스를 대신해 당구 챔피언이 된 그는 천국에서 당구를 즐기다가도 자신에게 도전하는 선수가 나타나면 지상으로 내려와야 한다(천국 당국에서 안내 방송을 해준다). 〈환상특급〉은 진지한 신학적 고민보다는 이런 재미있는 일들이 중요한 드라마다.

Heaven Inc. | 성공을 위한 사다리

천국 주식회사

〈미라클 워커〉

'헤븐 주식회사'는 우주 최고의 직장은 아니다. 각 은하계에는 그 은하계에 속한 행성들의 생명체 관리를 담당하는 사후 세계 회사가 있으며, 그중 일부는 매우 훌륭하게 임무를 수행하고 있다. 하지만 지구를 관리하는 헤븐 주식회사는 그렇지 않다. 헤븐 주식회사 사장은 피곤에 절어있고, 인사부 직원들은 게으르며, 직원으로 일하는 천사들은 창고 바닥에 앉아 농성을 하고 있는 한심한 회사다. 게다가 이 회사의 '오류 통제' 부서는 한 번도 제대로 지구의 인간들이 저지르는 오류를 통제한 적이 없다. 하지만 무작위로 이 회사에서 배치됐다면 나름대로 최선을 다하는 수밖에는 없다.

대니얼 래드클리프Daniel Radcliff와 스티브 부세미Steve Buscemi가 주연을 맡은 TV 코미디 시리즈 〈미라클 워커Miracle Workers〉의 첫 번째 시즌에서 천국은 정유 공장처럼 보이며, 지구는 파란 하늘 위에 떠 있는 엄청나게 큰 천체로 보인다. 죽은 뒤에 당신은 벌거벗은 중년의 모습으로 다른 영혼들과 함께 가로 5미터, 세로 4미터의 엘리베이터에서 깨어날 것이다. 이 엘리베이터를 타고 1층에 도착하면 회색 트레이닝복과 파란색 오리엔테이션 서류 폴더를 받고 천국 주식회사에 도착한 것을 환영받게 된다. 이제 여러분은 천사이며, 지구를 원활하게 운영하는 것이 여러분의 임무다.

여러분은 곧 회사 매뉴얼과 핸드북에 따라 지구의 사람들을 감독하는 헤븐 주식회사의 다양한 부서 중 한 부서에 배치될 것이다. 헤븐 주식회사에는 구름 부서, 체취 부서, 흙 부서, 화산 안전 부서, 심지어 남성 젖꼭지 부서도 있다(남성 젖꼭지에서는 원래 오렌지주스가 나오도록 설계됐지만 오류가 발생해 지금은 오렌지주스가 나오지 않고 있다. 이 문제는 수천 년이 지났지만 아직 해결되지 않고 있다).

휴식 시간에는 직원용 카페테리아에 가는 것보다는 주변을 둘러보는 것이 좋을 것이다. 시간은 얼마든지 있다. 이 회사의 어두운 지하실에는 놀라운 것들이 가득하다. '매머드 전담 부서'는 문을 닫은 지 수 세기가 지났지만 엄니 분석 기계에 플러그를 꽂아 작동하는지 확인해 볼 수는 있다. 그 옆에 있는 '기도 응답 부서'는 한 명의 직원이 매일 지구에서

200만 건의 청원서를 받아 그중 서너 건을 처리하는 곳이다(세계 평화나 안정적인 와이파이 같은 '불가능한' 소원을 비는 기도가 대부분이다. 직원은 항상 자동차 열쇠 분실 같은 쉬운 문제만 해결한다). 심지어는 이 회사에서는 보라색 불이 깜빡이는 전기 차단기 상자의 모습을 한 죽음도 볼 수 있다. 위쪽에 있는 임원용 사무실도 반드시 둘러보아야 한다. 상자처럼 생긴 이 흰색 궁전은 공장 위에 떠 있으며, 엘리베이터를 타야 올라갈 수 있다. 반짝이는 호텔 로비처럼 보이는 곳은 임원인 대천사들과 그들을 보좌하는 직원들이 일하는 곳이다.

CEO 집무실을 들여다보는 것은 의외로 쉽다(CEO의 비서 로지Rosie는 스도쿠에 정신이 팔려 있을 것이다). 이곳에는 그랜드피아노와 아치형 채광창이 있다. 하지만 자세히 들여다보면 천국 주식회사가 왜 이렇게 한심한 지경에 이르렀는지 알게 될 것이다. CEO인 신이 오래전부터 진이 빠져 있는 상태로 지내고 있는 것을 볼 수 있기 때문이다. 그는 하루 종일 속옷이나 파자마 바지 차림으로 하얀 소파에 앉아 무한히 높은 벽면의 TV를 통해 지구를 바라보면서 수정 그릇에 담긴 사탕을 먹고 있다. CEO도 우리처럼 평범한 존재인 것 같다.

신에 대한 정보

천국 주식회사의 CEO인 신은 최고의 존재이지만 좀 문제가 있다. 가족들로부터 따돌림을 당하고 있다는 것이다. 신의 가족들은 하늘에 떠 있는 섬에 있는 저택에 모여 각자의 은하계에서 이룬 성공을 자랑하지만, 지구 주식회사의 신은 성과가 초라해 입을 다물고 있어야 한다. 그는 우리 태양계에서 단 하나의 행성만 작동하도록 만들었고, 다른 행성들은 대부분 너무 뜨겁거나 항상 얼어붙어 있도록 방치했다. 또한 우리 신은 행성들 사이의 공간을 마무리하는 것을 잊어버려 그 공간이 불로 가득 차 있다. 그의 가족은 그가 왜 창조물들에게 자유의지를 주었는지 이해할 수 없다며 우리 신이 저지른 '초보자의 실수'를 책망하곤 한다.

Heaven
vs.
Hell

사담과 고모라

천국 대 지옥

〈사우스 파크〉

〈사우스 파크South Park〉는 주인공 중 한 명을 98번이나 죽일 정도로 사후 세계를 많이 다룬 TV 시리즈다. 실제로 이 시리즈는 애니메이션 자체보다 신학적인 생각에 훨씬 더 많은 시간과 노력을 할애하고 있다.

특히 1999년에 개봉한 영화 버전은 지옥을 상당히 많이 다루고 있기 때문에 시청자들은 지옥이 나오는 〈사우스 파크〉 시리즈에 익숙함을 느낀다. 〈사우스 파크〉의 지옥은 연기가 자욱하며, 용암과 뾰족한 바위가 가득 찬 동굴이다. 또한 이 지옥에서는 머리 위를 날고 있는 용이 내뿜는 불꽃도 항상 조심해야 한다. 게다가 가시 창으로 찔러대거나 침을 뱉어

대는 악마는 끔찍한 동물 잡종부터 눈이 휑하고 덩치가 작은 도깨비까지 매우 다양한 모습을 하고 있다. 하지만 지옥에서 가끔씩 열리는 '루오 선데이Luau Sunday'와 같은 특별한 이벤트를 놓쳐선 안 된다. 이때는 사탄이 직접 근처 용암 웅덩이에 그물을 던져 잡은 물고기로 저녁 식사를 만들어 줄 수도 있다.

지옥을 지배하는 어둠의 군주는 어깨가 건장한 아저씨처럼 생겼으며, 다리는 염소 다리이며 금속으로 만든 벨트를 머리에 두르고 있다. 어둠의 군주는 한때 지옥의 부유한 구역인 웨스트사이드에 있는 '리버 스틱스 콘도'에 살면서 사담 후세인과 교류를 시도했지만, 관계가 잘 풀리지는 못했다. 사담은 잔인한 사디스트였던 반면, 사탄은 인형을 수집하고 양육과 포옹을 매우 중시하는 부드러운 존재였기 때문이다.

현재 사탄은 용암 분수와 흰 해골로 둘러싸인 성에 살고 있다. 그의 부하로는 조수인 데모니우스Demonius(마음의 문제에 대해 조언하는 역할을 맡고 있는 미녀 여왕), 존베넷 램지JonBenét Ramsey(여섯 살 때 살해당했다), 연쇄살인범 트리오인 제프리 다머Jeffrey Dahmer, 존 웨인 게이시John Wayne Gacy, 테드 번디Ted Bundy 등이 있다. 〈사우스 파크〉의 지옥에는 히틀러나 김일성처럼 쉽게 예측이 가능한 사람도 있지만 다이애나비, 마이클 랜든Michael Landon, 진 시스켈Gene Siskel 같은 의외의 사람들도 많다.

〈사우스 파크〉의 종말론에서는 사실상 모든 사람이 지옥에 가기 때문이다. 연옥 건너편에는 성 베드로가 지키는 금빛 문 뒤에 반짝이는 구름들로 둘러싸인 금과 대리석으로 만든 아치형 도시인 천국이 솟아 있다. 이 천국을 디자인적인 측면에서 보자면 돔형 성당과 티베트 라마교 사원 사이 어딘가에 있다고 할 수 있다. 〈사우스 파크〉의 거의 모든 에피소드에서 이 천국은 흰색 반팔 블라우스나 드레스 셔츠를 입은 단정한 모르몬교도들만 사는 곳으로 묘사된다. 운이 좋게도 이들과 함께 건전한 활동을 할 수 있다면 제스처 게임, 달걀 상자로 물건 만들기, 기타를 치며 가족들이 좋아하는 노래를 부르기 등을 하면서 즐겁고 바쁘게 지낼 수 있다. 또한 이런 활동 뒤에는 항상 쿠키와 음료수가 제공된다.

〈사우스 파크〉에서는 신이 고양이 귀, 다람쥐 발, 코끼리 발을 가진 하마 같은 존재라는 사실이 놀라울 수도 있지만, 적어도 〈사우스 파크〉의 등장인물들은 신을 그렇게 인식하고 있다. 최근 수십 년 동안 신은 병사의 수를 늘리기 위해 모르몬교도가 아닌 사람들도 천국에 들어갈 수 있도록 허용했다. 신은 어떤 인간이 가장 천국에 갈 수 있는 가능성이 높은지 파악하기 위해 '소니 PSP 콘솔'과 '천국 대 지옥'이라는 비디오게임을 만들기도 했다. 이 게임은 영혼을 거두는 사탄의 부하들, 검은 기사Black Knight, 악마의 군대와 싸우는 게임이다. 〈사우스 파크〉의 주인공 중 한 명인 케니 맥코믹Kenny MacCormick은 천사들의 대장을 맡게 됐을 때 〈라스트 스타파이터Last Starfighter〉라는 이름의 이 비디오게임에서 영감을 받아 작전을 성공시키기도 했다. 그 상으로 케니는 천국에서 가장 큰 상인, 금으로 만든 키아누 리브스Keanu Reeves의 실물 크기 동상을 받게 된다.

〈사우스 파크〉의 사후 세계에서는 부활도 선택할 수 있다. 하지만 케니 맥코믹의 기이한 사례에서 알 수 있듯이 이 사후 세계 사람들은 당신이 사라졌다는 사실조차 아무도 기억하지 못할 것이다.

유명 인사 구경하기

〈사우스 파크〉의 사후 세계는 연옥 옵션도 제공한다. 하지만 이 연옥은 지옥과 마찬가지로 최근 사망한 유명인들로 가득 차 있다. 2009년의 한 에피소드에서는 유명인 유령들이 '일시적인 존재의 비행기', 즉 연옥에 갇히는 장면이 나온다. 실제로 이곳은 게이트에서 뒤로 밀려나 이륙할 수 없게 된 비행기처럼 생겼다. 승무원이 계속 이륙 지연을 알리는 동안 이 유령들은 몇 달 동안 연기가 자욱한 좌석에 앉아 있어야 한다. 기장으로부터 어떤 설명도 듣지 못하고, 화장실도 이용할 수 없고, 음료도 제공되지 않는다. 가지고 탄 유일한 짐은 감정적인 짐뿐이다(2009년에는 마이클 잭슨의 유령이 자신이 죽었다는 사실을 인정하지 않아 비행기가 이륙 지연된 적이 있다).

Lakeview, by Horizen

디지털 천국

레이크뷰

〈업로드〉

'인생 최고의 날들은 인생이 끝난 뒤에 시작됩니다.' 2033년을 배경으로 하는 드라마 〈업로드Upload〉는 미래의 컴퓨터 시스템이 구현하는 가상 천국을 둘러싸고 벌어지는 일들을 다루고 있다.

2020년에 시작된 아마존Amazon의 코미디 시리즈 〈업로드〉에서 쇠퇴해가고 있던 가까운 미래의 미국 기업들은 가상현실에서 구현되는 사후 세계를 새로운 상품으로 출시한다. 병원에는 응급실 근처에 '업로드 룸UR'이 있으며, 환자가 마지막 숨을 거두기 전에 이 업로드 룸에 들어가면 의식이 가상의 천국으로 업로드된다. 이 과정에서 환자의 머리는 디지털화돼 사라지지만, 불멸의 대가이므로 어쩔 수 없다.

업로드를 선택하면, 당신은 커다란 단색 픽셀들로 세상이 구성돼 있다는 느낌을 받게 될 것이다. 프로그램이 당신의 신경 말단을 찾아내면 팔다리를 바늘로 찔리는 것 같은 느낌도 받게 될 것이다. 하지만 이때 자신의 의식 상태에 집중하여 잘 버텨낸다면, 당신은 당신 자신 또는 가족이 구매한 사후 세계에서 깨어나게 된다. 레이크뷰Lakeview처럼 호화로운 곳에서 깨어나도록 설정돼 있기를 바란다.

레이크뷰는 북미의 웅장한 빅토리아풍 호텔을 모델로 한 산악 리조트다. 이 디지털 파라다이스는 매년 수천 개의 층이 새로 추가되지만, 투숙객은 5층 단위로 늘어나는 객실에서만 만날 수 있기 때문에 붐비는 느낌이 들지는 않는다.

레이크뷰에서는 고객서비스 담당자인 '천사'가 맞춤형 환영 서비스를 제공하며, 언제든지 당신(그리고 47명의 다른 고객들)은 천사에게 다양한 서비스를 요청할 수 있다. 이곳에서의 당신의 아바타(디지털 천국에서의 당신의 모습)가 소가 혀로 머리를 핥은 모양을 하고 있거나 호주 억양을 쓰는 캐릭터처럼 이상하게 나타난다면 그건 천사들의 잘못이다.

이 호화로운 디지털 낙원은 지상의 편의시설들보다 더 좋은 것들로 가득 차 있다. 조식 뷔페에서는 메이플 베이컨 도넛을 먹을 수 있으며, 객실에는 창문 밖으로 보이는 풍경을 자신이 원하는 풍경으로 바꿀 수 있는 장치가 달려있으며, 인생에서 일어났던 모든 일을 볼 수 있는 '추억의 방'이 마련돼 있고, 반려동물이 실제로 말로 조언을 해주는 '펫 테라

피' 서비스를 받을 수 있다. 이곳에서는 방귀 냄새도 역겹지 않으며, 조준을 잘못해도 항상 오줌이 변기 안으로 정확하게 들어간다. 사실 이곳에서는 삶이 너무 단조롭고 완벽해서, 일부 입주자들은 감기 같은 가벼운 병에 일부러 걸리기도 한다.

역사를 좋아하는 사람들을 위한 정보

레이크뷰의 초기 버전에서는 업로드된 동물이 먹지도, 배변을 가리지도, 눈을 깜박이지도 못했지만 그 후로 계속 개선이 이뤄졌다. 요즘에는 정기 업데이트를 통해 고래, 유니콘 같은 동물들이 추가됐다. 또한 요즘에는 정교한 프로그래밍을 통해 고객들이 음식의 감칠맛을 느낄 수 있게 됐다.

레이크뷰의 공공연한 비밀은 추가 비용에 있다. 무료 액티비티는 많지만, 미니 바와 안내데스크 위에 항상 표시되는 업그레이드 버튼 또는 '앱 내 구매' 버튼을 누르면 호라이즌Horizen(레이크뷰의 운영사)에서 고객에게 요금을 청구한다. 조식 메뉴에 아보카도를 추가하고 싶으면 이렇게 비용을 지불하면 된다. 늘 헤어스타일이 같은 호텔 직원과 싸우고 싶으면 돈을 내고 '게임 모드'를 이용하면 되고, 눈에 늘 보이는 광고를 없애거나 '사생활 모드'를 이용해 호라이즌의 간섭을 피하고 싶을 때도 돈을 내면 된다.

잊지 말아야 할 것이 있다. 당신은 당신의 의식을 거대 기업에 팔아넘겼다는 사실이다. 그들은 여러분이 가진 기억의 내용을 모두 추출할 수도 있고, 마케팅에 이용할 수도 있다. 리조트의 모든 나무에 있는 나뭇잎에는 호라이즌의 바코드가 표시돼 있다. 월 이용료가 한 번이라도 연체되면 고객은 모든 특권을 잃고 호텔 내부의 하얀 형광등 불빛이 비치는 복도에 늘어선 방으로 쫓겨나 '2기가2-Gigs' 신세가 된다. 2기가가 되면 편의시설을 이용할 때마다 매번 먼저 돈을 내야 한다. 이들의 방에는 아무것도 없으며, 이들이 이용하는 식당은 최소의 음식만 제공한다. 또한 이들은 책도 샘플 페이지밖에는 읽을 수 없다. 2기가들은 항상 머리 위에 지난 청구 기간 동안 사용한 데이터양이 표시되며, 데이터가 모두 소진되면 다음 달까지 아바타가 흑백으로 변하면서 활동이 정지된다. 따라서 너무 많이 생각하거나 너무 많은 감정을 느끼는 등, 데이터를 너무 많이 사용하는 활동은 피해야 한다.

유용한 여행 정보

레이크뷰에서 호라이즌의 감시자들을 피할 수 있는 방법이 있다. 레이크뷰 부지를 둘러싼 울타리에서 틈새를 찾아보자. 이 틈새는 네온사인이 켜진 탑 모양의 '그레이 마켓(Grey Market)'으로 들어가는 입구다. 그레이 마켓에서는 상상할 수 있는 모든 암흑세계 상품이 판매되고 있다. 본인의 아바타를 업그레이드하거나 필수품인 '유명인의 추억'을 구매할 수 있는 시간은 1시간이며, 이 시간 내에 구매한 후 레이크뷰로 돌아가지 않으면 호라이즌이 당신의 부재를 알아내고 당신의 모든 파일을 지울 것이다.

레이크뷰 거주자들은 '바이오bio'라고 부르는 산 사람들과 화상통화를 할 수 있다. 살아있는 배우자가 레이크뷰에 일시적으로 업로드돼 남편이나 아내를 만날 수도 있다. 연인들의 경우는 '허그 슈트hug suit'를 통해 레이크뷰에 방문할 수도 있다. 하지만 산 사람들과 접촉할 때는 레이크뷰 거주자들과 현실 세계를 연결하는 빛의 흐름인 '토렌트Torrent'를 조심해야 한다. 이 토렌트에 노출되는 것은 자살 행위다. 당신의 뇌는 이미 죽을 때 사라졌고, 당신에게 남은 것은 0과 1밖에 없는 상태에서 이 토렌트에 닿게 되면 당신은 영원히 사라져야 한다.

물론 레이크뷰는 수백 가지의 업로드 옵션 중 하나일 뿐이다. 잠재 고객들은 커다란 공기압 튜브를 통해 고급스러운 디즈니 애니메이션 스타일의 천국에서 저렴한 빌라들이 있는 천국까지 다양한 옵션을 미리 볼 수 있다. 이렇게 미리보기를 통해 고객은 〈내셔널지오그래픽 채널〉에서 볼 수 있는 사바나 스타일의 천국에서 모험을 선택할 수도 있고, 카지노들이 가득한 천국에서의 도박을 선택할 수도 있다. 원하는 모든 형태의 천국 선택이 가능하다. 하지만 떠들썩한 이탈리아계 미국인의 업로드 천국은 선택하지 않는 것이 좋을 것 같다. 프랭크 시나트라Frank Sinatra(유명한 이탈리아계 미국 가수)를 정말 좋아하는 게 아니라면 말이다.

Larry's Heaven

아주, 아주, 아주 좋아

래리의 천국

〈커브 유어 엔수지애즘〉

HBO에서 방영된 드라마 〈커브 유어 엔수지애즘Curb Your Enthusiasm*〉에서 코미디언 래리 데이비드Lary David(적어도 그의 가상의 분신인 래리 데이비드)는 인간이 겪을 수 있는 모든 수치심과 모욕감을 겪으며 살아온 사람이다. 이런 그가 죽음과 그 여파라는 궁극적인 시련에 직면하게 되는 것은 당연한 일이다.

2005년 방영된 '끝The End' 에피소드에서 래리는 친구 리처드 루이

* '당신의 열정을 제어하세요'라는 뜻.

스Richard Lewis에게 신장을 기증하지만 병원에서 합병증으로 사망하게 된다. 래리는 심장이 멈추면서 천장을 향해 떠 있는 자신을 느끼는데, 곧 천장이 열리면서 밝은 구름이 하늘을 덮고 빛의 터널을 보게 된다.

래리 데이비드를 맞이했던 천국은 사후 세계를 다룬 TV 프로그램에서 볼 수 있는 안개가 자욱하고 드라이아이스 기계에서 뿜어져 나오는 연기가 밑에 깔려 있는 곳이다. 이곳은 유대인들만의 천국은 아니다. 이곳은 그림처럼 아름다운 대리석들, 갈라지고 이끼가 낀 열주, 고전적인 조각상들이 구름 사이로 엿보이는 곳이다. 이유는 알 수 없지만, 이곳에는 잎이 하나도 없는 나무가 한 그루 있다.

구름 속을 돌아다니며 수다를 떠는 영혼들은 대부분 후드가 달린 흰 옷을 입고 있지만, 처음 이 천국에 온 사람은 지상에서 입던 옷을 그대로 입고 있을 수도 있다. 래리 데이비드의 영혼은 베이지색 폴로 위에 흰색 스포츠 코트를 입고 있다. 래리처럼 죽을 때 대머리였다면 이 천국에서는 풍성한 머리칼을 자랑하게 될 것이다.

이곳에서는 망자의 인생에서 수호천사 역할을 했고, 망자의 모든 것을 알고 있으며, 풍성한 수염을 기른 두 명의 가이드가 오리엔테이션을 진행하고 천국 곳곳을 안내해 줄 것이다. 운이 좋으면, 여러분이 좋아하는 유명 인사들을 만나게 될 것이다(래리는 스페인의 탐험가 후안 폰세 데 레온Juan Ponce de León, 배우 마릴린 먼로Marylin Munroe, 프로골퍼 벤 호건Ben Hogan을 만났다. 벤 호건은 래리와 함께 골프를 치고 싶어 했다). 운이 나쁘면,

피하고 싶었던 과거의 사람들과 마주칠 수도 있다. 래리는 비 아서Bea Arthur가 연기한 그의 잔소리쟁이 엄마를 만났다.

천국의 기쁨과 영광에 대해서는 많은 것이 알려져 있지만, 래리가 가장 먼저 알아차린 것은 성경에 언급되지 않은 일종의 행복, 즉 더 이상 소변을 볼 필요가 없다는 것이었다. 노인인 상태에서 이 천국에 온 사람에게는 꽤 큰 장점이 아닐 수 없을 것이다.

The
1928 Porter

업보의 바퀴

1928년형 포터

〈우리 엄마가 자동차가 됐어요〉

"조만간 우리는 두 번째 생에서 다시 돌아온다는 것을 누구나 알고 있습니다"라는 대담한 신학적인 주장으로 시작되는 TV 드라마 〈우리 엄마가 자동차가 됐어요My Mother the Car〉의 주제곡은 '고양이에서 사람 잡아먹는 악어에 이르기까지'라는 가사로 시작한다. 하지만 1965년에 단기간 방영됐던 이 시트콤에서 데이비드 크랩트리David Craptree의 사망한 어머니는 1928년형 골동품 포터 투어링 카로 환생해 아들의 삶에 다시 등장한다.

왜 자동차일까? 고대 힌두교도들이나 불교도들은 자신이 쟁기나 풍차 같은 것으로 환생할지도 모른다는 생각을 전혀 하지 못했겠지만, 현대에 들어서 기술이 고도로 발달함에 따라 사람들은 자신이 기계로 환생할 수도 있다는 생각을 하는 것 같다. 데이비드의 엄마는 아들에게 죽은 자의 귀환 형태는 선택의 여지가 없으며, 실제로 대부분의 망자는 이승으로 돌아오지 않기를 바라기 때문에 환생 지원자는 거의 없다고 말한다. 하지만 엄마는 자신의 지인 중 한 명은 포드 에드셀Ford Edsel*로 환생했다며, 자동차로 환생하는 것이 대세라고 말한다. 그렇다면 오늘날 환생한 영혼이 세그웨이, 레이저 프린터, 로봇청소기 같은 최신 기계를 선택할 수도 있다는 뜻일까?

자동차가 돼 지구로 돌아온다 해도 인간의 기능 대부분은 그대로 유지된다. 자동차 라디오를 통해 가족들과 대화할 수 있고(이 시트콤에서는 1928년형 자동차에 어떻게 라디오가 있을 수 있는지 설명하지는 않았다), 경적을 울리거나 후진해 위험을 알릴 수도 있다. 여전히 (음식이 아닌 엔진오일을) 먹고 (차고에서) 잠을 잘 수 있다. 거울을 이용해 360도 시야를 확보할 수도 있다. 문을 여닫고, 차 지붕을 덮었다 열었다 할 수도 있고, 심지어 타이어의 공기까지 빼낼 수 있다. 정상적으로 운전할 수도 있지만 언제든지 운전자를 무시하고 핸들을 제어할 수도 있다. 이 시트콤에 등

* 1950년대 말에 포드 모터 컴퍼니에서 포드와 머큐리의 중간급 브랜드로 출시한 자동차.

장하는 자동차는 테슬라보다 50년 먼저 개발된 자율주행자동차라고 할 수 있겠다.

물론 2톤짜리 금속 기계로서의 삶에는 몇 가지 단점이 있다. 예를 들어, 화를 내면 라디에이터가 끓을 수도 있다. 부동액을 너무 많이 넣으면 취하게 되고, 오래된 차라면 가속이 힘들 수도 있다. 펜더가 조금만 구부러져도 부상을 입거나 기억상실증에 걸릴 수도 있다. 하지만 가장 큰 문제는 자신이 자동차로 환생했다는 것을 숨기는 일이다. 사랑하는 가족들은 고인이 자동차가 되어 돌아왔다는 것을 세상에 알리고 싶어 하지만, 이는 별로 좋은 생각이 아니다. 데이브 크랩트리는 자동차가 된 엄마와 차량용 라디오로 장시간 대화를 나누다 이상한 시선을 받곤 했다. 하지만 지금이라면 자동차에 핸즈프리 전화 걸기 기능이 있기 때문에 문제가 없을 것이다.

이 시트콤은 〈미스터 에드Mr. Ed〉(인간과 대화를 할 수 있는 말horse에 관한 이야기를 담은 시트콤)의 성공에 영감을 받아 만들어졌다. 하지만 이 시트콤의 전제에는 이해가 잘 가지 않는 부분이 많다. 예를 들어, 엄마는 1949년 8월 23일에 세상을 떠났는데 왜 하필 그 20년 전에 출시된 자동차로 환생했을까? 그리고 왜 오래된 중고 자동차들이 방치된 주차장에서 몇 년 동안이나 기다리면서 아들의 눈에 띄기를 바랐을까?

이 시트콤이 한 시즌 만에 종영되면서 최악의 TV 프로그램 목록에서 상위권을 차지하게 된 것은 어쩌면 당연해 보인다. 예를 들어, 1960년대

방송 지침에 따라 데이비드가 엄마에게 주유하는 장면은 나오지 않았는데, 만약 그 장면이 방영됐다면 시청자들은 정말 끔찍하다고 생각했을 것이다. 데이비드의 엄마가 다시 환생하게 되면 꼭 전기자동차로 환생하길 바란다.

Oceanside | 끝없는 세상

오션사이드

〈포에버〉

아무리 신실한 신자라고 해도 천국이 지루할지도 모른다거나, 쿠엔틴 타란티노Quentin Tarantino의 영화에서 묘사되는 사후 세계가 너무 길게 늘어진다고 생각해본 적이 있을 것이다. 하지만 그보다 훨씬 더 길게, 말 그대로 영원히 지속되는 사후 세계를 들여다본다면 그 생각은 바뀔 것이다.

2018년에 넷플릭스에서 방영된 시리즈 〈포에버Forever〉의 사후 세계는 평범한 일상, 특히 결혼 생활이 그대로 이어지는 곳이다. 이 드라마에서 프레드 아미슨Fred Armisen과 마야 루돌프Maya Rudolf가 연기한 부부는 편안하지만 지루한 결혼 생활을 이어가다 어느 날 갑자기 열정 없는 관계에 영원히 갇힐지도 모른다는 사실을 깨닫는다. 〈포에버〉의 사후 세계에서는 단조로운 교외 지역의 깔끔하게 깎인 잔디 위에서 펼쳐진다. 남편 오스카 호프먼Oscar Hoffman과 아내 준June에게 이곳은 지상에서의 삶에서 멀지 않은 캘리포니아주의 리버사이드 같은 곳이다. 실제로 이곳은 곰팡이 등으로 인해 대피령이 내려지고 출입이 통제된 진짜 동네다. 고인의 영혼을 위해 이 빈집을 마련한 것으로 보이는 당국의 정체는 이 드라마에서 끝까지 드러나지 않는다.

그 이유는 이곳이 신이 없는 사후 세계이기 때문이다. 하지만 이곳은 셔플보드shuffleboard* 코트가 있는 부자 동네다. 굳이 존재의 의미를 알려고 애쓰지 않는다면 편안하게 살 수 있다. 집의 찬장과 옷장에는 매일 옷과 좋아하는 음식이 채워지고, 도자기 만들기나 십자말풀이 같은 평화로운 중년의 취미를 위한 도구가 계속 제공된다. 모든 사람은 사망 당시의 신체적 나이를 그대로 유지한다. 어릴 때 사망한 사람은 이곳에서 적응하는 데 어려움을 겪기도 한다. 이곳에서 망자들이 얼마나 오랫동안 지내게 될지는 확실하지 않다. 며칠이 될 수도 있고, 몇 달이나 몇 년이 될 수도 있다.

* 볼링의 레인과 같은 양면에 커터(고랑)가 있는 장방형의 코트상에서 두 명씩 점수를 겨루는 게임.

이곳에는 여러분에게 힘을 부여하는 물이 솟아나는 분수가 있다. 분수에서 너무 멀리 떨어질수록 몸이 약해진다고 느낄 것이다. 하지만 그럴 때는 산 자의 생명 에너지를 흡수해 몸을 재충전할 수 있다. 산 사람의 목에 손을 대 그 사람의 맥박과 호흡에 모든 에너지를 집중하면 그 사람이 가진 에너지를 흡수할 수 있다.

현지 언어

이 사후 세계에서 망자들은 스스로를 '전생자(formers)', 산 사람들을 '현생자(current)'로 부른다.

호프먼 부부는 이곳의 모든 길이 해변이 내려다보이는 절벽 위에 자리 잡은 거대한 저택인 '오션사이드Oceanside'로 연결된다는 사실을 알게 된다. 오션사이드에 사는 사람들은 두려움과 죄책감, 부정적인 생각이 가득했던 한 지상의 삶을 잊고 영원히 단순하고 쾌락적인 즐거움에 집중하면서 산다. 오션사이드에서는 멋진 테라스의 로코코 양식 기둥 사이에서 라이브 음악에 맞춰 춤을 추며 저녁을 보낼 수 있다. 그런 다음 친구들과 함께 고속도로로 나가 자동차와 트럭이 당신의 육체를 통과하는 소박한 스릴을 느껴보는 것도 좋다. 해저로 나가 조용히 소용돌이치는 물고기들과 해초를 바라보며 힐링할 수 있는 '오션스탠드ocean stand'

도 놓쳐선 안 된다. 이곳에서 망자들은 일 년에 한 번, 이웃들과 함께 해변에서 모닥불에 모든 소지품을 태우는 행사인 '클렌징Cleansing'을 하게 된다. 이 행사는 모든 것을 항상 잊어버린 상태로 유지하자는 취지이지만, 다음날 아침이 되면 태웠던 물건들이 방에 다시 나타난다.

하지만 오션사이드의 화려함이 답답하고 공허하게 느껴진다면 어떻게 해야 할까? 오스카와 준은 오션사이드 너머에 어떤 곳이 있다는 것을 알게 된다. 오션스탠드에서 그랬듯이 파도 속으로 걷다가 앞으로 계속 더 나아가 보자. 그러다 보면 결국에는 새로운 해안에 도착하게 될 것이다.

The Other Side of the World

임무를 수행하는 남자

지구 반대편

〈레프트오버〉

지상에서 비디오게임을 즐기며 살았다면 다양한 게임이 있는 사후 세계를 원할지도 모르겠다. 데이비드 린치 감독 스타일의 초현실주의적 사후 세계를 좋아한다면 HBO 드라마 〈레프트오버Left-over〉에 나오는 '호텔 & 스파'도 좋아하게 될 것이다.

톰 페로타Tom Perrota의 2011년 소설을 원작으로 한 〈레프트오버〉는 인류의 5%가 휴거와 같은 '대탈출'로 갑자기 사라진 세계를 배경으로 한다. 저스틴 테루Justin Theroux가 연기한 캐릭터 케빈 가비Kevin Garvey는 트라우마로 인해 현실과 환상을 구분하지 못하는 인물로, 세 차례에 걸쳐 초현실적인 사후 세계를 방문하지만 매번 온전한 몸으로 돌아오는 데 성공한다. 이 드라마는 '미스터리는 미스터리일 뿐'이라고 주장하지만, 주인공 케빈의 모험을 지켜보다 보면 그가 실제로 사후 세계를 돌아다니고 있다는 느낌을 받게 된다. 케빈은 자신의 사후 세계 체험에 대해 '진짜였어요! 몸은 죽은 것 같았지만 그렇게 살아 있는 느낌은 처음이었어요!'라고 말한다.

이 드라마에서 사후 세계인 '건너편other side'을 방문하는 사람들은 물속, 예를 들어 일렁이는 파도나 욕조에서 알몸으로 미끄러져 나오게 되면서 사후 세계에 진입하게 된다. 물에서 나와 옷을 입을 때는 신중하게 선택을 해야 한다. 케빈의 옷장에는 경찰 제복, 사제복, 컬트 교도들의 옷, 말끔한 수트 등이 있다. 케빈의 옷장에는 '먼저 자신이 누구인지 알고 그에 맞게 자신을 꾸미세요'라는 문구가 적힌 명판이 붙어있다. 이곳에서 케빈은 수트를 선택함으로써 케빈 하비Kevin Harvey라는 가명을 쓰는 국제적인 암살자가 된다. 케빈이 사후 세계에서 깨어난 곳은 두 번은 끝없이 복도가 이어지고 햇살이 가득 찬 중정이 있는 비즈니스호텔이다. 이 호텔에서 (베르길리우스라는 이름의) 가이드가 케빈에게 미션을 부여한다. 미션은 노래방에서 노래를 부르는 것처럼 간단할 수도 있고, 대통령 후보를 암살하는 것처럼 위험할 수도 있다. 가이드는 미션을 완료하면 이곳에서 구출돼 산 자의 세계로 돌아갈 수 있다고 말한다.

사소한 여행 정보

이 사후 세계의 촬영 장소는 실제로 텍사스주 오스틴 시내에 있는 쉐라톤 호텔이다. 드라마에서는 이 호텔 로고를 그대로 쓰지 않고 금색 원 위에 파란색 삼각형이 그려진 새로운 로고로 대체됐다.

이 호텔은 투숙객들이 드나드는 호텔이다. '건너편'에 있는 사람들이 모두 이곳의 주민은 아니다. 게임을 하는 동안에 당신은 NPC Non Player Character 역할을 하는 죽은 지인들과 마주칠 수도 있지만, 기상천외한 미션을 수행하는 다른 플레이어들도 수없이 볼 수 있을 것이다.

여행자 주의사항

이곳에서는 아무리 목이 마르더라도 절대 물을 마시면 안 된다. 이곳의 물은 레테강(망각의 강)의 물과 같은 속성을 가지고 있기 때문이다. 단 한 모금만 마셔도 지상의 모든 기억이 지워질 수 있다. 그렇게 되면 당신은 영원히 NPC로 남게 된다.

이 사후 세계는 호텔보다 더 크고, 지형도 현실 세계와 매우 흡사하다. 케빈은 55번 고속도로를 밤새 운전해 암살 대상을 텍사스주 자든의 '고아의 우물'로 데려가 익사시킨다. 세 번째 사후 세계 방문에서 케빈은 지구 반대편인 호주에서 깨어나 두 개의 자아파괴적인 정체성을 갖게 된다. 이제 그는 서로 상대방을 죽이려는 두 쌍둥이 형제(국제적인 암살자 케빈 하비와 미국 대통령 케빈 가비)로 게임을 플레이하게 된다.

여행 중에 거울, 안경 렌즈 등 반사되는 표면을 주의 깊게 살펴보아야 한다. 이런 물체들은 신비로운 속성을 가지고 있다. 케빈은 깜빡이는 호텔 TV 화면을 통해 지상에서 약에 취해 게임을 하면서 사후 세계를 엿보려 하고 있는 아버지에게 말을 걸기도 한다. 그리고 케빈은 쌍둥이로 사후 세계에 들어가 유리에 비친 자신의 얼굴을 보고 플레이어 1과 플레이어 2를 전환할 수 있다는 사실도 알게 된다.

하지만 물을 마시는 실수를 저지르면 이 모든 것을 모두 잊어버리게 되니 조심해야 한다. 심지어 자신의 이름조차 잊어버릴 수도 있다. 이곳의 장기 거주자는 기시감을 느끼면서 자신의 죽음을 회상하거나 가족 중에 자신만 살아남았다는 착각을 하기도 한다. 이 세계가 사후 세계라는 것은 환상이 계속되면서 베르디의 오페라 〈나부코Nabucco〉에 나오는 '히브리 노예들의 합창'이 시끄럽게 계속 들리는 것으로 확신할 수 있다. 이 곡은 다시 돌아갈 수 없는 고향을 그리워하는 망명자들의 합창곡이다.

Para-
diddly-
daradise

최고의 사후 세계

파라-디들리-다라다이스

〈심슨 가족〉

올해로 서른 번째 시즌을 맞이한 〈심슨 가족The Simpson〉은 앞으로도 영원히 계속될지도 모르지만, 이 애니메이션의 몇몇 캐릭터는 이미 사망했다. 〈심슨 가족〉의 사후 세계는 모드 플랜더스Maude Flander나 크루스토프스키 랍비Rabbi Krustofsky처럼 사망한 조연 캐릭터들이 있는 곳이기도 하지만, 바트나 호머처럼 여전히 살아있는 주연 캐릭터들도 자주 가는 곳이다. 이 사후 세계는 주로 꿈, 환상, 할로윈 이야기, 기타 공상의 세계 등으로 표현되며, 〈심슨 가족〉의 분위기에 완벽하게 들어맞는 곳이다.

2017년에 방영된 한 에피소드에서 중세로 간 심슨 가족들은 죽은 자들의 영혼이 리본을 흔들며 즐겁게 놀 수 있는 '행복의 들판Fields of Bliss'으로 가게 된다고 생각한다. 물론 생각이 다른 캐릭터들도 있었다. 더프맨은 적을 죽이고 죽임을 당하는 영원한 삶이 마음에 든다고 말했고, 밀하우스는 고블린 영주들의 돈을 세며 지내는 사후 세계면 좋을 것 같다고 했으며, 선장은 인어 일흔한 마리와 놀 수 있는 곳이면 만족하겠다는 의견을 내놨다. 하지만 배경이 중세가 아닌 에피소드들 대부분에서는 예수, 성 베드로, 하느님이 푸른 하늘의 푹신한 구름 위에 있는 전통적인 천국이 묘사된다.

신 가이드

유대교와 기독교의 신은 〈심슨 가족〉 백인 캐릭터들처럼 피부가 희고, 흰 수염을 기른 채 커다란 가운을 입고 있다. 또한 이 애니메이션에 등장하는 신은 다른 등장인물들의 손가락이 네 개인데 반해 손가락이 다섯 개다. 호머는 이 신에 대해 '완벽한 치아가 있고, 좋은 냄새가 나며, 모든 면에서 품위 있는 행동을 하는' 존재로 묘사한다.

2005년에 방영된 휴거에 관한 에피소드에서 호머가 들어가게 된 천국은 자연 산책로, 아담한 오두막들, 로스로보스Los Lobos(미국의 록 밴드) 같은 인기 그룹이 공연을 하는 공연장이 있는 최고급 리조트의 모습이다. 이곳에 있는 식당은 '샌드위치 마을의 교황청'이라고 불리는데, 음식을 식당 주인 마음대로 만들기 때문에 이런 이름이 붙었다. 이곳 호텔에서는 포근한 목욕 가운으로 갈아입고 호텔 TV를 23번 채널에 맞춰 세상 돌아가는 일을 살펴볼 수도 있다. 이 호텔에서는 워터파크만 빼고는 원하는 모든 것을 다 누릴 수 있다. 워터파크는 내년 여름까지 문을 닫는다(워터파크 요정 노동자들이 파업 중이라 그렇다).

유명 인사 구경하기

〈심슨 가족〉 캐릭터들이 방문하는 천국에는 유명 인사들이 가득하다. 지미 헨드릭스와 벤저민 프랭클린이 에어하키를 하고, 레오나르도 다 빈치가 딘 마틴의 초상화를 그리고, 베토벤과 래퍼 투팍이 같이 공연을 펼친다. 코미디언 트레이시 모건은 죽지도 않았는데도 이 천국에 있다. 2008년에 방영된 할로윈 에피소드에서는 덜 화려한 '일반 천국'과 울타리로 구분된 '연예인 천국'이 등장하기도 한다. 닐 암스트롱부터 존 레논, 에이브러햄 링컨에 이르기까지 유명 인사들이 레크리에이션 센터에서 포커 토너먼트 같은 야간 이벤트를 즐긴다. 또한 이 천국에는 스프링필드(〈심슨 가족〉의 무대가 되는 가상의 도시)의 유명 인사들도 많이 있는데, 그중 광대 크러스티(Krusty the Clown)는 호머에게 '자신의 진정한 종교는 부두교와 감리교가 혼합된 것'이라고 털어놓기도 한다.

최근에는 〈심슨 가족〉의 이런 천국에 들어갈 수 있는 확률이 매우 높아졌다. 천국에 베이비붐 세대를 위한 새로운 주상복합 단지가 비어가고 있다는 사실을 깨달은 신은 무신론자들과 어떤 종교든 종교를 가진 선한 사람들에게 천국의 문을 열어주기로 결정했기 때문이다. 따라서 스프링필드 최고의 부자 번즈 씨도, 게이인 스미더스도 천국에 들어갈 수 있게 됐다.

이는 〈심슨 가족〉의 천국이 다양한 맞춤형 천국들로 나눠졌다는 뜻이기도 하다. 이제 여러분은 크로켓과 배드민턴을 치는 모범적인 개신교 신자들이 가득한 천국으로 갈 수도 있고, 조명과 깃발로 장식된 천주교 신자들의 천국에 갈 수도 있다. 이탈리아 사람들은 저녁에 파스타를 즐길 수 있는 천국으로, 멕시코 사람들이 마리아치 밴드의 음악을 들으면서 피냐타piñata(멕시코의 전통 인형)을 두들겨 팰 수 있는 천국으로, 아일랜드 사람들은 마음대로 싸울 수 있고 리버댄스Riverdance(아일랜드의 전통 춤)을 출 수 있는 천국으로 갈 수 있게 됐다.

반면, 유대인 천국에서는 로드니 데인저필드Rodney Dangerfield(유대계 코미디언)이 환호성을 받고, 아인슈타인과 모셰 다얀Moshe Dayan(이스라엘의 전쟁 영웅)이 갤 가돗Gal Gadot(유대계 여배우)을 초대해 대화를 나눈다. 이 유대인 천국에서는 코셔 피클 포레스트Kosher Pickle Forest*, 조 리버만Joe Liberman(유대계 미국 정치인) 도서관, 유대인 전용 장난감 가게, 브루클린 다저스Brooklyn Dodgers의 홈구장이었지만 지금은 없어진 에베

* 유대교 율법에서 섭취를 허용한 피클 중 하나.

츠 필드Ebbets Field도 놓쳐선 안 된다. 천국의 에베츠 필드에서는 관중 모두에게 시원한 탄산음료를 제공한다. 천국의 구름 속 다른 곳에는 사원 형태로 지어진 힌두교 천국으로 들어가는 입구가 있으며, 이곳에서 비슈누가 네 팔 중 두 팔로 클립보드를 들고 있는 모습을 볼 수 있다. 미래를 배경으로 한 한 에피소드에서는 호머가 이 힌두교 천국에 들어가게 되지만 '제약회사 CEO'로 다시 환생하라는 제안을 받자 차라리 거북이로 환생하는 것이 낫겠다고 말하는 장면이 나온다.

〈심슨 가족〉의 지옥은 어떤 모습일까? 초기 에피소드 중 한 편에서 바트는 황금 엘리베이터를 타고 천국으로 향하다 그의 증조할아버지가 키우던 고양이인 스노볼Snowball이 천사가 돼 있는 모습을 환영으로 본다. 이 환영 속에서 '난간을 꼭 잡으세요. 침을 뱉지 마세요'라는 안내 방송이 영어와 스페인어로 나온다. 물론 바트는 당연히 난간에 침을 뱉었고, 그러자 에스컬레이터가 갑자기 아래로 향하면서 그는 히에로니무스 보스Hieronymus Bosch(15세기 말에서 16세기 초까지 활동한 네덜란드의 화가)의 〈세속적인 쾌락의 동산The Garden of Earthly Delights〉에서 묘사된 지옥으로 직행하게 된다. 바트가 지옥으로 내려가는 동안 악마는 그에게 '거짓말하고, 속이고, 헤비메탈 음악을 들어야 한다'고 계속 속삭인다.

〈심슨 가족〉의 지옥에 들어갈 만큼 운이 나쁘다면, 새로 도착한 이들이 핫도그용 고기로 잘게 썰어지거나, 따뜻한 독일식 감자 샐러드와 파인애플이 들어간 코울슬로를 바비큐와 함께 먹어야 하거나, 미식가에게 싸구려 도넛을 억지로 먹이는 '아이러니 처벌 구역Irony Punishment Division'을 경험할 수 있을 것이다. 이곳에서는 번즈 씨가 개구리 같은 모습으로 등장하며, 베네딕트 아놀드Benedict Arnold(미국인들이 매국노의 대명사라고 생각하는 인물), 블랙비어드Black Beard(영국의 악명 높은 해적), 존 웨인John Wayne처럼 끔찍한 역사적 인물도 볼 수 있다. 또한 이곳에서는 감시견 케르베로스를 조심해야 한다. 케르베로스의 세 머리는 각각 스프링필드 초등학교의 악명 높은 불량 학생인 짐보, 돌프, 키어니의 머리다. 이곳에서 사탄은 염소 다리에 염소수염을 기른 붉은색 거인일 수도 있고, 스프링필드의 육군-해군 상점에서 일하는 외팔이 허먼이나 심슨 가족의 친절한 이웃인 네드 플랜더스처럼 보일 수도 있다. 재미있는 사실은 한 에피소드에서는 네드가 신으로 출연한 적도 있다는 것이다. 한 인간이 신도 사탄도 될 수 있다는 뜻인 걸까?

The Reapers

근무 중

저승사자들

〈데드 라이크 미〉

쇼타임Showtime이 〈식스 핏 언더Six Feet Under〉의 후속 작품으로 내놨지만 단명한 TV 시리즈 〈데드 라이크 미Dead Like Me〉는 〈나의 사후 세계My So-Called Afterlife〉와 비슷한 작품이다. 이 드라마는 변덕스러운 한 10대 소녀가 추락하는 우주 잔해(미르 우주정거장의 변기 조각)에 맞아 죽은 뒤 경험하게 되는 사후 세계를 다뤘다. 안타깝게도 여러분이 이 소녀처럼 죽게 돼 사후 세계로 간다면 그 사후 세계는 지루함이 거의 영원히 지속되는 세계일 것이다.

망자 중 일부는 지상에 남아 죽은 자의 영혼을 사후 세계로 데려가는 '저승사자Grim Reaper'가 된다. 저승사자는 검은 가운을 입지도 않고 낫도 휘두르지 않는다. 몸은 생전의 몸과 거의 비슷하지만, 얼굴은 아무도 알아보지 못할 정도로 변한 얼굴을 하고 있다. 저승사자에게는 매일 상급 저승사자가 데려올 영혼의 이름, 위치, 사망 예정 시간이 적힌 포스트잇이 건네진다. 저승사자는 그 사람의 마지막 순간에 현장에 가서 신원을 확인한 뒤 그 사람과 접촉해야 한다. 그러면 그 사람에게서 영혼이 튀어나오게 되고, 죽음의 고통은 사라지게 된다. 그런 다음 저승사자는 죽은 영혼을 부유하는 빛의 관문인 '그레이트 왓에버Great Whatever'로 데려간다. 망자에게는 이 빛이 매혹적으로 보이지만, 저승사자는 이 빛의 진짜 정체가 무엇인지 절대 알 수 없다. 저승사자는 '상층부'에 속하는 천사들은 절대 볼 수가 없는데, 그들은 망자의 영혼을 데려오는 단순한 역할만 하기 때문이다.

저승사자의 일은 위험 부담이 매우 크다. 영혼을 놓치면 그 영혼은 육신에 갇혀 고인이 빛의 관문으로 나아갈 수 없기 때문이다. 저승사자는 전 세계에 보내지는 수많은 저승사자 중 한 명에 불과하며, 각각의 저승사자는 특정 유형의 죽음을 전문적으로 담당하도록 지정돼 있다. 사후세계의 저승사자 부서로는 자연사 부서, 질병을 다루는 전염병 부서, 살인과 사고를 다루는 외부 영향 부서 등이 있다. 저승사자가 되면 산 자들이 모르는 사실을 알 수 있다. 인간의 죽음이 공동묘지에 사는 작은 고슴도치 모양의 그렘린인 그래블링Graveling에 의해 준비되고 있다는 사실이다. 그래블링은 저승사자처럼 새로운 임무를 위해 선택된 죽은 영혼이며, 그래블링의 임무는 저승사자의 임무와 거의 비슷하다. 이들의 임무 수행으로 우주의 균형이 유지된다.

사실, 저승사자는 누구나 꿈꾸는 직업은 아니다. 우선, 저승사자는 돈을 받지 못한다. 생계를 유지하려면 일용직 일자리를 추가로 구하거나, 저승사자의 특권을 이용해 시신에서 현금을 챙기거나, 남의 아파트에 무작정 들어앉은 다음 돈을 주지 않으면 나가지 않겠다고 버텨야 한다. 하지만 저승사자들은 사회의 변두리에서 누구에게도 눈에 띄지 않으려고 노력하며 살아가는 존재다. 저승사자는 살아있는 사람과 친구가 돼선 안 된다. 또한 저승사자는 이승에서의 삶에 집착해서도 안 된다. 산 사람들의 주변을 계속 맴돌다 보면 사랑하는 사람들에 대한 기억을 잃어버릴 수도 있기 때문이다. 특별한 경우가 아니라면 저승사자가 계속 같은 나이를 유지하는 동안 산 사람들은 계속 늙어갈 것이다.

저승사자는 같은 일을 반세기 이상 계속해야 할 수도 있다. 승진을 하려면 정해진 수의 영혼을 데려와야 한다고는 하는데 저승사자는 그 숫자에 대해 전혀 알 수 없기 때문이다. 저승사자의 긍정적인 면은 불멸의 능력이 반 정도는 있기 때문에 상처는 즉시 아물고, 술을 마셔도 숙취가 생기지 않는다. 또한 신진대사가 빨라져 원하는 것은 무엇이든 먹을 수 있으며, 원하는 모든 물질을 마음대로 사용할 수도 있다.

저승사자라는 직업은 재미있는 구석도 좀 있다. 저승사자들 사이에서 전해 내려오는 전설에 따르면, 할로윈 때에는 살아있는 사람들이 저승사자를 알아볼 수도 있기 때문에 모두 가면을 써야 한다. 죽음을 맞이할 유명 인사와 접촉하는 'VIP 담당 저승사자'가 될 수도 있다. 그렇게 되면 충분한 현금을 배정받을 수 있다. 그리고 몇 년에 한 번씩 그래블링이 쉬는 날에는 아무도 죽지 않으므로 편히 쉬면서 서류 작업을 할 수 있다. 하지만 대부분의 경우는 매일 반복되는 일을 하면서 24시간 내내 대기해야 한다. 피가 튈 경우를 대비해 비옷을 챙겨 입고 신문에서 부음 기사를 읽으며 다음 포스트잇을 기다리기도 한다. 이런 일상이 몇십 년 동안 계속되기도 한다. 하지만 생계를 위해서는 어쩔 수 없다.

Robot Hell | 고스트 인 더 머신

로봇 지옥

〈퓨처라마〉

인간은 사후 세계에 대한 선택의 폭이 넓지만, 인공 생명체는 선택의 여지가 거의 없어 보인다. 로봇은 죽으면 어떻게 될까? 3000년의 '뉴 뉴욕New New York'을 배경으로 한 매트 그로닝Matt Groening의 〈퓨처라마Futurama〉는 이 의문에 대한 대답이 될 수 있는 확실한 우주론을 제시한다.

로봇이 자살과 같은 불명예스러운 방법으로 사망하면 로봇의 소프트웨어는 컴퓨터 클라우드로 내보내진다. 로봇의 연옥은 영원히 지속될 수도 있는 무한루프다. 하지만 자살보다 더 나쁜 선택을 한 로봇은 로봇 지옥에 갇히게 된다. 로봇 지옥은 뉴저지주 애틀랜틱시티의 버려진 놀이공원인 '레클리스 테즈 펀랜드Reckless Ted's Funland' 지하에 위치한, 말 그대로 지하 세계다.

이 놀이공원 내 '인페르노Inferno'라는 유령의 집 안에 있는 거울 뒤에는 로봇 지옥으로 이어지는 통로 입구가 있다. 로봇 지옥은 판금으로 만든 굴뚝과 관, 거대한 톱날로 이루어진 불타는 미로로, 곳곳에 지뢰를 실은 카트가 다니는 트랙들이 뻗어있다. 로봇 악마 고문관은 저주받은 로봇의 목을 자르고, 불 채찍으로 채찍질하고, 전기 충격을 가하고, 러닝머신 위로 돌을 밀어 올리게 하면서 시시포스Sisyphus의 형벌을 재현한다.

로봇 지옥에서는 이 밖에도 고통스럽고 아이러니한 처벌이 사방에서 기다리고 있다. 1단계에서는 흡연을 한 로봇이 거대한 시가 속으로 들어가 불에 타는 형벌을 받는다. 2단계에서는 도박을 한 로봇들이 운명의 수레바퀴wheel of fortune에 묶여 회전을 하면서 고통을 받는다. 이 로봇들은 운명의 수레바퀴가 멈추면서 표시하는 형벌을 추가적으로 받게 된다. 추가적인 형벌로는 굽기, 삶기, 볶기, 튀기기 등이 있다. 아주 드물지만 운명의 수레바퀴에 기분 좋은 마사지가 표시될 때도 있다. 5단계에서는 음악을 불법 복제하는 로봇의 하드 드라이브가 제거되고, 그 로봇은 턴테이블에서 음반이 튀는 듣기 싫은 소리를 계속 들어야 한다.

물론 로봇 지옥은 '빌제봇Beelzebot'이라는 이름의 로봇 악마가 지배한다. 이 로봇 악마는 항상 사기 계약을 시도하기 때문에 조심해야 한다. 또한 이 로봇 악마는 자신이 부르는 매우 자극적인 노래에 반주를 해주는 악마들을 거느리고 있다. 절대 이 로봇 악마에게 노래할 기회를 줘서는 안 된다. 로봇 지옥에서 탈출할 수 있는 유일한 방법은 '2275년 지옥 공정성 법'에 따라 바이올린 경연에서 로봇 악마를 물리치고 풀려나는 것뿐이다. 로봇 악마는 세 번째 로봇 팔을 이용해 자신과 듀엣으로 바이올린을 연주할 수 있는 바이올린의 거장이라, 이길 수 있는 확률은 높지 않다.

기념품 쇼핑

어떻게든 악마를 이기면 순금 바이올린을 집으로 가져갈 수 있다. 대회에서 패배하면 그보다 작은 은색 바이올린을 받게 되며, 로봇 지옥에 영원히 머물러야 한다.

고결한 삶을 살면서 이타적인 행동을 한 로봇에게는 더 나은 선택지가 있다. 그런 로봇은 구름 위의 자동문 뒤에 있는 로봇 천국에 갈 수 있다. 이 로봇 천국에서는 검은색 대시보드가 달린 세련된 최첨단 흰색 포드 자동차를 탄 로봇 신의 모습을 볼 수 있다. 로봇 신은 로봇 악마만큼 카리스마가 넘치지는 않지만, 적어도 노래와 춤으로 여러분을 곤혹스럽게 하지는 않을 것이다.

San Junipero

천국에서는 사랑이 우선이라고 하죠

샌주니페로

〈블랙 미러〉

많은 사람들은 사람이 죽으면 영혼이 구름 위에서 하나님과 함께할 것이라고 믿는다. 하지만 만약 영혼이 구름 위가 아니라 클라우드로 이동한다면 어떨까?

2016년 에미상 수상에 빛나는 〈블랙 미러Black Mirror〉의 에피소드 〈샌주니페로San Junipero〉는 바로 이 의문을 전제로 한다. 이 이야기는 1987년에 캘리포니아 해안 도시 샌주니페로에 가게 된 두 명의 '관광객' 켈리와 요키를 따라간다. 이곳에서 그들은 춤을 추고, 비디오게임을 하고, 사랑에 빠진다. 하지만 곧 실제로는 모든 것이 샌주니페로에서 보이는 것과는 다르다는 것이 분명해진다. 방문객들은 매주 몇 시간 동안만 샌주니페로에 머무를 수 있다. 샌주니페로에서는 사람이 다치지도 않으며 깨진 거울은 눈 깜짝할 사이에 원래의 모습으로 돌아간다. 무엇보다도 이상한 점은 등장인물들이 1980년, 1996년, 2002년 등 각각 다른 시대의 샌주니페로를 방문할 수 있다는 것이다. 도대체 샌주니페로에서는 무슨 일이 벌어지고 있는 것일까?

사실 '샌주니페로'는 실제 도시가 아니라 놀랍도록 사실적인 컴퓨터 시뮬레이션인 것으로 밝혀진다. 이 시뮬레이션은 2020년대에 젊은 시절로 돌아가고 싶어 하는 치매 환자를 위한 '몰입형 향수병 치료 수단'으로 설계된 것이었다. 노인들은 편안히 누워 오른쪽 관자놀이에 빛나는 흰색 구슬을 꽂고(〈블랙 미러〉 에피소드들에는 항상 빛나는 흰색 구슬이 등장한다) 평화로운 '파티 타운'에서 완벽한 밤을 보낼 수 있다.

하지만 이런 관광객 대부분은 결국 현실로 돌아가지 않고 샌주니페로에서 영원히 지내는 것을 선택한다. 사망과 함께 이들의 의식은 샌주니페로 시뮬레이션을 만든 기술 회사인 TCKR 시스템스에 업로드 된다. TCKR 데이터 센터는 서버들이 늘어선 미로 같은 복도로 이루어져 있으며, 자동화된 로봇이 업로드된 새로운 도착자의 코어를 각각 30개의 원형 포트가 있는 초대형 데이터 뱅크에 연결한다. 이곳에서 망자들의 의식에는 'SJ 521-12 016' 같은 코드가 부여된다. 이 코드의 숫자 여덟 개는 샌주니페로에 1억 명의 죽은 '영혼'을 수용할 수 있는 공간이 있다는 것을 뜻한다(이 코드에 SJ 외에 다른 접두사도 붙을 수 있는지, 모든 사람이 천국을 캘리포니아로 경험하는지는 확실하지 않다). 한편, 테스트를 원하는 사람들에게 이 시뮬레이션은 중독과 해리 증상을 예방하기 위해 다섯 시간 후에는 작동이 중단된다. 많은 사람들이 현실세계에서 음울한 노년을 보내는 것보다 사후 세계인 샌주니페로에서 지내는 것을 선호하기 때문에 현실세계에서는 안락사 관련 법률이 개정돼야 한다는 주장이 제기되기도 한다.

샌주니페로는 캘리포니아의 산타크루즈보다는 남아공의 케이프타운처럼 보이는, 절벽 아래에 위치한 해변 휴양도시다(이 에피소드의 야외 장면은 실제로 남아공에서 촬영됐다). 샌주니페로에 들어갈 때 의상, 자동차 및 기타 액세서리를 선택할 수 있다. 배경 시대도 선택할 수 있으며, 그곳에서 지내면서 자신이 선택한 시대의 전형적인 모습들을 발견할 수 있다. 예를 들어, 1987년의 샌주니페로에서는 영화 〈로스트 보이Lost Boy〉의 광고가 거리에서 보이고, TV에서는 맥스 헤드룸 전파 납치 사건* 관련 뉴스가 흘러나온다. 1996년의 샌주니페로에서는 앨러니스 모리세트Alanis Morissette의 노래 '재기드 리틀 필Jagged Little Pill'이 사방에서 들린다.

* SF 드라마 〈맥스 헤드룸〉의 주인공인 '맥스 헤드룸' 가면을 뒤집어 쓴, 신원미상의 인물들이 1987년 11월 미국 일리노이주 시카고에서 방송사 두 곳의 텔레비전 방송 신호를 하이재킹한 사건.

샌주니페로에서는 신체적으로는 20대 후반이나 그 비슷한 나이를 유지한다. 터커의 술집을 배경으로 한 장면에서 확인할 수 있다. 1987년의 샌주니페로에서 네온 튜브 조명은 완벽한 파스텔 톤이며, 헤어스프레이를 뿌린 앞머리에 전자오락실에는 '버블버블' 같은 추억의 고전 게임이 있다. 2002년으로 돌아간다면, 술집의 네온 조명이 드라이아이스와 레이저 빔으로 바뀌고 '댄스 댄스 레볼루션'이 구식 비디오게임을 대신하고 있으며, 카일리 미노그Kylie Minogue가 댄스 플로어에서 신나게 춤을 추고 있을지도 모른다.

현지인 정보

샌주니페로의 클럽에서는 파티를 즐기고 거침없이 낯선 사람들과 어울려도 전혀 문제가 안 된다. 하지만 클럽 손님의 최소 15%는 체험판 멤버십을 가진 '관광객'이며, 이들은 신데렐라처럼 자정이 되면 사라진다는 점을 명심해야 한다

1980년대의 향수를 영원히 간직할 수 있는 곳이 천국일까, 아니면 지옥일까? 샌주니페로의 많은 주민들은 시간이 지나면 시뮬레이션이 낡기 시작한다는 것을 알게 된다. 하지만 2인용 버전의 샌주니페로에는 완전히 다른 결말이 있다. 이 에피소드의 주인공 요키와 켈리처럼 진정한 사랑을 찾으면 천국이 말 그대로 지상의 실제 장소가 될 수 있다는 것을

알게 될 것이다.

비록 그 장소가 기후 제어 데이터 센터라도 말이다.

특별히 가볼 만한 곳

특별한 인연을 찾지 못했다면 샌주니페로에서 지루함을 달랠 수 있는 다른 방법이 있다. 참신함을 추구하는 사람들은 마을 외곽의 오래된 정유 공장 안에 위치한 기괴한 페티시 클럽인 '쿼그마이어(Quagmire)'로 향한다.

컴퓨터 시뮬레이션이 사후 세계가 될 수는 없을 것 같다는 생각이 들 것이다. 하지만 그보다 더 이상한 일들도 실제로 많이 일어난다. 〈블랙 미러〉 에피소드가 해피엔딩으로 끝나는 것도 그런 이상한 일 중 하나다.

Sto-Vo-Kor and Gre'thor

죽기 좋은 날

스토보코어와 그레토어

〈스타트렉〉

지구에서는 죽음에 대해 많이 이야기하는 사람들을 우울한 고트족이라고 생각한다. 하지만 〈스타트렉〉에 나오는 클링온제국Klingon Empire 전사들의 고향인 크로노스Kronos에서는 그렇게 생각하지 않는다. 클링온 사람들은 죽음을 끊임없이 언급한다. 그들은 전쟁터에서 명예롭게 죽고 싶어 하는 자부심 강하고 공격적인 사람들이기 때문이다. 위대한 클링온 전사 중 한 명은 '클링온 사람들은 전사로 태어나 전사로 죽는다'라고 말하기도 했다.

클링온 전사가 죽으면 주름진 머리를 한 동료들이 포식자들이 시신을 밤새 지킨다. 이는 '아크보호ak'voh'라는 의식으로, 포식자들이 시신을 훼

손하지 못하기 위한 것이다. 또한 동료들은 망자의 눈을 깊이 응시한 후 하늘을 향해 울부짖으며 스토보코어Sto-Vo-Kor의 죽은 영혼들에게 전투력이 뛰어난 새로운 클링온 전사가 다가가고 있다고 알리기도 한다.

이곳은 자신의 백성에게 전사의 철학을 선물한 클링온의 메시아인 '잊을 수 없는 칼리스Kahless the Unforgetable'와 명예로운 망자들이 함께 노니는 발할라 같은 천국이다. 하지만 이 천국에는 클링온 사람들이 항상 먹는 '피의 포도주'와 기괴한 벌레들로 가득한 향연만 영원히 벌어지는 것은 아니다. 이곳에서는 '검은 함대Black Fleet'에 속해 적과 싸우던 선조들이 숙적들과 영원한 전투를 벌이면서 무술을 연마하기도 한다.

클링온제국이 아무리 호전적이라고 해도 제국의 모든 사람이 전투에서 죽거나 명예로운 의식을 치르며 자살할 수는 없다. 안타깝게도 일부 클링온 사람은 벌레를 먹다 질식사하거나 우체국으로 가던 중 우주선에 치어 죽기도 한다. 그렇게 죽은 영혼은 칼리스를 만날 수 없다. 그 대신 이 영혼들은 신화 속 최초의 클링온 사람인 코르타르Kortar가 몰고 용이 앞에서 끄는 '망자의 배'를 타게 된다(클링온신화에 따르면 그는 자신에게 생명을 준 신들을 공격한 죄로 지하 세계로 추방됐다). 또한 이 영혼들은 불명예의 낙인이 찍히게 되고, 어떤 질문도 할 수 없게 된다.

여행자 주의사항

코르타르의 배를 타고 '피의 강'을 항해하는 동안에는 사랑하는 사람의 목소리를 흉내 내 여행자를 붉은 물속으로 유인하려는 창백한 뱀 코스카리(Kos'Karii)를 조심해야 한다.

이 영혼들의 항해는 번개와 거대한 화로가 불을 밝히는 지옥 같은 돌담의 도시 그레토어Gre'thor의 성문으로 이어진다. 성문 위에는 클링온제국의 휘장이 거꾸로 걸려있다. 성 안에서는 끔찍한 괴물 페클르Fek'lhr가 저주받은 자들의 고문을 지휘한다. 이들은 유일한 희망은 살아남은 배우자 또는 다른 친척이 이들의 기억 속에서 영웅적인 행동을 수행해 이들의 용기를 대신 증명함으로써 이들을 해방시켜 스토보코어로 올라갈 수 있게 되는 것이다. 이들은 생전에 전쟁터에서 적들의 심장을 먹어치우는데 실패한 자들이기 때문이다.

사실, 선한 클링온 사람들이 그러듯이 더 많은 적들의 심장을 먹어 치웠다면 애초에 이들은 그레토어에 오지 않았을지도 모른다.

6

음악과 연극

MUSIC AND THEATER

* 이미지 출처: 셔터스톡

The Afterlife

성당 꼭대기의 천사들

사후 세계

폴 사이먼

폴 사이먼Paul Simon은 오랫동안 죽음에 대해 생각해 온 가수다. 1968년작 '올드 프렌즈Old Friends'부터 '유 캔 콜 미 앨You Can Call Me Al'을 거쳐 혼란스러운 중년의 독백을 담은 '더 오비어스 차일드The Obvious Child'에 이르기까지, 폴 사이먼의 많은 곡들은 그가 첫 솔로 앨범에서 표현한 것처럼 '모든 것이 무너진다는 피할 수 없는 사실에 대한 불안감'으로 가득 차 있다.

하지만 스물여섯 살의 나이에 '일흔이 된다는 것이 얼마나 끔찍한 일일까?'라는 의문을 가졌던 그도 2011년에는 실제로 일흔 살이 됐고, 그 해에 〈쏘 뷰티풀 오어 쏘 왓So Beautiful or So What〉이라는 이름의 앨범을 발표했다. 이 앨범은 그가 그동안 생각해왔던 신에 관한 이야기를 담은 것으로, 이 앨범에 실린 곡 중 하나인 '애프터라이프the afterlife'에서 그는 사후 세계 여행에 대해 1인칭 시점으로 이야기하고 있다.

감미로운 아프리카 기타와 자이데코 아코디언 소리가 인상적인 이 곡에서 사이먼은 자신의 죽음과 그 이후의 삶을 가상해 이야기를 들려준다. 그가 상상하는 천국은 모든 일이 느리게 진행되는 관료주의적인 곳이다. 이 이야기에서 그는 결국 신을 만나게 되지만, 후렴구에서 반복되는 가사에서 그는 신을 만나려면 '먼저 양식을 작성하고 줄을 서서 기다려야 한다'라고 말한다.

사이먼에 따르면 죽음 이후에 영혼은 잠시 지구를 떠돌면서 다음 생에 대해 궁금해 하게 된다. 이 노래에 등장하는 영혼은 자신이 살던 아파트로 돌아가지만, 그때 하늘에서 빛이 내려오면서 "자, 이제 시작하자"라고 말하는 '달콤한' 목소리를 듣게 된다.

그 순간 이 영혼은 자신이 느리게 줄어드는 긴 줄에 서 있는 것을 알게 된다. 이 줄은 '시간의 사다리'에 올라 신을 만나려는 사람들의 줄이다. 인내심을 가지고 기다리면 줄이 줄어들면서 영혼은 부처와 모세를 비롯해 모든 시대, 모든 인종의 영혼들의 모습을 보게 된다. 이 기다림은 단순히 영혼들을 불편하게 만들기 위한 것이 아니다. 이 줄은 신에게 도달하기 위해서는 인내하면서 노력해야 한다는 신의 뜻을 보여주는 줄이다.

현지 관습

줄을 서서 기다리는 동안에는 규칙을 준수해야 한다. 이 줄에서는 새치기가 허용되지 않으며, 다른 영혼들을 괴롭혀서도 안 된다. 사이먼의 이 노래에서는 '죽은 지 얼마나 됐어요?' 같은 고전적인 작업 멘트를 날리면서 접근하는 미녀가 등장하는데, 여기에 넘어가선 안 된다.

영혼은 마침내 사다리에 올라 광활한 우주를 통과하면서 신의 존재를 느끼기 시작한다. 하지만 신의 존재는 말로 설명할 수가 없다. 사이먼은 신의 존재를 느끼는 것이 마치 사랑의 바다에서 헤엄치는 것 같다고 말한다. 하지만 사이먼의 그 사랑의 바다에는 '거센 물결이 친다'라고도 말한다. 사이먼은 이 경험을 더 구체적인 말로 표현해 보려고 하지만 '비밥 바룰라', '우 푸 파두' 같은 오래된 블루스와 로커빌리 노래의 말도 안 되는 음절들만 떠오른다. 아마도 이런 가사는 사이먼 세대의 사람들만 알아들을 수 있을 것이다. 밀레니엄 세대의 영혼이 신의 존재를 경험한다면 '지가지가', '음밥, 바 두바 돕', '바윗다바다 뱅다뱅 디기디기디' 같은 음절들로 표현할지도 모르겠다. 실제로 성 바오로는 〈로마인들에게 보내는 편지〉에서 신의 존재를 말로 표현할 수 없음에 대해 "성령께서는 몸소 말로 다할 수 없이 탄식하시며 우리를 대신해 간구해 주십니다"라고 말하기도 했다.

Bar
"Heaven"

언제나 그랬듯이

천국이라는 술집

토킹 헤즈

사후 세계에 대한 중세 사람들의 환상에 대해 읽어본 사람이라면 중세의 작가들이 천국의 영광보다 지옥과 연옥의 고통에 대해 더 많은 부분을 할애한다는 것을 알 것이다. 이런 작품들에서 지옥은 고문하는 자와 저주받은 자의 갈등이 존재하는 곳이고 연옥은 영혼의 궁극적인 구원을 목표로 하는 곳이지만 천국은 변함없이 끝없는 행복을 누릴 수 있는 곳이다. 중세 작가들이 묘사한 천국에서는 그 외에는 별다른 일이 일어나지 않는다.

미국의 전설적인 뉴웨이브 그룹 토킹 헤즈Talking Heads의 데이비드 번David Byrne은 1979년에 발표한 앨범 〈피어 오브 뮤직Fear of Music〉에

수록된 노래 '헤븐Heaven'에서 이렇게 거의 아무 일도 일어나지 않는 사후 세계를 이야기했다. 하지만 번의 이 노래에서 묘사한 천국은 왕국이 아니라 뉴욕에서 가장 인기가 있는 술집의 모습을 하고 있다. '천국'이라는 이름의 이 술집은 누구나 한 번쯤 가보고 싶어 하는 곳으로, 문을 열고 들어가면 압도적인 위압감을 느끼게 되는 곳이다.

이곳에서는 들어서자마자 자신이 좋아하는 노래를 밴드가 연주하는 것을 듣게 될 것이다. 하지만 이 기분 좋은 놀라움은 밴드가 밤새도록 끝없이 같은 곡을 반복해서 연주하면서 사라지게 될 것이다. 이 술집에서는 파티가 계속 진행되지만 특정한 시간이 되면 모든 손님은 한꺼번에 자리를 뜰 것이다. 이곳에서는 어두운 구석에서 특별한 사람과 키스를 나눌 수도 있지만 그 키스는 끊임없이 지속될 것이다.

'천국은 아무 일도 일어나지 않는 곳입니다'라고 번은 끝없이 반복해 말한다. 하지만 미니멀리즘을 추구하는 토킹 헤즈는 그게 꼭 나쁜 일이라고는 생각하지 않는다. 번은 이 술집은 참신함이 전혀 없음에도 불구하고 재미있고, 심지어 흥미진진한 무언가가 이 술집에 숨어있다고 확신한다. 하지만 '천국'이라는 이름의 술집에서 하루 저녁이 아니라 영원히 시간을 보내야 한다면 좀 지루하지 않을까?

The Cloudy Draw

악마가 운전할 때

구름 사이를 날다

'고스트 라이더스 인 더 스카이'

스탠 존스Stan Jones가 1948년에 발표한 컨트리 웨스턴 곡 '고스트 라이더스 인 더 스카이Ghost Riders in the Sky'는 페기 리Peggy Lee부터 R.E.M., 조니 캐시Johny Cash, 데비 해리Debbie Harry, 듀에인 에디Duane Eddy에 이르기까지 유명한 가수들이 리메이크를 한 명곡이다. '이피아이오'와 '이피이에이'로 이어지는 매혹적인 후렴 부분은 카우보이들이 천국에서 부르는 노래 같은 느낌을 주지만, 사실 그런 느낌은 이 노래의 내용과는 매우 거리가 멀다.

이 노래는 폭풍우가 치는 동안 목장을 둘러보던 늙은 카우보이가 본 환상에 관한 것이다. 이 환상에는 구름 속에서 반짝이는 검은 뿔, 강철

발굽을 단 말들, 붉은 눈을 한 무시무시한 소 떼가 등장한다. 이 환상에서 늙은 카우보이는 말을 타고 하늘을 날면서, 거친 숨을 몰아쉬는 소들을 몰고 다니는 다른 카우보이들을 바라본다.

만약 당신이 이렇게 하늘을 나는 카우보이가 되는 운명이라면, 목장에서의 일은 결코 쉬운 일이 아니라는 것을 알게 될 것이다. 불을 뿜어내는 말을 타는 것은 꽤 멋지게 보이겠지만, 당신이 모는 소들은 방목이 불가능한 소라는 것을 결국 알게 될 것이다. 소떼는 당신이 아무리 열심히 달려도 잡을 수 없을 정도로 계속 멀어지기 때문이다. 곧 얼굴은 초췌해지고 시야는 흐릿해지며 셔츠는 땀으로 흠뻑 젖을 테지만, 우레와 같은 발굽 소리를 내는 소떼에게는 결코 다가갈 수 없을 것이고, 그렇게 당신은 영원히 소떼를 쫓아다녀야 할 것이다.

당신은 유령 말을 타고 '거친 하늘을 가로지르며' 달릴 수 있지만, 이곳이 천국이 아니라는 사실을 금방 깨닫게 될 것이다. 사실, 여러분의 임무 중 하나는 끔찍한 운명을 피하고 싶다면 사악하게 살지 말라고 경고하는 것이다. 이 불타는 소떼는 악마의 무리이며, 당신은 지옥의 카우보이가 된 것이다.

Hadestown

"궁핍이 우리의 적이며, 벽이 있어야 공격을 하게 되니
우리의 손으로 자유를 지키네." __ 하데스

하데스타운

아나이스 미첼

2019년 브로드웨이를 휩쓴 뮤지컬 〈하데스타운Hadestown〉은 그리스신화의 오르페우스Orpheus와 에우리디케Eurydice를 주인공으로 등장시키고, 대공황 시대의 뉴올리언스를 배경으로 한 아나이스 미첼Anaïs Mitchell의 작품이다. 토니상을 여덟 번이나 수상한 이 작품은 전국 투어를 통해 엄청난 관객을 모았으며, 브로드웨이에서는 연일 공연 티켓이 매진되었다.

1930년대 대공황 시기의 암울한 세상, 곳곳에 판자촌들이 있는 세상에서 일자리를 구하지 못해 절망에 빠진 사람들이 화물열차를 타고 어디론가 향한다. 그중 한 기차는 지하 세계, 즉 사람들이 '하데스타운'이

라 부르는 곳으로 달려가고 있다. 지옥 바로 직전의 역에서 여러분과 같은 불쌍한 영혼들은 모든 것을 알고 있는 세 명의 여인, 즉 '운명의 여신들'과 은색 호루라기를 목에 걸고 깃털로 만든 신발을 신은 말쑥한 신사를 만나게 된다. 이 신사는 여러분을 저승으로 안내할 헤르메스 씨Mr. Hermes다.

하지만 아무리 살기가 힘들다고 해도 이런 여행을 쉽게 결정해선 안 된다. 하데스타운은 사실상 노예 수용소이기 때문이다. 안정적인 일자리를 제공한다는 말에 혹할 수는 있지만, 절대 계약서에 서명을 해선 안 된다. 서명을 하는 것은 영혼을 파는 일이기 때문이다. 하데스는 서명을 하면 가난에서 벗어날 수 있다고 떠벌리지만, 실제로는 밤낮으로 망치나 곡괭이를 휘두르거나 보일러에 석탄을 집어넣거나, 거대한 기계가 돌아가는 제분소나 공장에서 중노동을 하게 될 것이다. 하데스타운에서는 평화로운 휴식은 상상도 할 수 없다. 이곳에서 산다면 영원히 초과근무에 시달리게 될 것이다.

꼭 둘러보아야 할 것들

전기 도시 Electric City : 하데스타운에서는 볼거리를 즐길 시간이 많지 않다. 하지만 그렇다고 해서 이곳이 꼭 어둡고 우울한 지하 세계라고만 할 수는 없다. 한때 단순한 금광이었던 이곳에서 하데스는 죽은 동물들의 화석을 연료로 하는 강철 주조소를 열어 석유 드럼통과 자동차를 생산하고 있다. 하데스가 전기를 설치한 전기 도시에서는 전등뿐 아니라 네온사인과 영화 및 TV 화면이 깜빡이는 등 '카니발 축제 때보다 더 밝다'라고 할 정도로 뜨겁게 달아오르고 있다.

크로미움 왕좌 Chromium Throne : 이곳에서 하데스는 오래전 어머니의 정원에서 꽃을 따는 페르세포네를 발견하고 사랑에 빠진 젊은 신이 아니다. 공장이나 창고 밖에서 '그림자와 그늘의 왕'의 바리톤 목소리를 듣게 되더라도 놀라선 안 된다. 시간이 하데스를 지하 세계의 독재자로 만들어 버렸고, 그는 자신의 부에 집착하며 자신이 쌓아놓은 영혼과 노동력을 모두 잃을까 두려워하고 있는 존재이기 때문이다.

성벽The Wall : 이 기념비적인 랜드마크는 '모르타르의 왕'이자 '벽돌의 왕'이기도 한 하데스의 영역에서 가장 멋진 구경거리다. 하데스타운에서 스틱스강은 돌과 강철로 이루어진 강이며, 강가에는 철과 콘크리트 그리고 날카로운 철사로 만든, 무게가 수백만 톤에 달하는 거대한 성벽이 있다. 성벽에 뚫린 성문에서는 사나운 사냥개들이 지키고 있다. 왜 이렇게 거대한 성벽을 세웠을까? 하데스는 도널드 트럼프 같은 선동적인 말투로 장벽이 자유를 자유를 지켜주고 궁핍을 막아준다고 주장한다. 지옥에서도 사람들은 자신보다 더 불쌍한 사람이 있다고 믿어야 하는 모양이다.

사소한 여행 정보

이 성벽이 단 한 번 뚫린 적이 있다. 오르페우스가 성벽의 돌이 움직일 정도로 아름답게 노래했을 때다.

먹고 마시기

지옥으로 가는 길 : 헤르메스가 허락한다면 기차가 '저 아래편'으로 떠나기 전에 기차역 술집에 들러 마지막 식사를 할 수 있다. 그 술집에서는 유명 인사들과 마주칠 수도 있다. 매년 봄, 페르세포네는 6개월 동안 지옥의 어둠 속에서 지내다 마침내 햇볕을 받으며 푸르게 자라는 지구의 여왕으로서의 역할을 다시 시작하기 위해 이 역에 도착한다. 페르세포네는 민들레 와인을 마시며 면서 여름을 꿀벌처럼 자유롭고 신나게 보낼 것이다(여름이 막바지에 이르면 페르세포네는 모르핀 같은 마약에 손을 댈지도 모른다). 한적한 겨울철에 이 술집에 가게 된다면 술집 밖에서 입장 차례를 기다리는 젊은이들을 잘 살펴보자. 그들 중 한 명은 오르페우스라는 젊고 재능 있는 시인일지도 모른다.

지하 세계의 여왕 : 하데스타운에는 먹을 것이 별로 없다. 겨울에 페르세포네의 방에 들어가면 페르세포네가 봄꽃, 항아리에 담긴 바람, 빗소

리 등 여러분이 가장 그리워하는 지상의 추억을 선사해 줄 것이다.

교통정보

대부분의 여행객은 기차를 타고 편안하게 하데스타운에 도착한다. 영혼을 포기하지 않아도 되는 다른 방법이 있긴 하지만, 그 방법을 선택하면 전신주와 철로를 따라 길고 어두운 길을 따라 하데스타운에 들어가야 한다. 이 길은 오르페우스가 사랑하는 에우리디케를 되찾기 위해 걸었던 길이며, 하데스가 에우리디케를 유혹하기 위해 지상으로 갈 때 걸었던 길이다. 어떻게든 목숨을 포기하지 않고 하데스타운에 들어가게 된다면, 그곳의 직원들에게 이름을 말하거나 그들과 눈을 마주쳐선 안 된다. 그들은 당신이 눈치채지 못하는 사이에 당신의 숨결과 정수를 흡수할 것이고, 그렇게 되면 당신은 그들과 함께 영원히 하데스타운에 머물러야 한다.

The Heaviside Layer

고양이들의 천국에 오신 걸 환영합니다

헤비사이드 레이어

〈캣츠〉

뮤지컬 〈캣츠Cats〉를 볼 때 가장 먼저 알아야 할 것은 연례 젤리클 무도회Jellicle Ball에서 선지자이자 고양들의 우두머리인 '올드 듀터러노미Old Deuteronomy'가 어떤 고양이를 헤비사이드 레이어Heavyside Layer에서 부활시킬지 결정한다는 사실이다. 아니다! 그보다 더 먼저 알아야 할 것이 있다. '젤리클 고양이들'이라고 불리는 작고 쾌활한 고양이 부족이 있는데, 이들은 하늘을 나는 공중그네처럼 공중을 뛰어다니고, 이중 공중제비를 돌고, 줄 위를 걷고, 동시에 두 가지 이상의 음으로 노래를 부를 수 있다는 사실이다. 뮤지컬 〈캣츠〉를 보지 않은 사람에게는 이 모든 것이 전혀 이해가 되지 않을 수도 있다. 하지만 이 뮤지컬을 본 사람이라도 이 이야기를 완벽하게 이해하는 것은 쉽지 않을 것이다.

천문학에서 말하는 헤비사이드 레이어는 지구 표면에서 약 90킬로미터 떨어진 궤도를 도는 이온화된 가스 구역이다. 장거리 무선통신이 가능한 것은 이 구역은 존재하기 때문이다. 하지만 〈캣츠〉의 작곡가 앤드류 로이드 웨버Andrew LLoyd Weber에게 헤비사이드 레이어는 형이상학적인 영역으로, 그의 '젤리클 고양이들'이 동경하는 미지의 천국이다.

웨버는 엘리엇T. S. Elliot의 시에서 영감을 얻어 〈캣츠〉 대본을 썼다. 엘리엇은 〈늙은 주머니쥐의 고양이 대처 방법Old Possum's Book of Practical Cats〉이라는 어린이 책을 쓰는 동안 한 친구에게 보낸 편지에서 고양이 캐릭터들이 풍선을 타고 러셀 호텔(엘리엇의 사무실이 있던 런던 호텔의 맞은편에 있는 호텔) 위를 날아 헤비사이드 레이어로 올라갈 것이라고 썼다.

엘리엇의 이 책에 극적인 요소가 부족하다고 판단한 웨버는 이 헤비사이드 레이어라는 개념에 기초해 젤리클 고양이들의 이야기를 만들어 냈다. 일 년에 한 번 젤리클 달이 비추면 모든 젤리클은 노래와 춤으로 자신을 소개하는 젤리클 무도회에 초대된다. 족장인 올드 듀터러노미는 동트기 직전에 '선택된 젤리클 고양이'를 발표하고, 선택된 고양이는 이승을 떠나 천상의 헤비사이드 레이어로 올라간다. 무대에서는 이 고양이가 거대한 트랙터 타이어를 비행접시들이 나는 곳으로 올라가는 모습이 연출된다.

언어 배우기

'젤리클'이 무슨 뜻인지는 아무도 모른다. 아마도 바디슈트를 입고 두 발로 걸어 다니면서 일을 하는 고양이를 뜻하는 것 같다.

헤비사이드 레이어로 갈 행운의 고양이가 그곳에서 어떤 운명을 맞이하게 될지는 확실하지 않다. 매년 단 한 마리의 젤리클 고양이만 갈 수 있는 것으로 봐서는 모든 젤리클 고양이들이 그곳에 가서 경이로움을 느끼고 싶어 하는 것 같다. 하지만 운이 좋아서 헤비사이드 레이어에 가더라도 그곳에서 오래 머물지 못할 수도 있을 것 같다. 젤리클 고양이들은 선택된 고양이의 운명이 '다른 젤리클로 태어나 살게 되는 것'이라고 믿기 때문이다. 올드 듀터러노미가 '여러 번의 삶을 연속해서 살았다'고 전해지는 것을 보면 헤비사이드 레이어로 간 고양이들도 그럴 것 같다. 헤비사이드 레이어로 간 고양이는 곧바로 폐차장으로 돌아와서 기차와 마술사에 관한 노래를 부르며 기묘하게 허리를 굽히게 될지도 모른다.

Huis Clos　지옥에서 온 룸메이트

출구가 없는 공간

〈닫힌 방〉

장 폴 사르트르Jean-Paul Sartre의 단막극 〈닫힌 방Exit〉(프랑스어 제목은 '닫힌 문 뒤에서'라는 뜻의 'Huis Clos'다)이 초연된 것은 나치가 점령한 1944년의 파리에서였다. 독일 점령군이 정한 통금시간 때문에 연극의 공연 시간은 90분밖에 되지 않았지만, 사르트르는 이 짧은 단막극을 통해, 저주받은 자들이 서로에게 고문을 자행하는 끔찍한 지옥을 생생하게 묘사해냈다.

이 지옥은 통로와 계단으로 연결된 방들로 이루어져 있다. 여러분이 이 방으로 안내를 받는다면 다른 사람들이 그렇듯이 "고문실은 어디에 있나요?", "왜 거울이나 창문이 없나요?", "내 소지품은 어떻게 할까요?"

같은 질문을 하게 될 것이다(여성은 핸드백을 지참할 수 있지만, 화장품이나 칫솔 같은 것들은 허용되지 않는다). 또한 이곳에서는 전등이 항상 켜져 있기 때문에 누구도 잠을 자거나 심지어 눈을 깜빡이지 도 못한다.

숙박시설

럭셔리한 숙박에 대한 기대는 접어두는 것이 좋다. 각 방에는 문이 있지만, 열리지 않는 문이다. 방마다 벨이 있긴 하지만 작동하기 않는다. 방의 인테리어는 시대와는 어울리지만 취향에 맞지 않을 수도 있다. 예를 들어, 사르트르의 세 주인공은 정교하게 덮개를 씌운 프랑스 제2제국 풍의 가구(각각 파란색, 와인색, 녹색의 소파가 있다), 벽난로, 페르디낭 바르베디엔(Ferdinand Barbedienne, 프랑스의 조각가)의 청동 조각품이 있는 방에 같이 들어가게 된다.

이곳에서는 오래 머무를수록 '부재자'(이곳에 갇힌 사람들을 이곳에서 완곡하게 부르는 말)의 방이 불편할 정도로 따뜻하다는 것을 알게 될 것이다. 처음에는 이곳에서도 부재자들은 계속되는 삶을 마음의 눈으로는 볼 수 있지만, 그것도 오래 가지 않을 것이다. 이상하게도 이 지옥에서의 시간은 산 사람의 시간보다 더 빨리 흐른다. 따라서 지옥에서 몇 시간은 산 사람들의 며칠, 심지어 몇 달에 해당한다. 부재자들은 자신의 장례식에서 가족과 동료들이 자신에 대해 이야기하는 것을 지옥에서 모두 지켜볼 수 있다. 지상에 있는 사람들이 망자에 대한 생각을 더 이상 하지 않게 되면 망자들도 더 이상 그들을 지켜볼 수 없다.

사르트르가 묘사한 지옥의 방에 들어간 세 사람은 리우데자네이루 출신의 저널리스트 조셉 가르상Joseph Garcin, 파리 사교계 여성 에스텔 리고Estelle Rigault, 가난한 우체국 직원 이네즈 세라노Inez Serranno이다. 이들은 이 지옥에 처음 들어갔을 때 자신들의 영혼이 저주받은 이유를 구체적으로 듣지는 못했지만, 곧 각자의 운명을 받아들인다. 가르상은 몇 년 동안 아내 몰래 바람을 피웠고 전쟁이 발발해 징집되자 탈영해 멕시코로 도망갔던 사람이다. 에스텔은 자신이 애인과 낳은 아이를 스위스 호수에 던져버려 애인을 자살하게 만들었다. 이네즈는 사촌의 아내와 불륜을 저질러 자신의 배우자와 사촌을 모두 자살하게 만들었다. 이 세 사람은 자신들이 있는 방이 서로를 경멸하게 만드는 감옥이라는 사실을 금방 깨닫지만, 서로를 내버려두려는 시도는 완전히 실패로 돌아간다. 지옥에서 룸메이트를 배정하는 데 사용되는 알고리즘은 대학 기숙사 배정에서 사용하는 알고리즘과 같은 알고리즘으로 보인다. 항상 서로 안 맞는 사람들이 같은 방에 배정되기 때문이다. 가르상과 이네즈는 서로의 도덕적 비겁함을 비웃고, 에스텔의 수준 낮은 자기 몰입은 모두를 짜증나게 만든다. 그럼에도 불구하고 이네즈는 에스텔에게 끌리지만, 에스텔은 가르신을 원한다. 그러면서 상황은 걷잡을 수 없을 정도로 악화되고, 이네즈는 벽난로 위에 있던 레터오프너로 에스텔을 찌르지만 소용이 없다. 이 지옥에는 죽음이 없기 때문이다.

연극에서 가르상이 웃으면서 말한다. "지옥에는 불과 유황, 고문이 있다고 들었는데 요즘은 그렇지 않은 것 같군요. 그럴 필요도 없는 것 같습니다. 타인이 바로 지옥이니 말이지요."

Rock and Roll Heaven

더 늙기 전에 죽고 싶어요

로큰롤 천국

라이처스 브라더스

사후 세계의 매력 중 하나는 유명 인사들과 어울릴 수 있다는 데 있을 것이다. 하지만 대부분의 유명 인사들은 끔찍한 사람들이며, 당신이 가게 될 천국에 가지 못할 것이다. 하지만 그룹 라이처스 브라더스Righteous Brothers는 이 생각에 동의하지 않는다. 실제로 이들의 마지막 히트곡은 대중음악계 최고의 스타들만 살고 있는 천국을 묘사하고 있다.

'로크론 헤븐Rock and Roll Heaven'은 조니 스티븐슨과 앨런 오데이('언더커버 에인절Undercover Angel'이라는 곡으로 유명하다)가 만들고 클라이맥스('프레셔스 앤드 퓨Precious and Few'라는 곡으로 큰 히트를 기록한 밴드)가

1973년에 부른 곡을 리메이크한 곡이다. 원곡은 1절에서는 너무 일찍 세상을 떠난 1960년대 음악계의 전설인 지미 헨드릭스Jimi Hendrix, 재니스 조플린Janis Joplin, 오티스 레딩Otie redding, 짐 모리슨Jim Morrison이 천국에서 함께 공연하는 모습을 담고 있으며, 2절에서는 라이처스 브라더스가 리메이크한 버전은 1959년 아이오와주 비행기 추락 사고로 옥수수밭에 추락해 숨진 버디 홀리Buddy Holly와 리치 발렌스Richie Valens를 공연 멤버에 추가했다.

1974년에 이 원곡을 멜로 드라마틱한 블루아이드 소울 곡으로 재탄생시켜 엄청난 히트를 기록한 라이처스 브라더스는 원곡 가사 가운데 '음악이 죽던 날Day the Music Died' 부분에 당시에 사망한 지 얼마 되지 않은 록 스타인 짐 크로치Jim Croce와 바비 대린Bobby Darin을 다시 추가했다. 그 결과로 이 노래에서 묘사되는 공연은 리듬 섹션이 전혀 없이 음악 스타일이 완전히 다른 여섯 명의 리드 싱어와 기타리스트가 연주하는 기묘한 라이브 공연이 됐다. 천국에서 천사들로 구성된 하우스 밴드가 반주를 해줄까?

그로부터 거의 20년이 지난 후, 라이처스 브라더스는 이 노래의 천국 공연 멤버로 엘비스 프레슬리Elvis Presley, 존 레논John Lennon, 마빈 게이Marvin Gaye, 비치보이스Beach Boys의 데니스 윌슨Dennis Wilson을 추가해 10인조 천국 밴드를 만들어냈고, 이렇게 업데이트한 곡에 '로큰롤 헤븐 1992'라는 이름을 붙였다. 드디어 천국 밴드에 리듬을 담당하는 드러머(데니스 윌슨)가 영입된 것이었다.

현지인 만나기

이 천국 밴드의 공연에는 어떤 사람들이 갈까? 이 밴드의 멤버들 외에 좀 덜 유명한 뮤지션들도 천국에 있을까? 팬들은 모두 천사일까? 아니면 생전에 이 멤버들의 팬이었던 망자들 중에서 일부가 선택돼 천국에서 팬이 되는 걸까? 로큰롤 천국은 천국의 일부일까? 아니면 그 자체로 분리된 '아티스트 전용' 구역일까? 이런 의문은 가질 필요 없다. 이 노래는 진지한 신학적 고민의 결과가 아니니 말이다.

이 로큰롤 천국은 처음에 보이는 것과는 조금 다를 수도 있을 것이다. '로큰롤 헤븐'의 가사 중에는 '모두가 스타'이기 때문에 그곳에도 '스포트라이트가 당신을 기다리고 있다'라는 부분이 나온다. 따라서 로큰롤 천국이 실제로는 일종의 노래방 무대일 수 있다고 생각할 수도 있겠다. 만약 그렇다면 록 스타들과 같이 공연할 수 있는 기회를 놓쳐서는 안 된다. 마이크를 잡고 노래를 부르면서 짐 모리슨이 탬버린을 치도록 만들어보자.

라이처스 브라더스 자신도 다음 세상에 대해서는 확신하지 못하고 있는 것 같다. '로큰롤 천국이 있다면'이라는 가정문으로 노래하기 때문이다. 라이처스 브라더스는 다음 세상을 약속하는 것이 아니라 가상의 사후 세계를 제시하고 있다. 하지만 2003년에 세상을 떠난 이 듀오의 테너 담당 바비 햇필드Bobby Hatfield는 이제 확실히 사후 세계에 대해 알고 있을 것이다. 천국이 진짜로 로큰롤 천국이라면 그는 지금 천국에서 솔로로 공연하고 있을지도 모른다.

Up There

혼자 걷는 일은 없을 거예요

위로

〈회전목마〉

1909년 헝가리 부다페스트에서 초연된 몰나르 페렌츠Molnár Ferenc의 희곡 〈릴리옴Liliom〉은 그다지 흥행을 거두지는 못했다. 이 작품은 예상치 못한 주인공을 내세운 로맨틱한 '코미디'인 만큼 예상했던 결과일지도 모른다. 이 작품에서 릴리옴은 술과 도박을 일삼고 아내를 구타하는 남자로, 무장 강도를 시도하다 실패해 결국 자살하는 망나니다. 하지만 이 작품은 그 뒤 브로드웨이에서 엄청난 히트를 기록한 뮤지컬 〈회전목마Carousel〉의 원작으로 세상에 널리 알려지게 된다.

〈회전목마〉의 주인공 빌리 비글로Billy Bigelow에게 죽음은 모든 것의 끝이 아니다. 사후 세계에서 그는 소설에서 자주 등장하는 것처럼 선행을 할 수 있는 마지막 기회를 얻게 된다. 그리고 〈릴리옴〉의 주인공과는 달리 빌리는 그 기회를 잡는다.

〈릴리옴〉과 〈회전목마〉에서 '저 위쪽'으로 지칭되는 사후 세계로 모험을 떠나면, 서로를 '형제'라고 부르는 천국의 친구들을 만나게 된다. 〈회전목마〉에서 이 친구들은 모두 듣기 싫은 뉴잉글랜드 억양을 사용한다. 여러분이 이 천국에 간다면 천국의 친구들은 여러분을 구름 위로 안내할 것이다. 구름 위에서 가장 먼저 보이는 것이 빨랫줄이라고 해도 놀랄 필요는 없다. 일반적인 천국 관광 코스에서 벗어나 천국의 뒷마당에 도착했기 때문에 그런 광경이 보이는 것이다. 천국의 앞문은 진주 문이 있고 뒷문은 자개 문이다.

이 뒷문에는 반짝이는 은색 사다리에 앉아 갓 세탁한 별을 천국의 무한히 긴 빨랫줄에 고정하는 친절한 '스타키퍼Starkeeper'가 공책을 들고 항상 자리를 지키고 있다(별들이 잘 마르면 천국의 친구들이 그 별들을 빨랫줄에서 걷어 밤하늘에 매단다). 스타키퍼는 생전에 보던 목사나 시골 의사처럼 자비로운 노인을 떠올리게 하는 모습이다. 지상에서 끝내지 못한 일이 있다면 이 스타키퍼가 당신을 하루 동안 지상으로 보내 일을 마무리하게 한 다음 다시 천국으로 들여보내줄 수도 있다. 지상으로 하루 동안 돌아갈 계획이라면 머뭇거려선 안 된다. 천국에서는 매 순간이 지상의 1년에 해당하기 때문에 머뭇거리다가는 생전에 당신을 알던 모든 사람이 세상을 떠날지도 모른다.

산 자들 사이에서 마지막 하루를 보내고 싶다면 구름 사이로 내려다보며 기다리면 된다. 저 아래에서 무슨 일이 일어나고 있는지 볼 수 있는 힘을 서서히 얻게 될 것이다. 지구로 돌아간 후에는 당신이 원하면 언제든 산 자들이 당신을 보게 만들 수 있다. 지상에서 당신이 해야 할 선행을 찾아볼 때, 천국의 친구들은 당신을 응원하고 있으며 당신을 천국에 다시 데려올 수 있는 구실을 찾고 있다는 것을 항상 기억해야 한다. 〈회전목마〉의 빌리는 누군가에게 사랑한다고 속삭이는 것만으로도 자신의 영혼을 구할 수 있었다. 반면 〈릴리옴〉의 주인공 릴리옴은 천국에서 16년 동안 '정화'를 받은 후에도 아무것도 바꾸지 못한다. 그는 어쩔 수 없는 망나니였기 때문이다. 제작자들이 원작의 결말을 바꾼 것은 당연한 일이었다.

반드시 피해야 할 것들

〈회전목마〉의 '저 위쪽'은 미국 스타일의 천국이다. 원작인 〈릴리옴〉의 독일 스타일 천국에 비하면 훨씬 좋은 공간이다. 〈릴리옴〉의 '저 위쪽'은 마치 경찰서처럼 보이며, 검은색 옷을 입고 무거운 지팡이를 짚은 경비병들이 지키고 있다. 이곳에서 근엄한 수염을 기른 치안판사는 '영혼의 일'을 마무리할 수 있도록 지상에서 하루를 더 허락할 수도 있지만, 지상으로 돌아가 선행을 시도할 준비를 하기 위해 수년간 '불의 정화' 형을 받도록 선고할 정도로 매우 엄하다.

7

기타
다양한 사후 세계
MISCELLANEOUS

* 이미지 출처: 단테 알리기에리 『신곡: 지옥 편』에 삽입된 구스타프 도레Gustave Doré의 판화(1892), 위키피디아

바보들의 잔치

연회

긴 숟가락의 우화

어떤 지리적 환경이나 문화적 환경에서도 매우 매력적으로 느껴지는 사후 세계가 있다. 예를 들어 '긴 숟가락의 우화' 같은 사후 세계 이야기는 유대교, 기독교, 무슬림, 힌두교, 불교 모두에서 다양한 형태로 전해 내려오고 있다. 유대계 민속학자인 알터 드루야노프Alter Druyanov는 '긴 숟가락의 우화'가 19세기에 리투아니아를 떠돌며 설교를 하던 랍비 차임Chaim에 의해 처음 지어졌다고 주장했다. 랍비 차임은 배고픈 손님들에게 속아 넘어간 비참한 주인에 관한 훨씬 더 오래된 민담을 각색했을 가능성이 높다. 사실 이 이야기의 뿌리는 이솝우화까지 거슬러 올라가는 것 같다.

오늘날 이 이야기는 전해지는 장소에 따라 조금씩 다르다. 중세 기독교의 비유로 전해지는 경우 망자는 이 이야기에서 스튜를 먹고 있다. 중국이나 베트남의 이야기에서는 젓가락을 들고 있다. 하지만 기본 주제는 모두 같다.

이 사후 세계에서 당신은 지옥으로 끌려가고, 그곳에는 웅장한 음식이 놓인 테이블이 줄줄이 놓여 있다. 하지만 아무도 그 음식을 먹지는 못한다. 남녀노소를 불문하고 모든 손님은 쇠약해진 채 배고픔에 신음하고 있다. 왜 그럴까? 숟가락을 잘 보자. 숟가락의 손잡이가 기괴할 정도로 길어서 망자들은 음식을 입에 넣을 수 없다(일부 버전에서는 식기의 크기가 정상적이지만 손님이 팔꿈치를 입 쪽으로 구부릴 수 없도록 팔을 부목으로 고정했다).

가장 호화로운 사치품의 유혹을 받지만 그것을 누릴 수 없는 곳이 바로 지옥이다. 그렇다면 천국은 어떤 곳일까? 천국에도 지옥에서와 같은 테이블, 같은 손님, 같은 접시, 심지어 같은 긴 숟가락이 있다. 하지만 천국에서는 아무도 배고프지 않다. 그들은 서로에게 음식을 먹여주기 때문이다.

이 이야기의 교훈은 어떤 사람들이 사느냐에 따라 천국이 될 수도 있고 지옥이 될 수도 있다는 것이다. 이런 지옥에 사는 사람들은 이미 충분히 나쁜 사람들이기 때문에 불로 고문을 할 필요도 없다. 여러분은 이제 그 비밀을 알았으니 지옥에 가더라도 천국의 전략을 빌려 사탄의 도구로 마음껏 먹으면서 고통을 이겨낼 수 있을 것이다.

랍비 차임은 환상 속에서 천국의 영혼들이 서로를 먹여 살리는 모습을 보고 굶주린 사람들을 돕기 위해 지옥으로 달려갔다. 지옥에서 그는 "당신의 숟가락으로 다른 사람을 먹이면 그 사람도 당신에게 음식을 먹여줄 것입니다"라고 말한다.

하지만 이 말은 들은 저주받은 자는 "식탁 맞은편에 앉아있는 혐오스러운 사람에게 밥을 주라고요? 그 사람에게 먹는 즐거움을 주느니 차라리 내가 굶어 죽는 게 낫지!"라고 말한다.

The Djalia | 와칸다 포에버

잘리아

마블코믹스

타네히시 코츠Ta-Nehisi Coates는 2016년에 마블코믹스의 〈블랙 팬서Black Panther〉 대본을 쓰면서 블랙 팬서인 티찰라T'Challa가 다시 와칸다왕국의 왕좌를 다시 탈환하게 만들었다. 또한 코츠는 타노스Thanos의 부하들과 싸우다 죽음을 맞이했던 티찰라의 여동생 슈리Shuri를 다시 살려냈다. 부활하기 전에 슈리는 잘리아Djalia라고 불리는 와칸다의 사후 세계를 떠돌고 있었다는 설정이었다.

슈리가 갔던 잘리아에서는 사바나와 숲이 우거진 아프리카의 풍경과 버려진 마을과 대도시의 폐허를 모두 볼 수 있다. 잘리아에 가게 된다면 태초의 거인의 손가락처럼 하늘을 향해 우뚝 솟은, 거대한 봉우리들을 바라보는 시간을 가져보길 권한다.

잘리아를 볼 수 있는 유일한 방법은 가이드 투어다. 잘리아에 도착하자마자 어머니와 같은 믿을 수 있는 다정한 사람을 만나게 되지만, 그 사람이 진짜 어머니가 아니라는 것을 금방 깨닫게 될 것이다. 그녀는 모두의 어머니이며, 모든 민족의 공통 조상이다. 또한 그녀는 아프리카의 보호자이자 아프리카의 역사 이야기를 들려주는 그리오griot*이기도 하다. 이 '와칸다의 기억 공간'에서 가이드가 기억의 힘과 조상들의 노래로 여러분을 무장시키는 동안 여러분은 그녀와 수 세기를 함께 걸어가게 될 것이다.

잘리아에서는 밤에는 모닥불 주변에서 이야기를 나누며 시간을 보내지만, 낮에는 신나는 야외 모험이 펼쳐진다. 격렬한 상황이 벌어질 수 있으니 그리오의 인솔에 따라 흰색 무술 복장을 입고 액션에 대비해야 한다. 아드레날린이 솟구치는 모험가라면 절벽을 기어오르고, 날개 달린 표범을 타고 하늘을 날거나, 지팡이를 휘두르는 정령 가이드와 스파링을 하며 하루를 보낼 수도 있다. 잘리아는 슈퍼 히어로들의 세계다. 타네히시 코츠 만화책에는 주인공이 말을 많이 하기도 하지만 전투 장면도 심심치 않게 나온다.

* 서아프리카에서 과거에 민족의 구비 설화를 이야기나 노래로 들려주던 사람.

현지 관습

가이드에게 어떤 와칸다 이야기를 들려달라고 말해야 할지 잘 모르겠다면, 정복에 저항한 아도와(Adowa) 사람들, 하늘을 날 수 있는 니리(Niri)의 사람들, 피부가 돌처럼 튼튼한 바코(Bako)의 사람들 이야기 같은 고전적인 이야기를 먼저 해달라고 부탁하면 된다. 가이드는 먼 과거(와칸다의 첫 주민들이자 인류 이전의 존재들이 살던 시대)의 이야기에서부터 최근의 이야기(부모님의 연애담)에 이르기까지 거의 모든 시대의 이야기를 할 수 있는 존재다.

The Eighth Underworld

추가 생명

여덟 번째 지하 세계

〈그림 판당고〉

일반적으로 비디오게임에서 묘사되는 사후 세계 여행은 폭력적인 결말 후 잠시 들렀다가, 더 현명한 캐릭터로 게임 플레이에 복귀하는 형식적인 사건으로 끝나곤 한다. 하지만 게임 플레이어는 악마로 가득한 〈둠Doom〉 시리즈의 지옥부터 2019년에 발표된 게임인 〈애프터파티Afterparty〉(술에 취한 대학생들이 벌이는 모험을 소재로 한 게임)에 이르기까지 다양한 게임에서 몇 가지 더 정교한 옵션을 선택할 수 있다. 가장 기억에 남는 비디오게임으로는 1998년에 출시된 루카스아츠LucasArts의 〈그림 판당고Grim Fandango〉가 있는데, 이 게임은 10년 넘게 어드벤처 게임 시장 전체를 망가뜨린 상업적 실패작이지만 오늘날에는 컬트 게임의 고전이자 걸작으로 인정받고 있다.

〈그림 판당고〉는 죽은 자의 최종 운명인 영원한 안식을 가로막는 거대한 지하 세계 '여덟 번째 지하 세계Eighth Underworld'를 배경으로 한다. 당신이 이 사후 세계에게 들어가게 된다면 낫을 든 검은 옷의 저승사자에 의해 깨어나게 될 것이다. 하지만 이 낯익은 사이코패스 캐릭터가 세일즈맨 역할을 하기도 한다. 이들은 망자에게 여행 옵션을 보여주기 위한 요원들이기 때문이다. 살아생전 정말 성스러운 삶을 살았다면 이곳에서 호화스럽게 지낼 수 있다. 스포츠카나 비행선, 호화스러운 배를 타고 최종 목적지까지 직통으로 이동하는 등 업그레이드된 여행을 즐겨보자. 하지만 평생 걸어 다니면서 살았다면 이 사후 세계에서도 계속 걸어 다니게 될 것이고, 여행사가 지팡이를 건네며 걸어서 여행을 시작하라고 권하거나. 당신을 관에 넣어 화물처럼 저승으로 보낼 수도 있다.

이 낯선 땅을 가로지르는 영혼의 여정에는 최대 4년이 걸리지만, 그 과정에서 볼거리가 많다는 것은 장점이라고 할 수 있다. 이곳에서 당신을 포함한 망자들은 거대한 사회를 형성한다.

어떤 이들은 즐거움을 위해 이곳에 머무르고, 어떤 이들은 영원한 안식은 존재하지 않는다고 판단해 이곳에 머무른다. 애도의 바다에 있는 안개가 자욱한 항구 도시 루바카바Rubacava에는 길을 잃은 영혼들이 많이 떠내려 온다. 이곳에서 잠시 멈춰 짭짤한 공기와 대도시 지하 세계의 돈이 쏟아지는 게임을 즐겨보자. 막시미노maximino의 트랙에서 펼쳐지는 거대한 고양이 경주를 보거나 카지노의 안락한 VIP 라운지에서 휴식을 취하면서 최상의 기분을 느낄 수도 있다.

루바카바 밖에서는 끝없는 여행이 가능하지만 모든 여행이 항상 안전한 것은 아니다. 루바카바 인근의 돌 숲은 화려하게 자란 돌 나무의 골수를 채취해 시멘트를 만드는 곳이지만, 날개 달린 거미, 타르가 가득 찬 강 주변에서 뼈로 댐을 짓은 사나운 비버 같은 현지 동물들을 조심해야 한다. 엘 매로El Marrowe는 콜럼버스 시대 이전의 건축물과 아르데코 양식의 화려한 건물들이 가득한 대도시지만, 미스터리한 갱스터들이 지배하고 있는 곳이기도 하다. 거대한 메소아메리카 피라미드가 실린 여객선을 타고 애도의 바다를 건널 수 있지만, 조심하지 않는 여행자를 배 밖으로 뛰어내리도록 유인하는 아름다운 바닷속 '진주'를 조심해야 한다.

이미 죽었는데 왜 이런 위험들에 대해 걱정해야 할까? 여덟 번째 지하 세계에서 두 번째 죽음을 맞이하는 자들에게는 더욱 끔찍한 운명이 기다리고 있기 때문이다. 두 번째로 죽음을 맞이하는 자들의 몸에서는 이곳 식물들의 꽃과 풀 그리고 뿌리가 돋아날 것이다. 이 광경은 산 자의 땅에서 보는 피투성이 시체만큼이나 충격적인 광경일 것이다. 이곳의 일부 범죄자들은 '스프라우텔라sproutella'라고 불리는 성장 촉진제를 사용해 만들어낸 치명적인 씨앗을 총에 넣고 쏘기도 하기 때문에 조심해야 한다.

당신의 최종 목적지는 북쪽 끝의 설산에 있는 석조 사원이다. 이 석조 사원에서는 '넘버 나인'이라는 이름의 초고속 열차가 정기적으로 영원한 안식의 땅으로 출발한다. 이 열차의 '더블 N' 좌석에 앉아 갱스터도 스프라우텔라도 없는, 타락하지 않는 '아홉 번째 지하 세계'로의 여행을 즐겨보자.

여행자 주의사항

이 죽음의 땅에는 느와르적인 범죄가 많기 때문에 여행을 하다 활기찬 암시장을 발견해도 놀랄 필요는 없다. 이 암시장에서 '더블 N' 티켓을 살 때는 판매자를 신뢰할 수 있는지 확인하고, 티켓이 정품인지도 꼭 확인해야 한다. 정품 티켓은 마치 산들바람에 날리는 것처럼, 마법처럼 여러분을 끌어당길 것이다. 만약 가짜 티켓을 샀다면 열차가 괴물 악마로 변신해 지옥으로 떨어져 내려갈 것이다.

The Hatlo Inferno

재미없는 페이지

해틀로 지옥

〈그들은 매번 그래〉

일반적으로 신문에 실리는 만화는 상상력과는 거리가 멀다. 가끔 용감한 왕자가 작센처럼 멀리 떨어진 곳으로 모험을 떠나는 경우도 있지만, 대부분의 경우 이 신문 만화는 거의 한 세기 동안 가정집 부엌, 교외 뒷마당, 아파트 같은 지루한 장소를 배경으로 하고 있다. 만화는 공상의 세계가 아닌 삶의 단면을 보여주는 매체이기 때문에 그럴 것이다.

하지만 한때 사후 세계를 배경으로 한 만화가 있었다. 샌프란시스코의 만화가 지미 해틀로Jimmy Hatlo는 1929년부터 1963년 사망할 때까지 연재한 신문 만화 〈그들은 매번 그래They'll Do it Every Time〉로 유명세를 떨쳤다. 이 만화는 영화관에서 높은 모자를 벗지 않는 앞자리 아주머니, 배가 다 찰 때쯤에야 음식이 맛있냐고 묻는 웨이터 등 중년 생활의 소소한 불만 사항들을 소재로 한 코믹 만화였다. 하지만 이 신문 만화에 등장하는 이런 사람들은 한 번도 제대로 응징을 받은 적이 없다. 그들은 여전히 슈퍼마켓 계산대에서 시간을 끌고, 운전할 때 깜빡이를 켜지 않으면서 아무렇지도 않게 하루를 보내는 사람들이었다.

하지만 어느 날 해틀로는 이런 사람들이 응징을 당하는 모습을 보여주기 시작했다. 1953년부터 1958년까지 컬러판 일요일 신문에는 〈그들은 매번 그래〉 옆에 〈해틀로 지옥Hatlo Inferno〉라는 제목의 만화가 가끔씩 실렸다. 이 만화에서도 여전히 해틀로는 우리에게 익숙한 인간의 나약함을 조롱했지만 이번에는 악당들을 응징했다. 이 만화를 기획한 킹 피처 신디케이트는 '미국에서 가장 재미있는 만화가 해틀로가 지옥에서 가장 보고 싶은 나쁜 인물들을 응징하는 모습을 즐겨보세요!'라는 내용의 광고를 하기도 했다. 해틀로가 만들어낸 지옥은 화산과 유황 연기가 가득한 쓰레기장이었다.

당신이 만약 이 지옥에 가게 된다면 콧수염을 기르고 작업복을 입은 건장한 블루칼라 노동자이자 뿔 달린 붉은 악마인 괴물들에게 괴롭힘을 당하게 될 것이다. 단테처럼 해틀로도 죄의 종류에 따라 지하 세계를 여러 층으로 나눴다. 하지만 이 지옥에서는 욕망이나 시기심이 많았던 사람이 고통을 당하는 것이 아니라 일상생활에서 사소하게 남들을 짜증나게 한 사람이 고문을 당한다. 이 지옥은 진흙 웅덩이를 차로 밟아 보행자가 물을 뒤집어쓰게 만든 운전자, 코미디언에게 야유를 퍼부은 사람, 햇볕에 탄 사람의 등을 때린 사람처럼 사소한 죄를 지은 사람이 각각 다른 처벌을 받는 곳이다. 가끔은 이상하게도 이런 사람들이 전통적인 지옥의 벌을 받기도 하지만(미스터리 영화의 결말을 미리 말해 김을 뺀 사람은 큰 철판에서 튀겨지기도 한다), 대부분의 경우 악마는 쓴 약을 천천히 맛보게 하는 정도의 형벌을 가한다. 문을 꽝 소리 나도록 세게 닫은 사람은 사슬로 벽에 묶여 있는 상태에서 스프링이 달린 거대한 문이 얼굴에 부딪히는 벌을 받는다. 인도에 껌을 버렸다면 끈적끈적한 껌 수렁에서 거의 영원히 허우적거려야 한다. 새벽 6시에 잔디를 깎아 이웃을 괴롭힌 적이 있다면, 잔디에 누워 악마가 잔디 깎는 기계를 얼굴에 돌리는 것을 견뎌야 한다. 1950년대의 미국 사람들은 이런 끔찍한 장면들이 담긴 해틀로의 만화를 보면서 쾌감을 느끼곤 했다.

이런 처벌은 어느 정도 범죄에 부합할지 모르지만 너무 심한 것 같긴 하다. 사무실에서 가끔 휘파람을 불었다고 해서 귀가 먹먹한 파이프 오르간에 영원히 묶여 있어야 할까? 기차에서 창문을 여는 것을 좋아한다고 해서 목구멍에 압축 공기 튜브를 꽂아 동그란 풍선처럼 부풀려져야 할까?

지미 해틀로는 자비로운 신은 아닌 것 같다.

Hellscapes | 기묘한 제단화

지옥의 풍경

히에로니무스 보스

르네상스 예술은 대부분 동정녀, 중세 농부처럼 옷을 입은 이스라엘인, 두 손을 모아 기도하는 아기 천사, 순교하는 사슴 눈의 성인 등 경건한 주제를 담고 있다. 하지만 네덜란드의 르네상스 화가 히에로니무스 보스Hieronymus Bosch의 작품들은 예외다. 그는 유화 물감이 발명된 지 얼마 되지 않았을 때 헤비메탈 앨범 재킷의 그림 같은 섬뜩한 그림을 그린 사람이다.

보스가 그린 제단화 중에서 가장 유명한 것은 〈세속적인 쾌락의 동산The Garden of Earthly Delights〉과 〈최후의 심판The Last Judgment〉이다. 이 두 작품 모두 왼쪽에는 성경 속 에덴동산이 그려져 있다. 보스는 천국에는 별로 관심이 없었던 것 같다. 그는 지옥의 기괴한 고통을 충실하게 묘사하는 데 집중했기 때문이다. 그가 그린 지하 세계에 들어선다면 그곳이 어둡고 놀라울 정도로 추운, 강에서 아이스 스케이트를 탈 수 있을 정도로 추운 곳이라는 사실을 바로 느낄 수 있을 것이다. 저 멀리 불타는 도시를 피해 도망치는 사람들과 무지막지한 지옥의 병사들이 보인다. 하지만 당신은 곧 바로 옆에서 수많은 인간들이 벌거벗은 채 무기력하게 고통받고 있는 광경을 보게 될 것이다.

이곳에서 여러분은 가마솥에서 끓고 있는 죄인들, 맷돌로 다른 죄인들을 갈고 있는 죄인들, 기사의 내장을 뜯어먹는 괴물 무리, 칼날을 휘두르고 저주받은 자들을 짓밟으면서 질주하는 거대한 귀 등을 보게 될 것이다. 검은 딱정벌레의 날개가 달린 악마가 금속 바퀴에 죄인들을 매달아 돌리고, 오리너구리 머리를 한 궁수가 화살 꽂힌 희생자를 거꾸로 업고 집으로 돌아가는 모습도 볼 수 있다. 개구리가 가득한 통에 죄인을 넣었다 구워 먹는 용도 볼 수 있다. 이 지옥에는 죄인보다 악마가 더 많아 보인다. 악마는 따오기의 부리와 개의 머리, 물고기의 비늘, 사슴의 발굽을 갖고 있어 그걸 그리는 재미가 쏠쏠했을 터다. 대부분의 악마는 머리와 다리만 있고 그 사이에는 아무것도 없는 것처럼 보인다. 보스는 몸통을 싫어했던 게 분명하다.

이곳에서는 인간 세상에서 누렸던 감각적인 즐거움을 기대해서는 결코 안 된다. 음악을 좋아했던 죄인이라면 하프 모양의 교수대에 매달리

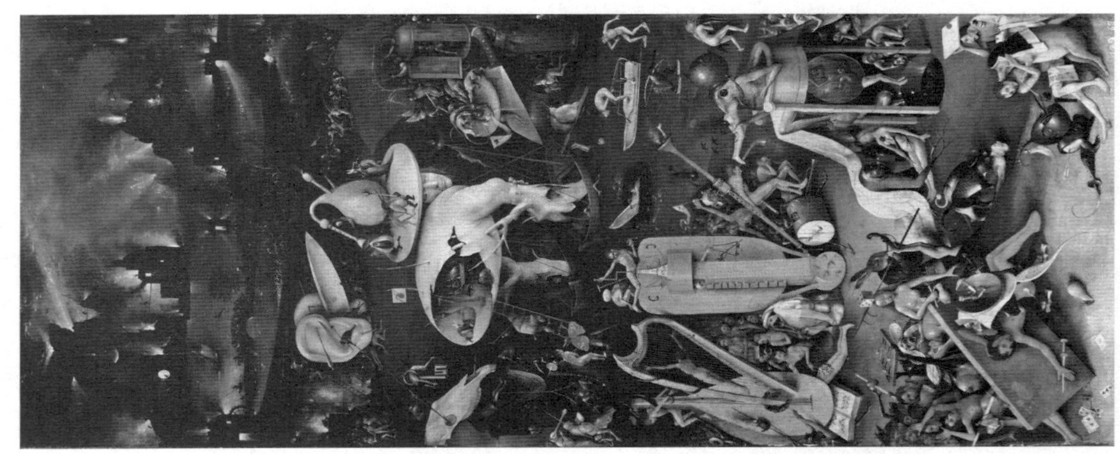

* 이미지 출처: 히에로니무스 보스, 〈세속적인 쾌락의 동산 The Garden of Earthly Delights〉의 우측 그림 '지옥'(16세기 초), 위키피디아

거나, 거대한 '류트lute'(현악기의 일종)에 짓눌리거나, 드럼에 갇힐 수도 있다. 아니면 지옥 같은 오케스트라에서 다른 사람의 엉덩이에 새겨진 악보를 보며 엉덩이로 플루트를 연주하도록 강요당할지도 모른다. 아까 그 거대한 류트에 깔린 남자의 엉덩이 말이다.

도박꾼은 게임 테이블에서 칼에 찔리고, 폭식증 환자는 프라이팬에 볶아지거나, 악마의 침을 맞으면서 구워진다. 술주정뱅이는 거대한 와인 통에 채워져 와인이 되고 그 와인은 다른 술주정뱅이들이 마신다. 음탕한 자들은 악마의 애무를 받으면서 거울에 비친 자신의 엉덩이를 억지로 지켜봐야 한다(보스는 몸통은 싫어했을지 모르지만 엉덩이에는 관심이 많았던 것 같다).

여기서는 성직자의 종교적 위선도 무거운 처벌을 받는다. 15세기 그림이라는 점을 감안하면 이런 모습을 보스가 그린 것이 꽤 멋져 보인다. 거대한 등불 안에서 벌거벗은 채 거대한 등불 안에 웅크리고 있는 죄인을 찾아보자. 그 죄인은 주교다. 또 다른 남자는 도미니크 수도회 수녀의 가면을 쓴 돼지의 유혹을 받고 있다. 돼지는 이 남자에게 재산을 모두 교회에 헌납하면 천국에 갈 수 있다고 유혹하지만 결국 실패한다.

현지인 만나기

찌그러진 가마솥을 왕관으로 쓰고 변기를 왕좌로 사용하며, 새의 머리를 가진 괴물의 모습을 한 지옥의 왕은 인파를 헤치고 한번 구경해볼 만하다. 그는 죄인을 잡아먹은 다음 이상한 남색 거품을 배설한다. 그다음에는 지옥 위쪽에 있을 수수께끼의 '나무 인간'을 찾아보자. 이 나무 인간은 다리가 없는 무시무시한 거인으로, 팔은 나뭇가지이며 배를 신발처럼 신고 있다. 하얀 모자 위에는 거대한 남근 모양의 백파이프가 달려 있다. 깨진 달걀 껍질처럼 생긴 그의 몸 안에는 저주받은 자들이 즐겁게 앉아 술을 마시는 술집이 있다. 일부 학자들은 이 나무 인간의 얼굴이 보스 자신의 얼굴을 그린 것이라고 생각한다.

보스의 지옥에는 대형 주방용품과 새의 머리를 한 악마, 사람들의 엉덩이에 꽂혀있는 기이한 물건 등 신기한 것들이 가득하지만, 이런 신기한 것들도 저주받은 사람들에게는 별다른 위로가 되지 못하는 것 같다. 스페인의 위대한 시인 케베도Quevedo는 작가와 예술가들이 지옥을 묘사하는 방식에 대해 생각하다가 악마와 대화를 나누는 상상을 한 적이 있다. 이 상상 속에서 사탄은 "조금 전 히에로니무스 보스가 여기 왔는데, 왜 꿈속에서 우리를 그렇게 엉망으로 묘사했냐고 그에게 물으니 '악마가 실제로 존재한다고 생각한 적이 없었기 때문'이라고 대답했다"라고 말한다. 여러분이라면 사탄에게 그렇게 말하지 못할 것이다.

The Inferno Room

지옥으로 가는 고속도로

지옥의 방

〈두꺼비 아저씨의 와일드 라이드〉

놀이공원에서 놀이기구를 타는 사람은 그 누구도 저주받은 사람들과 함께 고통받는 지옥의 생생한 환영 속으로 뛰어드는 상상을 하지 않을 것이다. 하지만 '다크 라이드dark ride'라는 별명으로도 불리는 놀이공원 '유령의 집'은 60년이 넘게 사람들을 기다리고 있다. 이 놀이기구에는 어떤 유령이 숨어 있을까? 화창한 캘리포니아주 애너하임에 있는 '지상에서 가장 행복한 곳' 디즈니랜드로 가보자.

1908년 출간된 케네스 그레이엄Kenneth Grham의 아동 고전 『버드나무에 부는 바람The Wind in the Willow』은 의인화된 동물과 인간이 대화를 나누던 에드워드 왕 시절의 기묘한 세계를 배경으로 쓰인 책으로, 영국 시골에서 일어나는 이야기를 담은 목가적인 서사시다. 밀른A. A. Milne부터 월트 디즈니Walt Disney, 몬티 파이선Monty Python에 이르기까지 후대 사람들은 두더지와 쥐가 피크닉을 가고, 보트를 타고 돌아다니는 등 잔잔한 향수를 불러일으키는 이야기보다 그레이엄이 창조한 가장 강력한 캐릭터, 미스터 토드Mr.Toad에 주목했다. 그는 말이 끄는 자동차 따위의 장난스럽고 유행에 뒤떨어진 사치품에 막대한 재산을 탕진하는, 마을의 부자 두꺼비 아저씨 팔스타프Falstaff다.

디즈니의 1949년 만화영화 〈버드나무에 부는 바람〉은 오늘날에는 스튜디오 역사에 길이 남을 작품으로 평가되지만, 1955년에 디즈니랜드가 개장했을 때는 발표된 지 불과 몇 년밖에 되지 않은 새 작품이었다. 따라서 디즈니랜드에서 '유령의 집'을 만들 때 이 만화영화에서 모티브를 얻은 것은 매우 자연스러운 일이었다. 이렇게 만들어진 '두꺼비 아저씨의 와일드 라이드Mr. Toad's Wild Ride'는 오늘날까지 디즈니랜드에 남아 있는 몇 안 되는 오리지널 유령의 집 중 하나다. 이 유령의 집에 들어가면 작은 자동차에 탑승해 두꺼비 홀과 영국 시골의 복도를 정신없이 질주하다 결국 소설과 영화 속 두꺼비 아저씨처럼 감옥으로 가게 된다.

그레이엄의 책과 디즈니 만화에서 두꺼비 아저씨는 감옥에서 탈출해 두꺼비 홀을 다시 점령하고 행복하게 산다. 하지만 디즈니랜드에서 그의 발자취를 되짚어보는 수백만 명의 관광객들은 이 유령의 집에서 아주 행복하지는 않은 것 같다. 이 유령의 집을 설계한 디즈니랜드 직원들은 마지막에 기차와의 갑작스러운 정면 충돌로 두꺼비 아저씨(즉 여러분)를 죽이도록 설정했기 때문이다. 이 사후 세계에서 여러분은 디즈니 직원들이 '지상에서 가장 행복한 장소'라고 부르는 '지옥의 방'으로 이동하게 된다. 여기서 실수를 하면 안 된다. 이곳은 정말 지옥이기 때문이다. 웃는 돌 모습을 한 악마의 송곳니를 통과하면 온도가 갑자기 상승하고 안경에 김이 서릴 수 있다. 그 뒤에는 종유석, 석순, 빛나는 불, 여기저기 뛰어다니는 작은 악마 등이 가득한 지하 동굴로 들어가게 된다.

놀이기구의 경쾌한 노래가 시종일관 흘러나오는 가운데, 이번에는 불길한 웃음소리가 뿔과 발톱, 박쥐의 날개를 달고 돌아온 심판관의 귀환을 알린다. 이곳에서는 이 심판관이 손가락질 한 번으로 파멸을 선고하고, 녹색 용이 쌕쌕거리는 소리를 내면서 불타는 주둥이로 당신을 조준한다. 이것으로 끝이다. 도로 에티켓을 지키지 못한 죄를 지은 사람은 이곳에서 영원히 고통받게 될 것이다. 제한속도를 준수하고 방향 지시등을 사용했어야 했다고 후회해도 소용없다.

관련 정보

만화영화 〈버드나무에 부는 바람〉은 원작 소설과 조금 다른 점이 있다. 소설 7장에서는 동물들이 수염과 염소 발굽을 가진 무시무시한 뿔 달린 괴물을 만나지만, 그 괴물은 동물들을 지옥으로 끌고 가려는 사탄이 아니다. 이 괴물은 이교도들이 믿는 숲의 신 같은 존재로, 동물들은 그를 숭배한다. 핑크 플로이드의 초기 멤버 시드 배럿(Syd Barret)은 이 챕터를 너무 좋아한 나머지, 첫 번째 앨범의 이름을 이 소설 7장의 제목(The Piper at the Gates of Dawn)에서 따오기도 했다.

The Land of the Unliving

가장 어두운 밤

불멸의 땅

DC 코믹스

고대 그리스인과 이집트인들은 슈퍼 히어로 만화에서처럼 복잡하고 혼란스러운 우주론을 열망할 수밖에 없었다. DC 코믹스의 세계관은 1938년 슈퍼맨의 데뷔를 다룬 〈액션 코믹스 #1〉이 출간된 이후 수없이 많은 수정과 개편을 거쳤다. 수천 명의 작가와 아티스트가 촉박한 마감일에 맞추면서 80년이 넘도록 만들어내고 있는 DC 코믹스의 세계관은 매우 정교하고 합리적이다. 물론 이 세계관에도 피도 없고 섹스도 하지 않는 천사들로 둘러싸인 빛나는 '실버 시티'에서 피조물을 다스리는 유대교-기독교적인 신이 있는데, 이 신은 '존재Presence'라고도 불린다. 이 천사 중 한 명인 루시퍼 모닝스타는 지옥으로 추방된 천사로, 스스로 지옥을 선택했다는 사실을 깨닫지 못하는 '저주받은 영혼들'을 고문한다. 한때 루시퍼는 지옥이 지겨워져 어두운 왕좌에서 물러나 지옥에서 가까운 곳에 피아노 바를 열기도 했다. 그곳이 바로 로스앤젤레스다.

〈원더우먼〉 만화에서는 지하 세계의 하데스를 비롯한 그리스 신들이 등장한다. 〈샤잠Shazam〉과 〈호크맨Hawkman〉에는 이집트 신들, 〈데드맨Dead Man〉에는 힌두교 신들, 〈스웜프 씽Swamp Thing〉에는 자연의 정령들이 등장한다. 그밖에도 DC 코믹스의 만화에서는 크립톤의 신들과 아틀란티스의 신들, 화성의 신들, 잭 커비Jack Kerby의 '우주의 신들'도 등장한다.

당신이 'DC 유니버스'에서 죽는다면 다양한 사후 세계 여정을 선택할 수 있다. 하지만 십중팔구는 죽음의 아바타가 당신을 맞이할 것이다. 새로운 신들의 '네 번째 세계'에서 죽으면 기사의 투구를 쓰고, 밝은 노란색 망토를 입고, 빨간 스키를 신은 기괴한 비행 전령인 '블랙 레이서'를 만나게 될 것이다. 지구인들은 닐 게이먼Niel Gaiman의 〈샌드맨Sandman〉에 등장하는 '데스Death'를 볼 가능성이 높다. 데스는 검은색 옷을 입고 앙크ank(생명의 열쇠)를 목에 건 창백한 고트족 소녀다.

운이 좋지 않다면 악의 힘을 가진 네크론Nekron이 여러분을 맞이할 수도 있다(만화 속 많은 악당 캐릭터들이 그렇듯이 네크론도 해골처럼 분장하고 갑옷을 입은 존재로 등장하지만, 이런 노골적인 외모에 비해 네크론의 정체는 매우 추상적이다). 네크론은 영혼들이 천국 또는 지옥으로 보내질 심판을 기다리는 망자의 땅을 지배하지만, 연옥에서는 그리 유쾌한 존재는 아니라는 점에 주의해야 한다. 네크론은 자신의 영역에 사는 주민들을 블랙 랜턴 군단이라는 좀비 우주 군대로 키우는 것으로 알려져 있기 때문이다. 이곳에서의 최종 목적지는 어디일까? 당신의 육체는 〈애니멀 맨Animal Man〉 만화 독자들에게 잘 알려진 초현실적인 공간인 '레드'로 진입한 다음, 지구상의 모든 동물 생명체의 영원한 그물망으로 다시 흡수될 것이다. 여러분의 영혼은 팬텀 스트레인저라고 불리는 신비한 영웅의 말을 인용하자면 수많은 '이웃·국가·세계·우주' 중 한 곳으로 가게 될 것이다. '이방인'이라는 캐릭터는 배트맨에게 "사실 영혼의 수만큼이나 많은 천국이 있다. 각 천국은 영혼이 지상에 있을 때의 신념에 맞춰져 있다"라고 말한 적이 있다. 환생을 선택할 수도 있지만 가장 좋은 방법은 몇 년 동안 버티는 것일 수도 있다. DC 코믹스의 세계는 마치 막장 일일 드라마와도 같다. 이 세계에서는 죽음도 결코 영원하지 않으며, 새로운 작가가 한 명만 투입되면 캐릭터들은 언제든지 부활할 수 있기 때문이다.

The Outer Planes

주사위 놀이로 결정되는 세계

외계 행성

〈던전 앤 드래곤〉

게임 〈던전 앤 드래곤Dungeons & Dragons〉의 캐릭터들은 실제로 살아있지는 않지만, 죽을 수는 있다. 버그베어bugbear나 황토 젤리와의 전투에서 명중 점수가 0 이하로 떨어지고 모든 '죽음을 피하기 위한 던지기'가 실패하면 전투는 끝난다. 성직자, 음유시인, 전사 같은 캐릭터들은 '부활' 주문을 사용해 부활시킬 수 있지만, 꽤 많은 다이아몬드가 필요하다(강령술 주문은 어떤 이유에서인지 다이아몬드를 사용한다).

다른 방법이 없다면 주사위를 굴려서 새로운 캐릭터를 만들 수도 있다. 하지만 죽은 캐릭터의 영혼은 어떻게 되었을까? 불쌍한 야만인 캐릭터 클론크Klonkh는 어디로 사라졌을까?

〈던전 앤 드래곤〉에서 사후의 운명은 캐릭터의 윤리적 인생관인 '정렬'에 달려 있다. 정렬은 두 가지 요소의 조합이다. 규칙 준수 면에서는 합법·중립·혼돈을 선택할 수 있고, 도덕의 면에서는 선·중립·악을 선택할 수 있다.

죽은 영혼은 〈던전 앤 드래곤〉의 '거대한 수레바퀴' 세계관에 물리적 세계와 아스트랄 세계 너머에 있는 '외계 행성'으로 이동한다. 외계 행성은 신들과 악마들의 영역이기 때문에 외계 행성으로 간 영혼들은 다른 모든 기억을 잃고 생전에 자신이 숭배했던 신들의 '숭배자'로만 지내게 된다. 외계 행성에는 열일곱 개의 영역이 있다. 이 중 열여섯 개의 영역은 거대한 고리 모양으로 외계 행성의 중심부인 '아웃랜드Outland'를 둘러싸고 있으며, '진정한 중립' 성향의 캐릭터들은 이 아웃랜드에 머문다.

아웃랜드를 제외한 열여섯 개 영역은 형이상학적 경계에 의해 분리돼 있다. 고리의 지옥 쪽부터 설명해 보자. 잔인하고 이기적으로 산 '혼돈의 악' 유형의 영혼들은 '심연의 666 무한층'에 있는 악마들에게 보내진다. 이 영역에 인접한 영역은 조금 수위가 낮은 지옥으로, '팬더모니엄의 바람에 휩쓸린 심연'이라고 불리는 광활한 동굴과 '카세리Carceri의 타테리안Tarterian 심연'이라고 불리는 구덩이가 있다. '중립적인 악' 유형의 영혼들은 하데스의 회색 황무지를 돌아다니며, '합법적인 악' 유형인 폭군과 용병은 '내부 아케론 전장'에서 끊임없이 전투를 치러야 한다. 내부 아케론 전장은 '바터Baator의 아홉 지옥'에 속한 악마들과 거인들과의 전투가 벌어지는 곳으로, '게헨나의 검은 영원'의 떠다니는 화산들이 가득한 곳이다.

'혼돈의 중립' 유형에 속한 영혼들은 '끊임없이 변화하는 연옥의 혼돈'이라는 이름의 영역에서 끝없이 엔트로피와 싸워야 하며, '합법적인 중립' 유형에 속하는 영혼들은 기하학적 모양을 가진 거대한 개미 군단이 서식하는 '메카누스의 시계태엽 너바나'에서 끊임없이 행진을 해야 한다.

현지 지리 정보

이 열여섯 개의 사후 세계 영역은 거대한 수레바퀴 모양을 이루며 서로 맞닿아 있지만, 공간적으로도 각각 무한하다. 예를 들어 '메카누스의 시계태엽 너바나'는 폭이 1,500킬로미터에 달하는 거대한 톱니바퀴들로 가득 차 있고, 이 톱니바퀴들은 모두 직각으로 맞물려 천천히 돌아가고 있다. 이곳에서는 중력이 작용하지도 않으며, 내비게이션도 쓸모가 없다.

올림푸스 신들의 고향인 아르보레아Arborea의 높은 숲에는 인생에서 옳은 일을 했지만 색다른 방법을 사용한 '혼돈의 선인들'에 속하는 영혼들이 살고 있다. 이 숲 근처에는 거친 해안이 있고, 영웅적인 투쟁이 펼쳐지는 이스가르드Ysgard 전장 그리고 이 영혼들이 즐겁게 사냥을 즐기는 행복한 사냥터인 비스트랜드Beastland가 있다. '중립적 선' 유형에 속하는 영혼들은 목가적이고 다채로운 축복이 주어지는 엘리시움의 뜰을 즐긴다. '합법적 선' 유형에 속하는 성스러운 영혼들은 '쌍둥이 낙원 바이토피아'의 목가적인 초원이나 빛의 구슬이 낮과 밤을 비추며 고요하고 질서 정연한 '평화로운 아카디아Arcadia왕국'에서 지낼 수 있다. 가장 순수한 영혼들은 성수의 바다 위에 솟아 있는 일곱 겹의 하늘로 이루어진 산 셀레스티아Celestia를 등반하는 것을 목표로 삼을 수 있다.

〈던전 앤 드래곤〉은 이승에서의 삶만큼이나 다양한 사후 세계와 함께 취향에 맞는 모든 것을 제공한다. 이 사후 세계가 이승과 다른 점 중 하나는 〈던전 앤 드래곤〉에서는 최종적인 운명이 도덕성, 헌신, 예정과는 아무런 관련이 없다는 점이다. 인생의 다른 많은 것들과 마찬가지로 모든 것은 주사위를 굴리는 데 달려 있기 때문이다.

사후 세계를 여행하는 모험가를 위한 안내서

초판 1쇄 인쇄 2023년 11월 5일
초판 1쇄 발행 2023년 11월 20일

지은이 켄 제닝스 | 옮긴이 고현석
펴낸이 오세인 | 펴낸곳 세종서적(주)

주간 정소연 | 편집 이안리
표지 디자인 김종민 | 본문 디자인 김미령
마케팅 임종호 | 경영지원 홍성우
인쇄 탑 프린팅 | 종이 화인페이퍼

출판등록 1992년 3월 4일 제4-172호
주소 서울시 광진구 천호대로132길 15, 세종 SMS 빌딩 3층
전화 경영지원 (02)778-4179, 마케팅 (02)775-7011
팩스 (02)776-4013
홈페이지 www.sejongbooks.co.kr
네이버 포스트 post.naver.com/sejongbooks
페이스북 www.facebook.com/sejongbooks
원고 모집 sejong.edit@gmail.com

ISBN 978-89-8407-823-9 (03030)